向忠发的浮沉人生

XIANGZHONGFA DE FUCHEN RENSHENG

熊廷华 著

陕西新华出版传媒集团
陕西人民出版社

图书在版编目(CIP)数据

向忠发的浮沉人生/熊廷华著. —西安:陕西人民出版社,2016

ISBN 978 - 7 - 224 - 11812 - 4

Ⅰ. ①向… Ⅱ. ①熊… Ⅲ. ①向忠发(1880 ~ 1931)—传记 Ⅳ. ①K827 = 6

中国版本图书馆 CIP 数据核字(2016)第 018103 号

向忠发的浮沉人生

作　　者　熊廷华

出版发行　陕西新华出版传媒集团　陕西人民出版社

（西安北大街 147 号　邮编：710003）

印　　刷　西安市建明工贸有限责任公司

开　　本　787mm × 1092mm　16 开　22. 25 印张　2 插页

字　　数　337 千字

版　　次　2016 年 4 月第 1 版　　2016 年 4 月第 1 次印刷

书　　号　ISBN　978 - 7 - 224 - 11812 - 4

定　　价　42. 00 元

目录

第一章　初涉风雨 001

一　抓周仪式上，向忠发画下六笔，似字非字，似画非画，浓缩了自己的人生密码。他与富家子弟以命相拼，不服输的倔强性格展露无遗，二叔为此充满感叹！ 002

二　龟山脚下崛起十里工业长廊，向忠发走进湖北枪炮厂当了一名学徒。他白天上工，空闲习武，旁学医道，因不服从工头管束，大展身手，被厂方挂牌除名。 009

三　向忠发给富人看家护院，不经意间一句话，让主人高看三分。他替主人掌管赣江商轮，屡遭官府蛮横刁难，因横闯关卡，殴打官吏，被江西官府通缉在案。 014

第二章　船帮大哥 021

四　向忠发成为长江船夫，几次与死神擦肩而过，右手被散裂的船体碎片击中，食指被截，贴上醒目标签。他为人豪爽，执情仗义，被工友们亲切地称为“向大哥”“百事通”。 022

五　兵工厂工人索饷罢工，向忠发鼎力相助，出谋划策。罢工代表被当局残酷杀害，他挺身而出，联络各界工友声援。向忠发收养了死难者的两个小孩，抚养成人，视如己出。 027

六 向忠发成为轮驳上的老大，路见不平，拔刀相助。 他的建议，得到公司高层采纳，化解了同行多年的心结。 他代表工友与厂方叫板，公司高管防不胜防，骑虎难下。 032

七 汉口码头，弱肉强食，成王败寇，充满血腥。 向忠发被聘为武术教头，在与强手的较量中，兵不血刃，步步紧逼，三招制胜，成为码头上有脸面的人物。 038

第三章 工人领袖 045

八 许白昊受张国焘派遣，返回武汉开展工人运动。 为打开局面，许白昊提着两瓶烧酒约见向忠发。 向忠发以酒相逼：喝下这杯酒，从此一家人不说两家话！ 046

九 军警突然包围工人俱乐部成立会场，点燃汉阳钢铁厂罢工的导火索。 化铁炉能否熄火，成为罢工成败的关键。 向忠发想出一个两全其美的办法。 050

十 工人运动如火如荼，向忠发入党出现波折。 汉冶萍总工会呼之欲出，向忠发成为总工会的实际主持人。 他调集各路精英，有力地支援了下陆罢工。 057

十一 向忠发代表汉冶萍总工会做出三项决定，声援京汉铁路工人斗争。 二七罢工失败后，向忠发被当局通缉。 他一面掩护工人领袖转移外地，一面安置死难者亲属。 063

第四章 跨党代表 071

十二 向忠发走上职业革命者道路，奔走于武汉三镇。区委机关被暴露，有人迁怒于向忠发，他却说大不了一同去蹲监狱。许白昊严厉批评：如果进了监狱，就意味着工作上的失败。 072

十三 国共合作，向忠发成为国民党汉口市党部核心成员。他以茶馆为掩护，秘密联络码头工人。五卅运动期间，武汉码头工人向英帝国主义的示威斗争，走在全国前列。 078

十四 在国民党二大上，向忠发等共产党人推动大会临时增加议题。中共中央采取退让政策，向忠发很不满意。他的讲话很有鼓动性，张国焘对他没有办法。 084

十五 湖北工团联合会被架空，向忠发另组武汉工人代表会。中共党员退出国民党汉口市党部，唯有向忠发继续留任，并指导了大冶厂矿和汉口英美烟厂的罢工斗争。 090

第五章 内应北伐 097

十六 北伐大军围困武昌，向忠发和许白昊在吴佩孚的后院组织起一支强大的内应兵团。策反吴佩孚的大将起义投诚，耿丹夫妇功不可没，向忠发父女助了一臂之力。 098

十七 汉阳兵工厂拉响了武汉工人策应北伐的汽笛。他们各司其职，各显神威，与革命军并肩作战。向忠发回忆：我们真忙不过来了，二十几天没好好吃过饭。 104

十八　国民革命军占领武汉，农民运动处于起步阶段，工人运动有声有色。湖北全省总工会横空出世，成为共产党直接领导的一支重要政治力量。 109

十九　劳资争议和罢工浪潮，随着工会组织的兴起而汹涌起来。湖北全省总工会威风八面，资本家闻之丧胆，谈之色变。向忠发声名显赫，成为武汉三镇响当当的人物。 114

第六章　翻江涌浪 121

二十　一边是赤手空拳的中国民众，一边是全副武装的英国军队。向忠发命令工人纠察队只能前进，不能撤退。扁担收回英租界，鼓舞了中国人，震惊了全世界。 122

二十一　武汉的交通要道、车站码头、大街小巷，布下工人纠察队的天罗地网。卫戍司令陈铭枢要求总工会约束工人，向忠发措辞激烈，严厉驳斥，令其十分难堪。 129

二十二　武汉工潮出现混乱，给人提供了攻击口实。向忠发命令整顿工会纪律，同时呼吁各方互相体谅，共渡难关。国民党希望国共两党密切合作，共同指导民众运动。 135

二十三　汉口租界又发生惨案，武汉三镇掀起一轮反日怒潮。国共两党领袖汪精卫、陈独秀新到武汉，向湖北全省总工会发出一道道特别训令，向忠发一脸茫然。 140

第七章 风口浪尖 147

二十四 蒋介石在南京另立政府，与武汉国民政府对峙。国民革命军继续北伐，反动军官后方叛乱。讨伐叛逆，削平大难！湖北全省总工会竭尽全力，保卫革命大本营。 148

二十五 陈独秀穿上工人纠察队制服，被代表们抬了起来，抛在空中。中共五大未能指明中国革命的前进方向，但一大批精英进入中央委员会，对中国革命影响深远。 154

二十六 中央决定公开解散工人纠察队，向忠发前往中央机关与陈独秀申辩。“文化大革命”期间，武汉工人纠察队交枪事件，成为强加在刘少奇头上的一大“罪状”。 160

二十七 国共两党分道扬镳，“捉拿向忠发”的标语铺天盖地。八七会议对陈独秀的指责，增加了向忠发的政治资本。他没有出席八七会议，却全票当选中央政治局委员。 166

第八章 国际红人 173

二十八 中国留学生集体示威，惊动了共产国际，斯大林震怒。工作组进驻校园，冲突愈演愈烈。向忠发出面调解，两次向共产国际提出处理建议，东大学潮顺利解决。 174

二十九 中央全力发动武装暴动，“左”倾情绪逐步滋长，党内怨声又起。共产国际召开会议，中国问题成为中心议题。向忠发指出党内存在的种种弊端，引起斯大林注意。 181

三十　向忠发抓住“江浙同乡会”不放，四处点火，穷追猛打，引发一场政治风波。王明上纲上线，呐喊助威。“江浙同乡会”莫衷一是，最后不了了之。 187

三十一　斯大林会见中共中央领导人，为中共六大定下主题。向忠发被视为无产阶级的象征，威望与日俱增，成为中央政治局主席。新的中央在惊涛骇浪中能否力挽狂澜，全党翘首以待。 193

第九章　锋芒毕露 201

三十二　顺直省委三次改组，仍然混乱不堪。向忠发指出：此事不好好解决，新中央的生命就要断送一半。他断言蔡和森为顺直纠纷的祸害根源，决定取消其政治局常委资格。 202

三十三　江苏地位举足轻重，向忠发提出中央兼江苏省委，两者的矛盾由此发展到公开对抗。向忠发极不情愿地放弃原来的主张，固执地说：“并不是伍豪（周恩来）说服了我。” 208

三十四　朱毛红军内争激烈，毛泽东离开领导岗位。向忠发指定周恩来、李立三、陈毅专题研究，表明中央立场。在中央精神指引下，红四军又开始“风卷红旗如画”的辉煌征程。 214

三十五　陈独秀及其追随者，公然打出党内反对派的旗帜，形成有组织的派别活动，造成党内思想混乱。向忠发毫不含糊，在共产国际支持下，将一批党内干部开除出党。 220

第十章 幕后推手 227

三十六 向忠发本想通过远东局帮助，提高工作水平，可双方很快产生分歧。向忠发说："如果中国党犯错误，远东局可以纠正；同样，如果远东局犯错误，我们也要与之斗争。" 228

三十七 国民党内部爆发中原大战，向忠发断定中国革命会跃进式发展。中央决议既遭到远东局的明确反对，也遭到党内强烈抨击。向忠发一边向共产国际解释，一边对党内反对者纪律制裁。 234

三十八 彭德怀率领红三军团占领长沙，中央政治局热血沸腾。共产国际认为中共不具备夺取政权的实力，指责暴动路线脱离实际。向忠发得意忘形，与共产国际公开叫板。 240

三十九 中共中央开始转变策略，共产国际仍不满意。王明先声夺人，标榜自己是反"立三路线"的"英雄"，遭到向忠发严厉批评。党内宗派活动猖獗，工作陷于瘫痪，出现领导危机。 248

第十一章 一蹶不振 255

四十 共产国际代表秘密来华，奉命改组中共中央。向忠发提出辞去总书记职务，没有任何人赞同，瞿秋白第一个反对。王明乘势而起，成为党内举足轻重、炙手可热的风云人物。 256

四十一 罗章龙成立反对四中全会代表团，明目张胆地争夺各地党组织的领导权。向忠发剖析自己对"立三路线"应负的政治责任，声望大不如前，从此不再争强好胜了。 262

四十二　中央工作重点转向苏区，谁有威望担任中华苏维埃临时中央政府“开国元首”？ 向忠发似乎顺理成章。 可他出人意料，提议毛泽东担任苏区中央政府主席。 268

四十三　向忠发以古玩商人身份抛头露面，结识风姿俏丽的杨秀贞。 顾顺章在武汉被捕叛变，给中共中央带来极大威胁。向忠发狠狠地说：“你出卖我的战友，我结果你的家人。” 275

第十二章　因色招祸 283

四十四　中共中央重建特科，全力保护向忠发的人身安全。顾顺章顺藤摸瓜，守株待兔，撒下天罗地网。 向忠发暂且躲过一劫，仍然朝不保夕，周恩来让其与自己同住。 284

四十五　中央决定将向忠发送往苏区，可他牵肠挂肚，放不下情妇杨秀贞，被守候的国民党特务抓捕。“古玩商人”起初抵赖，但在确凿的证据面前，抗争的勇气荡然无存。 289

四十六　“老头生病住院，病情十分严重。”向忠发命悬一线，黄慕兰巧施美人计。 阻止国民党引渡向忠发的计划落空后，中央指示“红队”做好武装劫持准备，即使鱼死网破，也在所不惜。 296

四十七　国民党方面严刑逼问，向忠发供出中央机要处秘密地址。 既然向忠发已经自首，淞沪警备司令部为何将其迅速秘密处决？ 历史给后人留下了一串串待解之谜。 303

第十三章 余波荡漾 311

四十八 向忠发被迅速枪杀，中共中央不知内情，指示各级组织、各大苏区举行悼念活动。毛泽东发出捉拿顾顺章的通缉令，红四方面军在四川建立了忠发市苏维埃政府。 312

四十九 周恩来何时确定向忠发叛变？权威说法是依据中央特科弄出的向忠发受审记录。“文化大革命”中是非颠倒，周恩来向毛泽东喊冤，并说：向忠发的节操不如一个妓女。 318

五十 二十世纪七八十年代，随着人们思维观念趋于活跃，有人对向忠发叛变提出疑问，从而引发一场“朝野之争”。全国政协主席邓颖超亲笔著文，回首往事，一锤定音。 325

五十一 重要党史人物不仅为学者所研究，亦为大众所关注。过去的党史把向忠发说得一无是处，不符合客观事实。向忠发作为中共早期主要领导人，需要深化研究，期待新的发现。 333

主要参考资料 338

后 记 342

第一章
初涉风雨

CHUSHE FENGYU

中共早期历史上的风云人物，大都是旧式知识分子或追求进步的青年学生，向忠发却是个例外。他从小生活在社会底层，经历了太多的凄风苦雨、风刀霜剑。

十九世纪中叶，中国社会形态急剧变化，民族工商业和运输业在艰难中起步，向忠发成为中国第一批产业工人。他生性耿直，桀骜不驯，把楚人“不服周”的性格特征表现得淋漓尽致。

一

抓周仪式上，向忠发画下六笔，似字非字，似画非画，浓缩了自己的人生密码。他与富家子弟以命相拼，不服输的倔强性格展露无遗，二叔为此充满感叹！

湖北中部，汉水下游，武汉近郊，有一片富庶之地——汉川。

汉川，顾名思义，与汉水密不可分。从地理上说，先秦时期，汉川属云梦古泽的一部分。后因长江、汉水泛滥，挟带泥沙而下，天长日久，泽区逐步淤浅，形成冲积平原，汉川便成为江汉平原上的一片低洼之地。

汉江从西向东，贯穿汉川全境，全长近百公里，形成刁汉湖水系。宋代以后，金兵多次入侵中原，社会动荡，战祸不断。向氏来祖友文公举家移居刁汉湖边，围湖造田，开荒种地，成为汉川邑民。

至明永乐年间，向氏家产益拓，子息益繁。又历三百年，向氏成为汉川望姓，子孙绵延，居住村落甚多。据楚北《向氏宗谱》记载，其族有巍峨家庙以妥神，有深邃祠宇以栖祖，有常稔公田以承祭。向氏后裔或耕或仕，衣冠济济；科第蝉联，为邻里所艳羡。①

然而，刁汉湖因过度开垦，水系紊乱，导致下游出口如瓶。尤其是上游来水带来的泥沙淤积于此，使刁汉湖底逐渐抬高，围垸相对低下。乾隆三十

① 楚北《向氏宗谱》，中华民国十九年木刻本，卷首原序二。

二年（1767 年），刁汉湖大垸溃口，二百多个民垸白水茫茫，一片汪洋。

洪水为灾，田舍沉没。向氏族人各奔东西，族势涣散。

据史料记载，清朝二百六十七年间，汉川洪水肆虐汉川一百一十六次。水灾给汉川留下了沉痛的历史记忆，但也促进了水上交通运输业的发展。汉川人依水兴业，置船求生，成群结队，奔走天下，其中不少是向氏族人。

乾隆三十八年（ 1773 年），清邑人萧企昭写下《汉川归舟即事》，对当时百姓的惨淡生活和凄凉情形做了如下描述：

买舟东下背江城，
天渺寒鸦阵阵鸣。
远树淡烟空寂寞，
前船吹火半分明。
甑山雪影侵愁鬓，
员口风波阻客程。
两岸逃荒鸠鹄队，
归人遥望不胜情。[①]

起初，汉川船民故土难离，大多流散在本县周围。随着小商品经济的发展、运输队伍的扩充，他们把视野逐渐伸展到湖南湘潭、江西景德镇、河南唐河、江苏南京等地，专门从事商业运输。他们以同乡、同族聚在一起，设立会馆，形成群帮，在江湖上迅速崛起。

江湖云：天上九头鸟，地上湖北佬。在湖北也有一句流传甚广的顺口溜：奸黄陂，狡孝感，又奸又狡汉川人。这些民间俚语虽含贬损和嘲讽之意，但也道出了湖北人、汉川人的精明和干练，汉川人在江湖上的表现可见一斑。

据向氏族中老人介绍，当时长江、汉水之上，数汉川船只最多，仅向氏一族就有二百多条，不仅数量多，载重量也大。向氏大船船高九丈九，通江达海，遍及各地，不论航行何处，桅杆上始终挂有“汉川第一”的旗帜。

① 《汉川文史资料》第 8 辑，第 98 页。

长江上的早期民船

常言道，国以史为重，族以谱为先。向氏一脉从友文公迁徙汉川以来，源远流长，分支益繁，然无确定派字。向氏船帮为使世序不紊，以成一族之盛，于清嘉庆二十二年（1816 年）聚会，决定从十五世起，子孙启用派系命名，并谱派系三十有二：

慕学志道　近宗远绍
秀林竹发　德音丕昭
其余有声　饬纪行孝
教养安全　士民汉标

向氏十五世，即向忠发祖父辈。族谱记载，向忠发祖父名慕先，号家祥，生于嘉庆庚辰二月初七日。生育有三子，依次取名为学高、学卿、学中。学高，即向忠发之父。

向学高，号望保，娶邻村之女邹氏为妻，生有一儿一女。向学卿号连保，向学中号喜保，两人均无子嗣。兄弟三人，均以行船为业。

向忠发原籍汉川，有据可考，无可争议。族谱记载，其父向学高死后，落叶归根，安葬在汉川向家台。向忠发派名志忠，1880 年出生，出生月日不详。至于生于何处，目前大致有三种说法：一说上海；一说汉川；而向忠发1928 年出席中共六大时，资料上填写的却是湖北汉阳。[①]

抓周习俗在民间十分盛行，流传已久，是庆贺周岁生日的一种方式，也是预测小孩前途和性情的家庭游戏，其核心是对生命延续、顺利和兴旺的祝愿，反映了父母对子女的舐犊之情。据族中老人介绍，向忠发一岁那年，父母也为他举办了一场抓周仪式。

这天，向家内亲外眷齐聚一堂。

周岁的向忠发穿戴一新，脖上挂着一只“长命富贵锁”。按照民间说法，佩挂上这种吉祥物与护身符，就能辟灾驱邪，“锁”住生命，永保平安。当时，一般人家小孩抓周，大多佩戴的是布锁。可向忠发戴上的却是纯银打造的银锁，足见其在家人心中的分量。一件小小的饰物，浓缩着长辈众多的关爱，众多的期盼，众多的祝愿。

中午时分，母亲抱着牙牙学语的向忠发绕堂一周，然后将其端放在两张拼合起来的八仙桌上，指指点点。她希望儿子能抓取她心目中理想的物品，期盼儿子光宗耀祖，昭显未来不平凡的人生。

八仙桌上早已铺好了一块大红布，上面摆放的东西十分讲究。有印章一枚、经书一卷、笔墨一套、银圆一摞、算盘一把，还有糖果，等等。向忠发双目顾盼，吸引着众人的目光。

乡俗约定，小孩抓周任意挑选三件物品，视其抓物先后，以测卜其志趣、前途和未来从事的职业。如先抓印章，则谓将来官运亨通；如先抓文具，则谓长大后勤奋好学，写得一手锦绣文章；如先抓算盘，则谓将来擅于理财，生意兴旺；如果先抓了糖果，即被解释为长大之后衣食无忧，必有口福。

总之，桌上摆放的物品，经过了精挑细选。每件都吉祥如意，意味深长。

在众人注目之下，年幼的向忠发不负众望。他伸出稚嫩的右手，在摆放好的物品中首先抓取一枚印章。顿时，男亲女眷皆大欢喜，一片欢腾。他们认为，此举意味着向忠发长大之后，会出仕为官，出人头地。

望子成龙，是亲属长辈的普遍心愿；出仕为官，是中国民众的传统心态。

---

① 汉阳与汉川隔汉江相望，毗邻交错。历史上，汉川多次隶属汉阳府。

其母接过印章，捧在手上，重若千斤。祖母双手合十，口念阿弥陀佛、祖宗保佑之语。

抓周进行到第三次时，向忠发抓起毛笔，不由自主地在桌上画了起来。他一共画了六笔，上排三笔并列向下，下排三笔也是并列向下走势，虽说弯弯曲曲，倒是清晰可辨，互不交叉。

亲友大惑不解，议论纷纷。

族中一位有些见识的长者，望着笔迹左比右画，试图破解这一谜团，得出一个能自圆其说、令人信服的答案。他认为从字形上看，上三笔是一个“水”字，下三笔是一个“川”字，上下合起来是“汉川”二字。如果从图案上看，可看成是两排展翅的雁阵，预示着向忠发志存高远，一飞冲天。

这样的解释，当然皆大欢喜。

然而仁者见仁，智者见智。有一算命先生，听见鞭炮之声，特地前来赶喜求赏。抓周之事他见过很多，可还未碰到过这样蹊跷的难题。根据《易经》原理推算，他得出这样的结论：上三笔形似一个“水”字，下三笔形似一个“火”字。水火本不相容，如今结合在一起，应该是一个“灾”字，意味着主人日后大灾大难。当着人家的喜事，算命先生自然不好直言。于是，他将想法隐于心中，以天机不可泄露为由，弃赏而去。

旧社会有三苦：驾船，打铁，磨豆腐。船民们常年生活、劳作在水上，风里来，雨里去，遇上狂风暴雨、惊涛骇浪，常有覆舟之灾。为趋吉避凶，船民形成了许多特有的风俗。如：在鄱阳湖不许指手；在荆江不得丢骨头；船首为神圣之地，不能堆放杂物；每年农历正月十五，船民要放河灯。天长日久，他们用生动形象的语言创造了自己独特的“船书”，一代一代地往下传。如木船上设备繁杂，为便于操作和记忆，他们就用“七荤八素”来形象地代称。

七荤是：

> 鸡　公：指船首吊锚杠杆，漆红色，似雄鸡之冠；
> 橹机子：指橹支扭，起销子作用，与卤鸡子谐音；
> 兔耳朵：帆篙前系绳，绳扣如兔耳形状；

麻　雀：吊帆索上的滑车，悬在帆中，似麻雀飞过；
鹰子嘴：帆提头尖，似老鹰之嘴；
燕子门：艄棚两侧小窗，似燕展翅状；
鱼　嘴：舵叶，呈三角形，略似鱼嘴。

八素是：

菱角眼：船体两侧浪槽内排水小孔，状似菱角；
葫　芦：滑车，状似葫芦；
柄　子：滑车内的轮子，状似饼子；
芝麻梗：卡花蒂，用八根麻绳编成方形柱，似芝麻秆；
麦　须：子脚索，当帆升起时，状似麦穗之须；
冬　瓜：指绞滚，升降帆用，状似冬瓜；
金干角：桅底座盘，形似一种多角小食品；
萝卜环：舵铁环，形似萝卜。①

向忠发从小跟随父母生活在船上，浪迹天涯，漂泊四方。

转眼向忠发到了七岁，已是上学的年龄。为实现家人的美好心愿，父母决定送儿子上学读书。在族人相对集中的汉阳向家河街，向母租了两间平房，向忠发进入本街紫云宫私塾。

当时，私塾教育大致分为四个阶段：一是启蒙识字，二是背诵四书五经，三是写作八股文，四是参加科举考试。一般人家子弟入学，只为识几个字；而富户人家子弟，则为求取功名。

然而入学两年后，向忠发却惹下一场大祸，险些丢了性命。

一天下午，向忠发和两个同学出去玩耍，将书包放在学堂庙前的矮塔上。可他回来后发现书包不翼而飞，几经询问才知道书包被人烧了个精光。向忠发得知此事是“混世魔王”白才保干的，于是找其论理。白才保毫不遮掩，

① 《汉川文史资料》第8期，第106页。

承认此事是自己干的，不仅不赔礼道歉，反而打了向忠发几耳光。[①]

白才保是有钱人家的孩子，一贯仗势欺人，同学们都畏惧三分。

向忠发忍无可忍，一怒而起，趁白才保不注意时，把手狠狠地伸了过去，将白才保的眼睛挖得鲜血直流。

在学校，没有人敢惹白才保，连教师也畏惧三分。向忠发知道自己惹下大祸，便独自跑到汉口二叔家躲藏起来。

当天傍晚，白家带着家丁，手持棍棒，逼向母把儿子交出来，要挖他一只眼珠。虽然邹氏反复求情，愿意承担所有的医药费，但白家还是命令家丁将两间小屋砸了个稀巴烂，同时还放出狠话：若向家不把儿子交出来，打死个把人，只当打死一条狗。

第二天，向忠发的婶娘给向母带来口信，邹氏才知道儿子的下落。她又喜又忧，特地去汉口探望。因担心白家报复，邹氏和二叔向学卿商量，准备将向忠发转往外地读书，可向忠发听说后，坚持要回汉阳，并说："是祸躲不脱，躲得了初一，躲不过十五。他家是独子，我家是独苗，大不了一个换一个。"

为此，二叔狠狠地训斥了向忠发一顿，并当着邹氏的面感慨：这孩子虽然聪明，但脾气也有，将来少不了惹是生非！

向忠发回到汉阳，白家很快得到消息，当天带着一帮人闯进向家，用九节铜鞭痛打向忠发，将其左腿胫骨打断。邹氏见儿子躺在地上血流如注，顿时呼天抢地，撕心裂肺。可白家父子仍是不依不饶，喋骂不休。幸亏向氏族人闻讯赶来，痛斥白家父子，这才救了向忠发一命。

---

① 《万岳东自传》，未刊稿，第 15 页。

二

龟山脚下崛起十里工业长廊，向忠发走进湖北枪炮厂当了一名学徒。他白天上工，空闲习武，旁学医道，因不服从工头管束，大展身手，被厂方挂牌除名。

汉阳位于长江、汉水交汇处，在晚清洋务运动中，这里诞生了中国最早的一批工业企业，成为当时中国乃至世界瞩目的制造业基地，著名的步枪“汉阳造”就出自这里。

在经历两次鸦片战争的沉重打击之后，晚清政府中一批有识之士意识到中国的落后和失败，开始一场“求富”“求强”的洋务运动。洋务派代表人物之一的张之洞认为，只有“师夷长技”、兴建新式枪炮厂，才能军械自给、富国强兵。1889 年 10 月，张之洞出任湖广总督，看中了汉阳交通便利的区位优势。在他的积极争取下，晚清政府同意在湖北兴建枪炮、钢铁二厂。

两厂位于汉阳龟山北麓，面对汉江，并排而立。

汉阳钢铁厂 1890 年动工兴建，1893 年完工，有大小分厂十余家。湖北枪炮厂于 1892 年动工，1894 年建成投产，1904 年更名为湖北兵工厂，1914 年改称汉阳兵工厂。

龟山脚下崛起十里工业长廊，烟囱高耸，厂房林立。当时一位日本驻华记者，描述了汉阳钢铁厂的伟岸雄姿：

登高下瞻，使人胆裂；烟囱凸起，矗立云霄；屋脊纵横，密如鳞甲；化铁炉之雄杰，碾轨床之森列，汽声隆隆，锤声丁丁，触于眼帘、轰于耳鼓者，是为二十世纪中国之雄厂也！

当时的汉阳钢铁厂，亚洲第一，世界第二。

汉阳钢铁厂全貌

湖北枪炮厂和汉阳钢铁厂不仅引进了世界一流的技术、设备和工程技术人员，同时诞生了中国第一批产业工人。向忠发十四岁那年，便走进湖北枪炮厂，当了一名学徒。

说是学徒，其实就是童工。当时童工大的只有十四岁，小的不到十岁。厂方为降低生产成本，大量使用低工资的童工。

枪炮厂为官办企业，设备先进，可劳动条件极为恶劣。生产车间和巷道特别狭小，没有阳光，噪声滋扰，灰尘弥漫。为避烟尘熏染，张之洞及其部属每次下厂视察，总是让夫役把所乘轿子一直抬到车间。

枪炮厂工人每天工作十小时以上，终年没有休息日，仅职员每两个星期休息一天。由于劳动时间没有统一的法律规定，各厂任意延长工时。工人劳动时间长，劳动强度大，可工资明显偏低。童工工资更低，一般仅为成年人的五分之一到三分之一，平均每天只有几分钱。童工工资少，做工时间却与成年人一样。向忠发亲眼看到，不少童工因吃不饱，加之过度劳累，常常昏倒在工厂里。

当时，各分厂设有总头、丁长、丁目，对工人层层压迫管束。厂方把招聘、解雇和发放工资的权力交给工头总管，工头利用手中的权力对工人进行中间剥削，任意惩罚工人。

工人经济上受剥削，政治上也无丝毫地位和权利。他们进厂时首先要三至五人“连环具结”，一人出事，众人牵连；工人如有违反管束的，“勒以兵法”，轻则任意“笞责”，重则“送官究办”；厂内设置枷杖等刑具，对不服厂方管制的工人，给予“枷杖示众”。[①] 除工伤事故外，工人被人为打死打伤的事，时有发生，屡见不鲜。

汉阳兵工厂全貌

枪炮厂内还驻有军队，以压制工人的反抗。

湖北枪炮厂技术上主要依靠“洋匠”，重要岗位均为外国人把持，中国工人只能做小工，打零杂。枪炮厂聘请一德国铸造工程师，手下有三百华工，因其封锁铸造工艺，华工无一人能掌握。[②]

不论是湖北枪炮厂，还是汉阳钢铁厂，外国人总是颐指气使，盛气凌人。向忠发进厂不到一年时，毗连的汉阳钢铁厂工人忍无可忍，举行了一场工人罢工。史料记载，这是湖北工人举行的第一次罢工。

事情的起因是这样的：

汉阳钢铁厂聘请外国技师四十一人，并配有一批翻译。他们当中一部分人性情暴戾，经常训斥并鞭打中国工人。工人们对这些蓝眼睛、高鼻梁的外国人和他们的翻译忍气吞声，愤恨的火焰在心头燃烧。

1895 年 3 月 26 日，在外国技师的指使下，翻译曾海将一名违规操作的工人踢翻在地，并举起皮鞭，将其打得遍体鳞伤。工友万贤明看不下去，过来解围，外国技师大吼大叫，气势汹汹。万贤明一怒之下，把外国技师推倒在

① 《湖北工人运动史》，湖北人民出版社 1996 年版，第 16 页。

② 《湖北省志·工业卷》，湖北人民出版社 1995 年版，第 7 页。

地上。

工人敢打职员，中国人敢打外国人，这在当时可是奇闻。工友们知道事情的严重后果，于是横下一条心。二百多名工人自发组织起来，向厂方请愿，要求处置经常毒打工人的三名高级职员。厂长蔡锡勇认为工人之举犯上作乱，调集营勇（军队）二百余人进厂镇压。

汉阳钢铁厂工人的这次抗争，虽因处于无组织的自发状态，很快偃旗息鼓，但却充分显示了产业工人敢于斗争的反抗精神。这件事对向忠发影响很大，因为被开除的万贤明，与向忠发关系不同寻常。

万贤明祖籍江西樟树，万家与向家系世代之交。

万氏家族，医史流源十代有余。不知什么原因，到了万贤明祖辈，兄弟三人皆不愿继承祖传医学之衣钵，宁可驾船为生。兄弟三人同驾一叶扁舟，往返于赣汉之间，与向氏一门交往甚深，并一度举家迁居汉川，后又与向家一同迁居汉阳。

万贤明被工厂除名后，进入汉阳鼓楼街永康祥中药店，给舅父王端阳当学徒。万贤明和向忠发年纪相近，两人从小就在一起玩耍，亲如兄弟，情同手足。向忠发一有空闲，就去永康祥中药店。

王端阳家世深厚，涉猎广泛，能文能武。他在汉阳开店二十余年，治愈过众多疑难杂症，医术精湛，远近闻名。几年前，向忠发被白家打断左脚胫骨，王端阳几副膏药，很快就让向忠发站了起来。

可王端阳最近有些不开心。根据祖上留传的秘籍记载，他要提炼三锅红升丹，一连好几次都没有成功。

向忠发听万贤明提起这事，立即联想到《西游记》里太上老君八卦炉中炼仙丹的神话；联想到秦始皇、汉武帝为求长生不老，遍请天下术士炼丹的传说。他想，王端阳按照祖上流传下来的秘籍操作，原料配制不会有错，那是不是火候出了问题？就像景德镇的瓷器，火功不同，色彩和光泽就大不一样呢？

在一股好奇心的驱动下，向忠发和万贤明按照王端阳的配剂方法，不停地调整火力。他们将一炉火改为两炉火，把“鬼点灯”的阴火改为“霸王焰”的明火，不厌其烦，互相置换。经过多次摸索，俩人竟然把红升丹炼出来了。[①]

王端阳喜出望外，称赞向忠发有天赋，悟性高。从此，向忠发成为中药店的常客。耳濡目染，他很快掌握了一些药理常识、民间偏方，并能拿脉问诊，通过察看人的五官气血，也能说出个一二三。

王端阳精于医道，通晓武术。向忠发、万贤明从小喜欢中国传统的侠义小说，对行走江湖、打抱不平的英雄好汉由衷敬佩。俩人从小曾受人欺凌，希望自己能长长见识。在他俩的一再央求下，王端阳收下了这两个徒弟，另外还有在汉阳钢铁厂做工的陈春和。

向忠发白天在枪炮厂做工，晚上定期跟着师傅舞枪弄棒，学习拳术。长江边的沙滩上，晴川阁的树林下，一个个身影上下跳跃，前俯后仰，左右腾挪。向忠发十分投入，悟性也高，很快练就了一些基本功。他眼睛尖，出手快，脚步稳，腰身硬，对付三五个人不在话下。

王端阳反复告诫弟子，中国拳术首要强健体魄，其次才是防身护身，主张武德至上，行侠仗义。有了一些拳术功夫，向忠发觉得自己腰板挺直了许多。可他藏而不露，秘不示人，厂内工友也不知情。

终于有一天，向忠发露出了身手。

管理向忠发的工长，平日不做工，每月坐享几十元薪水。发放工资时，采取抹零去尾、银元改铜币等办法，克扣工人工资。逢年过节，家中有婚丧喜事，还要对工人敲诈勒索。工人为保饭碗，不得不给他送礼。向忠发不理这一套，有些格格不入。

工长决定找个机会，给向忠发点颜色。

一天下班，工人们照例通过长长的检查通道，翻挂写有自己姓名的牌子。一群手执木棍、皮鞭的丁目在工长指挥下，站在门口搜身检查。丁目对其他人简单地敷衍一下，可对向忠发搜查一刻钟之久，就是不予放行，口中还骂骂咧咧，故意刁难。向忠发不耐烦了，一时性起，推开一个丁目，转身欲走。另外几个丁目一拥而上，将向忠发按倒在地上。

向忠发意识到自己的处境不妙，如不立即脱身，难免受皮肉之苦。他一

---

① 《万岳东自传》，未刊稿，第19页。

不做，二不休，使尽浑身力气，纵身一跃，从地上爬起来，并左右开弓，劈手横腿，放倒几个丁目后，扬长而去。

就这样，向忠发因“不服管束”“殴打丁目”，在枪炮厂工作两年半之后，被挂牌开除了。[①]

在亲友的介绍下，向忠发进入武昌制钱局做工。这个厂后来改名为武昌造币厂，不仅为湖北本省铸造钱币，有时还为户部或邻近各省代造铜圆。1901 年底，因原料价格大幅上涨，武昌造币厂亏损严重，被迫停止生产。

向忠发又一次失业了。

三

向忠发给富人看家护院，不经意间一句话，让主人高看三分。他替主人掌管赣江商轮，屡遭官府蛮横刁难，因横闯关卡，殴打官吏，被江西官府通缉在案。

向忠发跟随王端阳学过几年拳术，深得王端阳赏识。经王端阳介绍，向忠发只身来到九江，给江西富豪王家全看家护院。

王家全在九江兴建了一座花园，有房产百余间，园中楼台亭榭，池沼石舫，回廊假山，美不胜收。花园建成后，王家全给亲朋好友、远近族人写信，招揽功夫高手。

---

① 《转变》，1933 年 12 月出版，第 332 页。

起初，向忠发在王家干些杂活，并不怎么起眼。经过一件事后，王家全对其高看一眼，厚爱三分。

王家全发迹于盐票，发富于运盐。可淮盐自仪征入长江抵达江西南昌，水路里程为一千四百里，如再转运至建昌，则为一千八百余里，如转运至吉安、袁州等地，全程则在两千里以上。当时，长距离用木船运输淮盐，单程一般约两个月，多则三到四月。然而，运输途中波涛浩渺，河流多石矶暗滩，如盐船重载，或遇上暴风急流趋避不及，风险很大。

提起两淮盐运史上的一场大灾难，可谓心惊肉跳，谈之色变。

那时，徽州商人把汉口看作是“天下货物聚买的第一大码头”，运送淮盐的船只都停泊在武昌东武胜门外的塘角。这里有一条新河，是淤涨起来的一处洲滩，长十里，南北走向，南北河口均与长江相通。由于洲滩浅，可下锚，可避风，是一个理想的港口，成为盐船的停泊之地、盐商的聚落中心。

1850 年 1 月 1 日凌晨三时，人们正在睡梦之中，停泊在武昌塘角的盐船突发大火。当时风狂月黑，波浪如山，火借风势，风助火威，很快形成一片火海。大火整整烧了七个小时，惨状目不忍睹。

当时文献记载：

> 上流火势剧烈，炎炎若飞炮；下流风逆，解缆亦不得出。船塞江流，舟中兄弟、夫妻、儿女皆忍死相觅，声呼噪，渐至听闻皆速。但见风声、火声交互歙欻，人皆惊投如羊豕，自窜水火。有上跃如猿，跃起仍堕水火者。有逃入水，水沸至糜其肢体者。有一妇新产，未裹裳裤，母子相抱焚死。有一船逃对岸将停，而轮回风返入火中，十口无一存者。是夜火发，烧及次日辰未止。浮脂罩江波，腥臭不可闻。

水道盐运，凶险可知。

一天，王家全和来客谈起徽商盐船发生在武昌的那场灾难。向忠发听见主人谈及这场事故，冷不防冒出一句：听族中长者讲，那场火灾的主要原因，是有人冒犯了河神。

王家全顿时一愣，示意向忠发往下讲。

向忠发道出了几代人驾船的身世，并说族中有人目睹了这场大火。他还说：生意人供奉财神，读书人祭祀孔子，练武之人跪拜关公。自己从小跟着父母在江湖上行走，遇上狂风大浪、暴风骤雨，总是跪在船头叩拜。主人家供奉了财神，生意兴隆，不妨再供一尊河神，祈求平安，以解心中之悬，免除后顾之忧。

生意人讲究吉祥平安，心理暗示比他人强烈。王家全认为向忠发的话有根有据、合情合理，连连点头。几天之后，王家全特地辟出一间屋子，供奉河神，安排向忠发看管护理。向忠发不负主人厚望，将庭院打扫得干干净净。河神像前香火缭绕，前来祈祷许愿者络绎不绝，主人甚为满意。

江西境内河流众多，航道纵横，赣江、昌江、信江、抚河、修河五大水系，经鄱阳湖汇入长江，九江成为江西全省的水运咽喉。第二次鸦片战争期间，外国商人看中九江的地理优势，强迫晚清政府将九江列为通商口岸，并纷纷抢滩登陆。洋人、洋船和洋货，蜂拥而来。

近代九江码头

起初，外国轮运业以九江为据点，经营长江航线，后又把航线伸入内河，几乎垄断了九江和江西内河港口的轮运业务。外国列强在江西境内倾销自己的棉纺织品、煤油、糖类、金属物品，并从江西运出茶叶、木材、纸张、瓷器等农副土特产和手工业品，获利甚丰。

外国航运业的入侵，一方面排挤打击了中国旧式航运业，另一方面也刺激了中国近代民族航运业的发展。1895 年 7 月，晚清政府迫于各界舆论压力，电令各省督抚，允许华商在内河航行小轮，以杜洋人攘利。国内一些有识之士募集股金，兴办航运，江西民族商轮乘势崛起。

王家全经营淮盐多年，熟悉江西水道，加之资本充足，具有兴办航运业的许多优势，遂创办了一家轮船公司，往返于九江至南昌之间。王家全见向忠发世代驾船，从小在大江大河上出没，为人精明强干，于是安排向忠发在船上任事。

凭着主人的关爱和人脉，凭着自己的勤劳和机警，向忠发在船上只做了四个月，就升任二副，两年后又升为大副，实际上成为船上的老大，替主人掌管赣江商轮。①

民间商轮运输业的发展，引起了封建官府的浓厚兴趣。1902 年 7 月，官商合办的内河商轮公司开业。接着，地方当局又兴办江西官轮总局，后转让给江西巡抚吴光熹和九江道的九名官吏，改名道生轮船公司，航行于赣、鄂、湘三省内河，成为当时规模最大、实力最强的民族航运企业。

江西商轮和官轮运输虽呈一时之盛，可为了一己之利，相互之间钩心斗角，尔虞我诈，巧取豪夺。各商轮企业深感自身利益受到严重威胁，于是改变各自孤立隔绝的状态，成立商船总会。王家全家大业大，德高望重，成为江西商船总会举足轻重的代表人物。

商船总会成立后，传统的、分散的船帮之间有了较大的合作范围，市场管理有了一定的章程可依，可各船帮难以脱离封建把持的积习，封闭排他现象严重。许多人不受同业公会章程的约束，纯粹从本帮利益出发，自行其是。王家全试图发挥商会的调节作用，但得不到各船帮的支持与配合，更引起官府的妒忌和敌视。

官府使出种种卑劣手段，限制商轮企业的发展。他们利用手中的职权，有针对性地设置重重障碍，将矛头指向王家全经营的轮船公司。

盐是人类生活不可或缺的重要物质，历朝历代对此都十分重视。自唐中叶实行食盐专卖制后，盐利成为国家财富的重要来源。清朝沿袭历代旧制，在各地设置盐法道，不仅督察盐场生产、估评市场盐价，同时还管理水陆航

---

① 《转变》，1933 年 12 月出版，第 332 页。

运事务，甚至兼任分守巡道。

在江西巡抚吴光熹的授意下，盐法道对王家全经营的轮船盘查甚严，甚至到了故意刁难的地步。王家全经营的轮船停靠赣江任一码头，官吏都要翻货倒物，强行搜查，甚至对顾客破口大骂，拳脚相加。人们明白其中的缘故，来往客人避而远之。王家全经营的轮船顾客稀落，冷冷清清。

一天风和日丽，向忠发指挥商轮从南昌返回九江，由于船上空无客人，心中很不是滋味。他暗自思忖，王家全将商轮托付自己掌管，寄予了莫大的信任，眼下经营惨淡，生意每况愈下，深感有负重托。郁郁寡欢之际，商轮在半路上遇见一条返回武汉的货船。向忠发一时兴起，主动和对方打招呼，发现船上竟有年少时一同习武的同伴陈春和。

他乡遇故人，向忠发紧锁的眉头一下舒展开来。他要陈春和将货船系在商轮之后，俩人随即在一条船上闲聊起来。

商轮拖着货船，直驶九江。

守候在永修码头的盐法道官吏，见这一轮一拖不停船靠岸接受检查，于是在岸上大呼小叫。向忠发气愤地回应："客人都被你们赶跑了，有什么好检查的?"

"少废话。你们形迹可疑，我们例行公事，有人无人，商船货船都要例行接受检查，除非你们停业。"一个官吏气势汹汹，一语道破天机。

岸上的官吏操纵一条小船快速追了上来。向忠发自知情形不妙，示意大伙稳住阵脚，听从指挥，见机行事。

检查船只很快横在江心，挡住了去路。一个官吏急不可待，跳上商船，追问谁是大副。向忠发毫不掩饰，用手指了指自己。官吏不由分说，不顾他人劝阻，抓住向忠发的衣袖将其往检查船上拉。向忠发见官吏蛮横无理，飞起一脚，将他踢入江中。

盐法道官吏从未受过这样的窝囊气，一时乱了方寸。有人惊慌失措，有人目瞪口呆。没等他们做出反应，向忠发将右手猛指前方。驾驶员明白其意，加大油门，快速前行。

官船被撞翻，官吏在水中扑腾。

横闯关卡，殴打官吏，清朝政府明文视之为大逆不道。回到九江，向忠发向王家全报告了事情的经过。王家全没有半点责备之意，只是淡淡地说道：“我预料早晚要出事的，这不是你的过错。最近不要上船了，好好在家待着吧！”

王家全的轮船公司，从此歇业停运。

不几天，江西官府发出捉拿向忠发的通缉令。王家全拿出二十块银圆，把向忠发叫到跟前说：“官府不会放过我的，你在这里干了五六年，有功劳也有苦劳，拿着这点盘缠走吧！”

在王家全的坚持下，向忠发潜返湖北老家。

第二章
船帮大哥

CHUANBANG DAGE

汉冶萍公司，中国最早最大的工业联合巨人，下辖若干企业，煤炭、矿石、冶炼，分散于鄂湘赣诸省。原料是公司的基石，冶炼是公司的支柱，运输成为公司生产经营的桥梁和纽带。

十年江湖路，出没风波里。向忠发成为汉冶萍公司的一名船工，走南闯北，呼朋唤友，与各厂矿结下不解之缘。他经风雨，历世故，成为一呼百应的头面人物，为日后开展工人运动打下了深厚根基。

四

向忠发成为长江船夫，几次与死神擦肩而过，右手被散裂的船体碎片击中，食指被截，贴上醒目标签。他为人豪爽，执情仗义，被工友们亲切地称为“向大哥”“百事通”。

汉阳钢铁厂始为官办，1908 年与大冶铁矿、萍乡煤矿合并，组成国内最大的工业联合企业——汉冶萍公司，全称汉冶萍煤铁厂矿有限公司，进入商办时期。汉冶萍地跨湖北、湖南、江西、安徽等省，冶炼厂在汉阳，铁矿石在大冶，焦煤在江西萍乡。要把矿石、焦煤运进汉阳钢铁厂，运输至关重要。

向忠发的二叔是汉冶萍公司货船上的水手，为汉阳钢铁厂运输矿石、煤炭。向忠发回到湖北后无事可做时，常常到叔叔船上帮忙。1912 年，汉冶萍公司购置一批新船下水。在二叔的推荐下，向忠发进入汉冶萍公司，成为轮驳上的一名伙计，往返于汉阳、大冶之间。

大冶是世界闻名的青铜文化发祥地，历史悠久，源远流长。早在殷商时期，人类的祖先就在这里掘井取矿，大兴炉冶，开创了辉煌灿烂的青铜文明。大冶矿产丰富，素有“百里黄金地，江南聚宝盆”之美誉，据说这里的每块石头都“含金藏铜”。

大冶不仅铜矿丰富，矿石含铁量也高。大冶铁矿开采与汉阳钢铁厂配套建设，同时起步。为了将矿石迅速有效地运送出去，矿区开辟了三十余里的运输铁路，沿线设有铁山、盛洪卿、下陆、李家坊、石堡五个车站，以下陆为中心。矿区还在下陆兴建了一个机车修理厂，修理损坏的运矿车辆。通过矿区铁路，大冶出产的矿石可直接运送到长江边，然后再用船只运至汉阳。矿石在汉阳晴川阁东码头下卸，由小火车运进铁厂冶炼。

大冶矿山全景

大冶铁矿的开采，矿区铁路的兴建，催生一座城市拔地而起，这就是矿冶之都——黄石。

汉阳钢铁厂早期运输主要依靠民船，但民船运输存在许多弊端。首先是民船数量不稳定，尤其是运输旺季，招雇民船比较困难；二是民船船体较小，仅能装载三至五吨，每遇恶劣气候，往往中途耽误，不能保证运输时间；三是民船为了获取更多利益，掺假盗卖之事常有发生。

于是，汉冶萍公司逐步组建了自己的船队。

经过多次购置，汉冶萍往来于汉阳、大冶的拖轮增加到七条，驳船达到三十多艘，每艘驳船的载重量在三百至五百吨不等。船队前面用拖轮牵引，后面匹配一定数量的驳船。船队在长江“一”字摆开，绵延数里，浩浩荡荡。

当时，驳船工人地位低下，工作艰苦。对于汉冶萍轮驳工人的生活状况，当时有文字这样描述：

> 严寒的冬天，餐风卧雪，手足皲裂，简直冻得如虾子一般；酷暑的夏天，烈日晒着，机炉烤着，沸水蒸着，简直烤得像红皮鸭子一样。冻饿死的，疫疠死的，不知多少。[①]

① 《汉冶萍公司档案史料选编》（下），中国社会科学出版社 1994 年版，第 267 页。

汉冶萍公司的大型货船

出没风波里，身处方寸间。船员的生活是单调的、枯燥的，但他们有自己的生活乐趣。一有空闲，向忠发总是拉着三两工友聚在一起，一壶茶，一袋烟，笑谈先人的传奇经历、江湖豪杰的奇闻逸事。

轮驳工人劳动强度大，工作环境恶劣，尤其是寒冬腊月，江风猎猎，犹如生活在冰窖之中。长年累月，船员们大都染有严重的风湿类疾病，酒成为他们不可或缺的重要朋友。

在向忠发看来，酒不仅能给他们壮胆解乏，祛寒取暖，更能在生活上把船员们紧紧地联系在一起。饮了酒，话题就多，谈论无拘无束、有滋有味。向忠发不仅酒量大，而且能用酒疗伤。

船工们长期在船上生活，跌打损伤是家常便饭。根据民间偏方，向忠发掌握了一门绝活。他把酒倒入碗中点燃，然后用手将滚烫的酒液迅速涂抹在患者伤处，运足气力，反复推拿。一会儿工夫，患者伤处瘀血尽散，奇效立显。

这种方法因陋就简，操作方便，只要有人找他，他从无二话。

据万贤明之孙万仁仪介绍，每当驳船停泊靠岸，向忠发习惯去码头上找间茶馆，听艺人们讲述评书。三国英雄、七侠五义、梁山好汉，向忠发将这些经典故事烂熟于心，时常津津乐道。

当然，耐不住寂寞的时候，向忠发也会去赌场碰碰运气，但大多扫兴而回，血本无归。如果有所收获，他会邀约同事朋友，把酒迎风，一同分享自己的快乐。

大冶对岸的兰溪，是大别山南麓罗田、英山、浠水三县河流的入江口，也是长江边上一座重要的运输码头。宋代大学士苏东坡谪贬黄州时，曾写下《游兰溪》诗词一首，脍炙人口：

山下兰芽短浸溪，
松间沙路净无泥，
萧萧暮雨子规啼。
谁道人生无再少？
君看流水尚能西，
休将白发唱黄鸡。

向忠发经常光顾兰溪，当然不是追寻文人足迹，也不是观赏山川风景，而是前来聆听那些有几十年船龄的老师傅摆龙门阵，从他们口中了解长江航道的险滩分布，学习如何观察冬夏风向。

江上船夫，四面朝水，一面朝天，稍有不慎，险象环生。遇上狂风暴雨，惊涛骇浪，激流漩涡，暗礁险滩，常有覆舟之灾，导致家破人亡。生于岸上，死在水中，就算再能干的船工，有时也难逃脱长江的凶险。小时候，向忠发经常听到亲友葬身鱼肚的噩耗。他在长江上出没往来，也几次身陷绝境，与死神擦肩而过。

有一次，在一个闷热的夏日，驳船停靠在大冶江边装运矿石。当时长江处于汛期，江涛拍岸，滚滚东流。突然一块巨大的矿石滚落在船上，向忠发走在船舷边上立足不稳，“扑通”一声，掉入江水之中。尽管他水性好，仍然无法抗拒湍急的水流，迅速被江水裹挟，带往下游。

下游是虎口张开般的趸船头，激流在这里打着漩涡，哗哗作响，掀起层层波浪。“快，抓住锚链！”二叔和船上的人同声大喊。在他们看来，只有抓住趸船锚链，才有唯一的生机！

可向忠发还是与趸船锚链失之交臂，被江水卷入趸船口，即将裹入船体底下。在这生死存亡的瞬间，二叔急中生智，顺手从船上抄起十米长的木篙，将带有铁嘴子的那头抛向趸船口。

如果这一篙击中向忠发头部，他必死无疑；如果向忠发抓不住木篙，也必死无疑！好在二叔篙技一流，出神入化，带有铁嘴的那一头不偏不倚，刚好落在向忠发的正前方，他顺势抓住了木篙的铁嘴钩。

向忠发被拖上船，二叔狠狠地给了他一巴掌。这样的举动似乎不近情理，但他们早已约定俗成。这一巴掌，既可打走附体的水鬼，也是对落水者的严重警告。

还有一次，向忠发也命悬一线。

满载矿石的船队经过团风时，天气大变，江面急风暴雨。一个浪头打来，舵手鬼使神差，将舵摆错了方向。连接驳船的缆绳"咔嚓"一声，立时绷断。驳船失去平衡，立即倾斜下沉。湍急的江水迅速将船板撕成碎片，箭一样地射向落水者。一个水性高超的船工，本来已经弃船游走，却被散裂的碎木板刺中，再也没有浮出水面。向忠发右手被碎木击中，虽然侥幸得救，但右手食指被截断，成为身上的重要标志。①

艰苦的工作环境，丰富的人生阅历，练就了向忠发的胆识和智慧。他能说会道，见多识广，执情仗义，很快成为船队中一呼百应的头面人物，在汉冶萍公司脱颖而出，被同行们亲切地称为"向大哥""百事通""包打听"。

---

① 也有人说，向忠发嗜赌如命，经常输钱。为表示戒赌之决心，他一气之下，砍下了自己右手的一个指头。孰是孰非，现难以考证。

五

兵工厂工人索饷罢工，向忠发鼎力相助，出谋划策。罢工代表被当局残酷杀害，他挺身而出，联络各界工友声援。向忠发收养了死难者的两个小孩，抚养成人，视如己出。

树有根，水有源，人有宗。向忠发虽东奔西走，但汉阳仍然是他的主要栖息之地。他关注着汉阳兵工厂，关注着汉阳的一草一木。这里有他少时的伙伴，有他一同习武的兄弟，还有一批同时进厂的患难工友。

1913 年 5 月底，汉阳兵工厂内枪声响起，震惊全国。

汉阳兵工厂是当时国内规模最大、设备最先进的军工企业。中华民国成立后，主持湖北军政事务的黎元洪推荐刘庆恩为兵工厂第一任总办，兵工厂直属北洋政府陆军部管理。刘庆恩早年留学日本，学习机械及枪炮制造，后又赴德国学习兵器技术，是国内有影响的兵器专家。

汉阳兵工厂虽然显赫，但由于辛亥革命前后各方力量巧取豪夺，基本处于停顿状态。刘庆恩走马上任后，曾专程赴京求援。可旅京旬余，收效甚微。离开北京时，刘庆恩给陆军总长留下一封书信，诉说自己的苦衷，甚至提出辞职要求。

1912 年年关逼近，刘庆恩一无所获地返回湖北，与中华民国临时副总统、湖北军政府都督黎元洪面商。尽管黎元洪财政上捉襟见肘，但出于多方面考虑，他还是决定由湖北每月拨给汉阳兵工厂一笔经费，用于发放薪资。因官票筹措不易，每人每月发五元纸票。

汉阳兵工厂如履薄冰，开始运转起来。

可是春节过后，市面物价飞涨，纸票价跌，只能八折使用。工人们与厂方交涉，要求薪资全给官票。刘庆恩一面要求工人深明大义，体谅厂方艰难；一面加强对工人的管理控制，明令各分厂严加注意，如有人鼓惑煽动，严惩不贷。

工人们提出的要求没有得到解决，刘庆恩的控制也就未能如愿。5 月 29 日晚，一张匿名帖出现在兵工厂的大门前，号召全厂工人向厂方抗议，由此拉开劳资双方冲突的序幕。

兵工厂附近的古琴台，相传是春秋战国时期钟子期与俞伯牙结为知音的地方，当时已成为人们茶余饭后休闲的去处。30 日傍晚收工后，兵工厂的一批工友陆陆续续来到这里。

有人登台演说，煽动民众的不满情绪。

也有人提议，全体工友停工一天，向厂方施压。

还有人放出狠话：明天如果有人上班，不论是谁，铁棍警示，打死不论。

大家你一言，我一语，公推梁瀚生、马子仲等人为代表，并约定次日停工一天。少部分人维持厂内秩序，劝阻不知情的工友上工；大部分人去湖北军政府请愿，向黎元洪讨个说法。

湖北军政府设在武昌，与兵工厂隔江相望。当时渡江交通工具十分简陋，要将兵工厂两千多人运往长江对岸，并不是一件容易的事。有人提议找向忠发，请他帮忙想想办法。

向忠发早年在兵工厂当过学徒，与不少工人仍有往来，工友们也知道向忠发重义气，有胆识，朋友多，尤其与划业界有着千丝万缕的联系。武汉三镇三个有名的水猫子，可在长江、汉水中潜伏六小时以上，也听从向忠发的召唤。有人认为如能得到向忠发的支持和帮助，此事可迎刃而解。

这段时间，向忠发在汉阳停留。工人代表黄格谦在一间茶馆里找到向忠发，说明来意。向忠发听后十分爽快：“大伙的事就是我的事，兄弟们放心好了。”接着，他用右手在胸前拍了几下：“这事包在我身上。”

向忠发随即叫来陈春和、万贤明等人，命令他们把一帮兄弟发动起来，

湖北督军府

每人落实五条木船，第二天早晨候用。

仅仅一个晚上，一百多条木船有了着落。

工人们的一举一动，当然逃不过刘庆恩的耳目。当天夜里，刘庆恩接到报告：有人纠集工人同盟罢工，请多加防范。

31 日晨，刘庆恩亲率一班随从来工厂巡视，发现西门前有多人手拿石头，分布要道，强行阻拦工人上班。刘庆恩当即火冒三丈，拔出洋枪，连放三响，以图驱散闹事之人。

工人们被突如其来的枪声所惊吓，四下逃散。独有一人名叫陈永长，不知所措，手拿石头不放，被刘庆恩当场拿获。经审讯，刘庆恩得知此次罢工闹事系枪弹厂司书马子仲、机器厂工头梁瀚生等人所倡首。

事态发展到这个地步，刘庆恩决定去督军府商讨解决办法。他在给陆军部的电文《关于湖北兵工厂罢工及镇压经过函》中说："遂即偕同会计长曾应选、巡长阎志斌等亲赴督军府，原拟婉为商陈，请多增发官票，藉慰众心。"①

当时，武昌城高墙四立，辟有几座城门。刘庆恩一行过江而来，通过文昌门进入城内时，早在督军府门前请愿的工人将其团团围住。有人忍不住心中怒火，不断地投掷杂物，令其十分狼狈。

① 《中华民国史档案资料汇编·第三辑——民众运动》，江苏古籍出版社 1991 年版，第 11 页。

督军府门前，更是水泄不通，人声鼎沸。

坐镇督军府的黎元洪，原是清军驻武昌的一名高级将领，武昌首义时被革命党人拥戴上台。占着首义之利，中华民国政府在南京宣告成立之时，十七省代表选举黎元洪为副总统，可他并未就职，而是在武昌观察风云动向。近因与袁世凯暗中勾结，遭到革命党人的谴责与声讨，倒黎兵变在武昌接连发生。

军人出身的黎元洪，非常看重汉阳兵工厂，总想将其控制在自己的手中。得知兵工厂风波又起，上千人前来请愿，他先是拒不出门接见。数小时后，得知刘庆恩前来拜见，外面事态仍未平息，这才勉强派四名参谋出来开导，并接受工人代表的诉状，保证立即派人调查，商量解决办法，要求工人立即退散。

黎元洪派军需科长和调查专员立即进厂，于6月1日发出如下告示：奉都督令，该厂关饷即以二、三两日发给，如此两日，遇有事故不能来领，准于初四补发。倘或再逾期不领，即可作截旷之用。

告示只是决定将工厂拖欠的工资限期发放，根本没有回应工人薪资发放官票的要求。尽管如此，第二天还是有半数工人如期到厂上工。

罢工总代表梁瀚生、马子仲等人，见厂方和督军府对工人的正当要求没有做出正面回应，又在厂前聚众演说，阻止工人领取薪资，坚持斗争。督军府派出的调查专员劝说无效，将罢工风潮的主要责任归罪于梁、马二人，并向黎元洪请示处理意见。

黎元洪对兵工厂的乱局本来就十分不快，如今见自己的指令又遭到抵制，得不到执行，更为恼怒。他命令自己的卫队立即过江，将梁瀚生、马子仲等人拿解来省，严刑重办。

当晚，汉阳全城警备森严，黎元洪的卫队在兵工厂进行拉网式搜捕。马子仲侥幸逃脱，梁瀚生在住所被擒。在调查专员的引导下，随同被捕的还有附和工人黄士显、耿长庚等人。

湖北军政府军法处以“纠众罢工，意图煽惑”八字之罪，提出将梁瀚生、黄士显斩决，悬赏一千元捉拿马子仲的预案。黎元洪接到报告，不假思索，大笔一挥：照准执行。

于是汉阳兵工厂的大门前，悬挂起两颗血淋淋的人头。

兵工厂工人既骇又愤，一片哗然。整个汉阳，流传着这则令人毛骨悚然的消息。大街小巷，冷落人稀，笼罩着一派血腥恐怖的悲凉。

向忠发认为梁瀚生、马子仲为公推代表，率众赴督军府禀求，尚属文明之举，得到督军府答复后又遵令回厂，既无为匪证据，也无暴动实迹。即使按照民国新律刑法，也罪不当死。

当兵工厂几个兄弟痛苦纠结之际，向忠发说出了自己的想法：人善被人欺，马善被人骑。千百年来，官府总是欺压善良百姓，工人争取自己的利益，不能裹足不前，善罢甘休。如果兵工厂工人认为自己势单力薄，可请各业工人声援，汉冶萍轮驳工人愿率先响应。

向忠发几句话，让工人代表心里热乎乎的。

6 月 10 日，汉阳地区各厂工人就梁、黄二人被害事件，在古琴台集会，抗议黎元洪的残酷暴行。向忠发的演说，极富感染力：

> 水不平则流，人不平则鸣。我们工人做的是最重最脏的活，住的是最破最矮的房。食不果腹，衣不遮体，不能养家糊口。自古志士多仗义，天下工友命相怜。我们两厂地相邻，人相亲，你们的不幸就是我们的不幸，你们的痛苦就是我们的痛苦。罢工求薪，治办死罪，自古至今，闻所未闻。今天，我们给你们撑腰；明天，你们也会给我们壮胆。我们拧成一股绳，才能更有力量。我们不能让死难者的鲜血白流，要讨回公道，抗争到底。

向忠发话没讲完，军警闻讯而来，包围会场，开枪镇压。

整个汉阳，乌烟瘴气，压抑沉闷。刘庆恩放出狠话：如果工人数日之内再不复工，不论熟练工人还是学徒，一律开除。

数日的期限过去了，工厂空无一人。

刘庆恩进退两难，思虑再三，向黎元洪提交辞呈。为平息事端，黎元洪顺水推舟，准予辞职，并再次派专人进厂与工人代表协商。

几经周旋，劳资双方各退一步，达成如下解决办法：工人薪金在二十元以下者，概发官票；二十元以上者，官票纸币分成搭配发放。总理、总工程师等，则概发纸币。

汉阳兵工厂罢工求薪事件，基本上达到了预期目的，在中国工人运动史上具有重要地位。工人们开始注意斗争的组织与方法，对全国早期工人运动产生了重大影响，为后来武汉地区工人运动的兴起奠定了基础。[①]

向忠发不是这起事件的主角，可他从中意识到追求工人利益的艰巨性。他明白，工人团结才能凝聚强大的力量，坚持斗争才能争取光明的前景。他对梁瀚生在罢工过程中的表现，深表钦佩。

梁瀚生为工人利益舍身成仁，流血牺牲。他上有七十四岁高龄的父亲，下有四个未成年的女儿，一家人过得十分艰难。向忠发经常对人说：不能让生者寒心，也不能让死者遗恨！后来，他义无反顾地收养了梁瀚生的两个小孩，视如己出，直到抚养成人。

六

向忠发成为轮驳上的老大，路见不平，拔刀相助。他的建议，得到公司高层采纳，化解了同行多年的心结。他代表工友与厂方叫板，公司高管防不胜防，骑虎难下。

第一次世界大战期间，西方列强忙于欧战，无暇东顾，汉冶萍迎来了一次难得的发展机遇。公司决定扩大生产，兴建大冶钢铁厂，同时设立汉阳运

① 《湖北工人运动史》，湖北人民出版社 1996 年版，第 22 页。

输所，对汉湘、汉冶、汉沪运输线统一调度配置。

汉阳运输所行政上与汉阳钢铁厂、萍乡煤矿、大冶铁矿以及新成立的大冶钢铁厂并列，成为汉冶萍公司的五大支柱，归董事会下属的经理处管辖。

汉阳运输所将轮驳按装载重量分为甲、乙、丙三等，每条驳船由大副负责，制定了严格的生产经营管理办法。大副的使用有严格的标准和要求，以在公司年久兼有劳绩者为合格，尤其以熟谙航线的技术工人为主。

向忠发成为汉湘线一四八号轮驳的大副，俗称老大。

汉湘线指湖北汉阳与湖南株洲之间的水道，主要运输江西萍乡出产的焦煤。萍乡矿区河道狭小，轮驳不能通行，焦煤首先从产地用民船转运株洲，再由汉冶萍公司的船队从株洲起运，随后沿湘江顺流而下，穿越洞庭湖，由岳阳的三江口进入长江，运抵汉阳。

汉湘线与汉冶线比较，水道更复杂，风险也更大。然而，即使是 1919 年粤汉铁路建成通车，萍乡焦煤可从矿区直运武汉，但由于火车运费较高，汉冶萍公司由株洲运抵武汉的焦煤，水运仍占近一半的比重。

湘江是长江的主要支流，水系如网，遍及湖南。可株洲下游浅滩甚多，对轮驳航行形成严重制约。冬季水浅时，有些河段水位只有三四尺，而轮驳吃水深度一般在五尺以上。从株洲至汉阳，轮驳只能行驶半年，而往返一次，大约需要半月时间。

铁厂煤炭码头

株洲至汉阳，水道千里，湘潭、芦林潭、岳阳等处是汉湘运输线上重要的泊船地点。汉冶萍公司在这些地方设立堆栈，可暂时堆存焦煤，同时设立了稽查所，对公司过往船只挂号通报日期，对遇险船只提供救助。

汉湘线上的轮驳，比汉冶线上的船只更多，规模更大。向忠发虽然只是一四八号轮驳上的大副，但由于他在工友中有一定的威信，有很强的号召力，加之万贤明等一批兄弟帮衬，实际上成为汉湘线船队的头面人物。

湘江一线沿岸集镇，成为向忠发经常光顾之地。这里的山货特产，风俗民情，茶肆酒楼，三教九流，向忠发了如指掌。常年在湘江上奔走，向忠发与湖南民船十分熟悉。他们时常结伴而行，同走湘江，同往武汉，尤其与湖南宝庆帮的一批业主，建立了良好的人际关系。

汉湘线上的煤船抵达汉阳，按照办事程序，需经铁厂煤务处收发股过磅验看查收。但往往船到数日之后，相关人员才开始验看，然又看无定识，则需数日化验，数日才能过磅。

焦煤起卸与司磅员过磅，矛盾由来已久。

向忠发早就听说过，船户揽载萍矿焦煤，时常遭遇勒扣磅亏。以焦煤质地而论，在株洲装载，初时并无干湿之分，由于一路上风吹日晒，抵汉后表面的焦煤会变得干燥，但底层则比较潮湿。但到汉起卸抽取样品时，负责人员并没将表层与底层区分，只是将底层焦煤取出少许，烤干扣潮。司磅人员过磅之时，私核号码，卸炭多寡，或赔或偿，船户莫知其中实形。而过磅验收员与地痞勾结，日夜下河变卖焦煤。

汉阳钢铁厂的磅棚，距江边码头有半里路程，过磅时需将焦煤从码头挑到过磅处。可钢铁厂照料焦煤的巡查人员和挑夫与地痞勾结，随意将大量焦煤抛弃在地上，每日有六七吨之多，既不过磅，也不许船户拾捡，否则拳脚相加。他们通过这种方式向船户扣赔，船户敢怒而不敢言。

积郁已久的不满情绪，终于爆发。

向忠发带着大伙到过磅处理论，要求允许船户捡拾散落于地上的焦煤，或者将磅棚移近江边码头，遭到司磅人员的强硬反对。一些挑夫也过来助威：靠山吃山，靠水吃水，多年的规矩不能改。

有人推翻磅棚内的设施，双方几乎扭打起来。

小鬼难缠，就找阎王。向忠发与在汉口的湖南衡宝、湘澧船帮商量，决定以各商帮名义给汉冶萍董事会致函，历数汉阳钢铁厂勒扣磅亏、起卸延迟、船商苦累等情况。

汉冶萍公司董事会收到来函后非常重视，要求有关部门进行调查，拿出初步意见。公司董事会还特地致函汉阳钢铁厂厂长吴健：

> 查运煤船户，如果盗卖掺水，自应照章扣磅，以儆其余，至如坐磅处加三磅，遗炭不准捡归原船，实非持平办法。切嘱煤务处加意改良，切实查禁，并督察司磅司事，勿得私核号码，任意高下，以示公允，而免藉口。①

董事会有了明确的意见，汉阳钢铁厂只能照此办理。很快，磅棚移至钢铁厂门口，沿途掉下的焦煤，也允许船户自行捡拾。不仅如此，钢铁厂对船户坐磅扣秤的一些不合理规定，也做出有效矫正。

向忠发为工友们争了一口气，讨回了公道，船工们对向忠发肃然起敬。有人甚至表示：只要向忠发发个话，他们义不容辞，在所不惜。

在钢铁厂，向忠发人所共知，声誉鹊起。

很快，第一次世界大战结束后，全球经济步入萧条，英、美、日等国工人罢工加薪的消息时有所闻。有人向汉冶萍高层建议：

> 汉、冶、萍三处互生连带关系，万一有此，即影响全局，损失之大，恐难遑举，不若先事预防之为美也。至应如何办理之处，不外由衣食住三者着想，苟能平其心，乐其业，虽有风潮亦无患矣。②

果然，此话一出，不到半年，汉阳钢铁厂率先举行罢工。

1920 年 6 月，汉阳钢铁厂化铁炉工人因每天所得工资不够一饱，要求厂方增加薪金。当时百物昂贵，一升米需要一百三十四十文钱，而他们每天的工

---

① 《汉冶萍公司档案史料选编》（上），中国社会科学出版社 1994 年版，第 532 页。

② 《汉冶萍公司档案史料选编》（下），中国社会科学出版社 1994 年版，第 227 页。

钱仅二角五分，家里有妻子儿女的，简直不能生活。他们向工厂提出，要求每人每天增加十枚铜圆的工钱。

平心而论，这个要求并不过分。铜圆十枚，在汉口的钱价，也只有六分钱，照他们每天二角五分到三角的工钱算起来，也不过增加百分之十至百分之二十五，不足与物价的增长相抵。

对于化铁炉工人的要求，厂方认为理由不够充分。他们甚至认为，如果请求得到批准，其他工人群起效尤，将会引起连锁反应，未便轻易答复。厂长吴健做了两手准备：要么减人加价，要么另招工人。

化铁炉工人见请求得不到答复，开始酝酿罢工。

罢工之初，吴健召集中层干部会议，寻求对策。多数人认为这次罢工一定不能持久。有人甚至说：这些工人，够不上讲什么团体及恒心的，不到三天，他们一定要上工，因为他们不上工，就要饿死！

会议一结束，厂方告示贴了出来。大意是：近来铁的生意不好，销路停滞，不便增加工钱。布告最后还说：去者不留，来者入选，如再存心滋闹，定即派警严行拿办。

告示一出，工人们甚为义愤，认为厂方昧着良心说话，根本不顾工人死活。从前欲罢工而未参加罢工的，也加入到罢工行列，参加罢工的工人增加到八百之多。他们在厂内召开会议，讨论罢工办法。

这几天，向忠发在汉阳钢铁厂来来往往，等船卸货，有工友又来征求他的意见。向忠发说：化铁炉是钢铁厂的命脉。其他工人罢工，工厂损失小，另招新工填补容易，罢工到什么地步，工厂可以不管。而化铁炉工人停工一日，工厂损失太大。只要大家团结一心，攥紧拳头，就能得遂所愿，心想事成！

向忠发一番话，更坚定了大家的信心。

管理者见工人们在厂区集会，立即调动厂警，想把这八百多人赶到厂外。然而，工人们横下一条心，大有不达目的决不罢休之势。于是，警察与集会罢工的工人发生一场激烈冲突。工人情急之下，用铁矿石、石灰石、生铁做武器，与警察对抗。一场混战，警察受伤十几人，工人也受伤不少。

冲突发生后，工人们相继离厂，星散而去。可化铁炉不能停止运转，一旦铁水凝固，化铁炉就会毁坏，生产就会停顿。厂长吴健早有防范，命令从大冶调来的一批河南工人立即顶替上岗。

这批工人，从前没有从事过化铁炉工作，也没有经过岗前练习，对于炉前操作，一点儿不懂，对各种机器的使用，随心所欲。他们仓促做工一天，不仅出铁极少，而且还烧伤一人、弄坏了一台大功率的发动机，厂中机械材料大受损失。从前开工两只炉子，只用四百多人，这天仅开一只炉子，却用了五百人，还前后左右照应不过来。[①]

工厂另雇新工，遭受重大损失，厂长吴健焦虑万分。权衡利弊之后，他决定答应工人的部分要求，同意每人每天增加八十文工钱，并要求化铁炉工人尽快回到厂内，重新上班。

罢工工人出厂之后，大都散居在汉阳附近，与向忠发息息相通。他们把厂方同意加薪的消息告诉向忠发后，向忠发虽然高兴，但认为工人的合理要求并未完全达到，要求大家再坚持几天，定能大获全胜。

工人们还是相约不来上班，吴健又气又恨。他一不做，二不休，决定把两只炉子停下来，准备另招新工，练习两个月后，再行开炉。

然而，汉阳钢铁厂每天固定费用在三四千元之间。停工两个月，待新工人练习成熟之后开工，几十万元的损失从哪里填补？况且雇用河南工人，几天就损失八万元之巨，若再加以停工，怎能承受得了？

双方各不相让，互不妥协。几天后，向忠发代表工人给厂方传话：人心都是肉做的，工人的要求并不过分，若能满足他们的要求，可立刻召集工人复工。厂方虽不情愿，但在停工十四天之后，迫于无奈，最终还是同意给化铁炉工人每人每天加钱百文。

此时的向忠发虽身处轮驳，却与钢铁厂工人的心紧紧连在一起。

---

① 《上海民国日报》，1920 年 7 月 2 日。

七

汉口码头，弱肉强食，成王败寇，充满血腥。向忠发被聘为武术教头，在与强手的较量中，兵不血刃，步步紧逼，三招制胜，成为码头上有脸面的人物。

汉口因水而兴，码头是这座城市形成和发展的重要根基。闯江湖，打码头，这些有着特定内涵的区域性语言，在武汉人的历史记忆中，印象特别深刻，色彩格外鲜明。

向忠发从小就知道码头是个大江湖，是个层次分明的生物圈，是个弱肉强食的竞技场。

汉口码头早先都是自然土坡，木船靠岸后用绳子系桩，或是把锚扎在土坡上。江边的码头，先来者先得，谁先占有了一块地方，意味着谁占用这座码头，外来船只不得随意停靠。

本乡人少异乡多，九分商贾一分民。随着商品经济的发展，随着汉正街日益繁荣，汉口成为华中地区大宗物资的重要集散地。满载货物的船只，成群结队，鱼贯而入。汉口码头热闹繁忙，没有在汉口占得码头的，只能到汉阳停靠。

货物的主要交易地点在汉口，如果船只在汉阳靠岸卸货，还要雇人运到汉口，花钱费力，所以商人们都希望在汉口能争得一席之地。

沿汉水从硚口至龙王庙一线，依次排列着三十多个码头，各有特色，各

汉口码头一角

有其主。如此众多的码头，相对于十里河岸，显然十分拥挤。不仅如此，抢客源，争生意，造成流血冲突，也就在所难免。

为争夺码头，汉口历史上多次发生流血冲突，各帮甚至以重金打通官府，乃至搬请本地在朝大员出面，演出了一幕幕打码头的精彩活剧。湖南宝庆商人和徽商争夺汉口码头，延续了二百多年，这些故事至今还在当地流传。

湖南宝庆府客商，装船驾橹，将当地山货特产运往汉口销售。宝庆与汉口水路距离一千多里，船只往返一程动辄数十天。起初，他们没有派人看守码头，徽州商帮乘虚而入，反客为主，不让新到的宝庆帮船只停泊靠岸。

宝庆帮与徽州帮，由此引发激烈的码头争夺战。

经过几轮较量，两帮各有重大伤亡，于是双方坐下来谈判，商定了一个惊心动魄的比试方案：在码头上支起一口大油锅，将锅里的油烧至沸腾，里面放一秤砣，哪方赤手空拳把秤砣拿出来，码头就归谁所有。

这个方案，显示了江湖人的强悍和义气。

比试这天，码头上熙熙攘攘，挤满了看热闹的人。两帮口各挑选了五名精干的勇士，并签下生死状。各帮帮主承诺：比试中谁落下终身残疾，家属及本人由帮会供养。

面对滚烫的油锅，不少人还是畏缩了。

有一个宝庆人犹豫了半天，最后还是狠心地把手伸进油锅。就在一刹那间，人们听到一声撕心裂肺的惨叫。尽管此人以最快的速度从滚烫的油锅中取出了秤砣，可其右手也已严重变形，一片焦黑，几乎没有了皮肉。

宝庆人以自己的坚韧奋斗，在汉正街拓展了湖南人的生存空间。宝庆码头从此就这样安定下来。

汉口的每一座码头，都有一部血泪奋斗史。每个码头都有自己的老板或大佬，他们通常穿着白褂裤，腰系黑飘带，头戴大礼帽。他们能武善打，威震一方，坐地分成。码头按帮派势力划分区域，搬运货物，起坡下坡。为拉拢扛码头的苦力成为自己的“骨干力量”，大佬们往往将码头工人拉进帮内，煽动码头工人操起扁担相互拼命。

码头械斗屡见不鲜。

位于汉正街与汉江之间的大水巷码头，经过多年的守护经营，主要卸载从汉川、天门、沔阳过来的棉花。这个码头的大佬姓杨，手下有八十多名搬运工，以乡亲关系网罗在一起，靠码头觅食谋生，养家糊口。向忠发的姑父高文义就是这群搬运工中的一个小头目。

繁忙的汉江江面

邻近的石码头也停靠汉水上游来的农副产品，因争抢客源，多次与大水巷发生冲突。高文义被人打伤一条腿，卧病在床。一天，向忠发前来看望姑父。大水巷码头的大佬杨华子知道向忠发有武功，在江湖上有些名气，向他诉说了苦衷。

杨华子说，对方不守规矩，唯利是图，以大欺小，对大水巷的生存构成威胁。这种状况如不扭转，他们很难维持下去了，不仅对不起先人留下来的这份基业，也对不起跟随他摸爬滚打的一帮兄弟。

向忠发明白，在鱼龙混杂的江湖上行走，生存十分艰难，竞争自然激烈。杨华子走投无路之际，希望自己能助一臂之力，但扪心自问，自己是否有这个能耐帮助他实现这个心愿呢？

向忠发没有表态，姑妈却抢先开了腔：“打码头是要流血的，人命关天。向家三代就你这根独苗，千万不要瞎掺和。”

见向忠发沉默不语，杨华子有些心急，连忙说道：“如果帮上这个忙，愿以街上的老宅相赠，以示诚意。”

杨华子说的老宅，是大水巷街上一栋砖木结构的三层楼房，是这条街上最气派、最显眼的建筑。这栋房子是杨华子的父亲生前修建的，有三四十年的历史了，它见证了大水巷码头的兴衰沉浮。

话说到这个份儿上，向忠发不好再犹豫了：“既然大佬相信我，我就赶鸭子上架，试试看吧。”

俩人商议，首先挑选工人，轮番操练。

向忠发担任大水巷码头武术教练后，尽职尽责。他将工友分为两班，每个星期晚上集训一次，地点选在汉阳长江边的洲滩上。这里不仅避人耳目，而且地势开阔，便于管理。

向忠发邀请万贤明、陈春和、黄格谦等几个好友作为帮手，一旦自己外出未归，就由他们代课，保证训练不能停歇。半年时间，这些扛扁担的挑夫，也能上下翻飞，左右腾挪，扁担在他们手中忽高忽低，挥洒自如。虽说谈不上高手，但他们有了底气，信心倍增。

尽管大水巷严守秘密，石码头的人还是探得了风声。大佬张飞虎决定先下手为强，给对方来个下马威，于是纠集手下的武功高强者，全副武装，浩浩荡荡，偷袭大水巷。

杨华子毫无准备，也无退路，只好令大伙仓促应战。

双方在码头上短兵相接，各有伤亡。张飞虎有备而来，人多势众，明显占了上风。他们一鼓作气，不仅捣毁了大水巷码头上所有的设施，而且扫荡了大水巷街道，住户的门窗千疮百孔，室内家具东倒西歪。

向忠发回到武汉，出现在大水巷码头，看到这凄凉的一幕，心中十分不平：真是欺人太甚！

气急而卧床不起的杨华子，拉着向忠发的手，只说了一句话：老夫无能，码头上的事，交给你了！

第二天，汉水上出现奇特的一幕：几十条木船摆起了龙门阵，将石码头团团围住，石码头成了一座死码头。大水巷码头上，孤零零地竖起一面旗帜，上面写有一个“向”字，在风中摇摆。

来往的货船见到这阵势，退避三舍，择地停靠。

张飞虎在岸上有资本斗狠，水上没有任何优势，也无力驱散围堵的船只，于是派人前来讲和。向忠发不予理睬，让人捎去口信：请当家人出来，不要做缩头乌龟！

又过了一天，围困石码头的大小船只，摆上了祭奠的花圈，擂起阵阵战鼓。八个大汉在众人簇拥之下，将一具棺材抬到石码头的街道上。

张飞虎终于沉不住气了，在四个彪形大汉的陪同下，很不情愿地来到大水巷，与向忠发见面。

向忠发单刀直入：行有规，业有矩。石码头一而再，再而三欺行霸市，大打出手，要有一个说法。杨华子已经死了，自己就是这座码头的掌舵人。如果讲拳头，大水巷奉陪到底，单打也可，群斗也行。

向忠发咄咄逼人，张飞虎感到此人不同寻常。

两个彪形大汉见向忠发话语强硬，上前就要抓向忠发的上衣。向忠发身子一闪，没让对方靠近，接着两手在胸前一分，很快将俩人推翻在地，给对方来了一个下马威。

张飞虎见势不妙，连忙露出笑脸：大人不计小人过，不要和下人一般见识。码头上的事，就像家务事，谁对谁错说不清。看在新大佬的面子上，如何了断，直说无妨。

向忠发开诚布公，说了三条：一、张大佬亲率众兄弟上门赔礼道歉；二、石码头停工一天，为杨华子披麻戴孝；三、承担受伤者的医药费，赔偿打砸抢造成的损失一千大洋。

张飞虎认为向忠发提出的条件过于苛刻，有辱人格，没有答应。双方第一次见面无果而终，不欢而散。

向忠发提出这样的条件，事前做了充分准备。他暗地里联络了几个码头大佬，通报了自己的想法，得到了他们的支持与认同。尤其是码头上有脸面的宝庆帮，与向忠发早就建立了千丝万缕的联系，表示愿做坚强后援。

又过了一天，向忠发派人将一份战书送到石码头：双方各挑二十人在码头上公开比试，死伤自管，愿赌服输。谁输，码头无条件归对方所有。

张飞虎在码头上混迹二十多年，没有受过这样的恶气。他认为向忠发欺人太甚，可他不知向忠发的底细，要是接招，一着不慎，颜面尽失，满盘皆输。他像热锅上的蚂蚁坐立不安，但仍决定静观其变，以拖应变。

仅仅过了一天，石码头上下被围得水泄不通。水上，仍有众多木船围困着；岸上，上千人手持扁担，随时准备大打出手，血战一场。

张飞虎没有想到事态变化如此之快，也没有想到大水巷能调动这么多码头工人。他对向忠发刮目相看，知道这不是一个普通的对手。他想，事已至此，硬拼毫无胜算的把握，只能借梯下楼，息事宁人。

“向老板，你说的三条，经过考虑，照办就是了！”

“张飞虎，这话已经是老皇历了。过了一天，就要加上一天的利息。时过境迁，兄弟们还能答应吗？”向忠发并不打算就此作罢。

“不答应，踏平石码头！”众人异口同声。

兵临城下，众怒难犯，张飞虎已经没有讨价还价的余地，只好见风使舵，顺势而为。他从向忠发的话语中有所领悟，随即硬着头皮说道：“兄弟们光临石码头，自然不敢怠慢，今天我慷慨解囊，给兄弟们每人一块大洋的酒钱，见人有份。余下的事，我再与向老板商议，如何？”

大家把目光投向向忠发。

向忠发见张飞虎在众人面前低了头，往日的傲气荡然无存，决定见好就收。于是，他随即转口说道：“只要张大佬说话算数，给兄弟们面子，大家受赏后就回去吧。”

摆平了张飞虎，向忠发成为大水巷码头的头面人物。大水巷从此归于平静，再也没有人敢来惹是生非了。

第三章 工人领袖

GONGREN LINGXIU

中国共产党成立后，致力于开展工人运动，武汉工潮风生水起，一浪高过一浪。向忠发立于潮头，大显身手，推动汉冶萍总工会横空出世，成为名副其实的工人领袖。

京汉铁路工人大罢工，很快遭到反动当局的残酷镇压，武汉地区血雨腥风，工人运动从高潮跌入低谷。工人领袖难以立足，东躲西藏，四处漂泊。向忠发留在武汉，收拾残局，执着奔走。

八

许白昊受张国焘派遣，返回武汉开展工人运动。为打开局面，许白昊提着两瓶烧酒约见向忠发。向忠发以酒相逼：喝下这杯酒，从此一家人不说两家话！

二十世纪二十年代，武汉在洋务运动中名声大震，成为全国第二大工业中心，有钢铁、机械、纺织、铁路等行业的产业工人二十多万人。武汉引人注目，工人运动处于启蒙阶段。

中国共产党在上海一成立，便全力开展工人运动，组建了中国劳动组合书记部，作为公开领导工人运动的组织机构，并在北京、武汉、长沙、广州、济南等重要城市设立分部。中国劳动组合书记部负责人张国焘派许白昊返回武汉，加强武汉分部的组织领导。

许白昊，湖北应城人，生于1896年。早年就读于武汉私立工业学校，因参加五四爱国运动，被军阀驱逐离校。1919年秋，他顺长江而下，辗转至江浙沪一带，考察实业救国道路，结识了一批革命志士。中国共产党成立后，他参加中国劳动组合书记部的工作，并由张国焘介绍，加入了中共早期组织。

1922年5月初，许白昊在广州参加第一次全国劳动大会后，满怀信心地来到汉阳。作为中共组织汉阳小组的负责人，他试图结识一批工人朋友，发动这里的工人运动，迎接第二次全国劳动大会在武汉的召开。

汉阳是近代工业的发源地，也是武汉工人最密集的区域。许白昊在龟山脚下、汉水岸边考察了几天，看到衣衫褴褛、面容疲倦的工人身影来去匆忙，希望与他们深入交流，但工人们对这位年轻人不理不睬。

听说钢铁厂有个名叫向忠发的中年人，名声很大，在工人中很有威信，许白昊想找他见面相谈。可许白昊请人带过几次口信，没有得到向忠发的回音，内心有些纳闷。

于是，许白昊找到汉阳兵工厂的黄格谦商量。前不久，他俩作为武汉地区的代表，一同参加过第一次全国劳动大会。同样的使命，共同的理想和目标，将他俩紧紧连在一起。

许白昊从黄格谦口中得知，向忠发在汉阳兵工厂当过学徒，他们从小相识，也是要好的朋友。听说向忠发很重义气，酒量很大，许白昊请黄格谦，约定一个时间见面。

几天后的一个下午，许白昊提着两瓶烧酒，来到汉阳钢铁厂附近的洗马长街。在临近长江边上的一家饭馆，许白昊登上二楼，在靠近窗户边的一张八仙桌旁坐下，等候他想要见的客人。

洗马长街，是汉阳最古老的一条临江大街。相传当年关羽驻军汉阳，常于江边洗刷赤兔马，长街因而得名。后历经唐宋元明清几朝发展，江边码头鳞次栉比，江面商船桅杆林立，几乎接待了来自全国各地的名贾富商。

日落黄昏之际，黄格谦引来了两位重要的客人。还未上楼，许白昊就听到有人大声向店老板问道："许先生在哪？"

未见其人，先闻其声。许白昊马上离座，在楼梯口看到前面的两位中年汉子，一身敞口圆领布衣。凭直觉，他判断走在前面的就是向忠发。

"向大哥，见到你真不容易呀！"

"这阵子又跑了一趟江西，刚回到汉阳。"向忠发一边说，一边指着身后的中年男子对许白昊说："这是我的铁杆兄弟陈春和，也是一位地地道道的武汉通，与我同庚。"

四人坐定，各自一方。天南地北地闲聊了一会儿，许白昊开诚布公："汉阳钢铁厂有几千工人，在武汉乃至全国举足轻重。你们对钢铁厂了如指掌，如何把工人组织起来，维护自己的利益，请两位出出主意，多多指教！"

向忠发对许白昊的提问十分关注，却不动声色。

沉默了片刻，向忠发还是开口了："许先生为工人着想，想为工人说话，我们工人自当尽力。只是钢铁厂的工人几次遭到官府镇压，元气大伤。如今官府管理甚严，工人们敢怒却不敢言，心里装着一肚子苦水，不知许先生有何高见？"向忠发反问了一句。

面对一身长袍的白面书生，向忠发面露疑色。

许白昊循序渐进，一口气讲了三条：

一是开展劳工教育。工人要摆脱资本家的控制，争取自己的解放，首先要有阶级觉悟。工人受教育程度普遍较低，要通过设立劳工学校，让他们接受教育，增进知识，明白道理，启发觉悟。

二是组建工人俱乐部。工人有许多不好的习惯，是因为环境压迫的缘故。他们整天劳累，没有娱乐的机会，有一种烦闷的情绪，无从宣泄。组建工人俱乐部，一方面提高劳工的生活情趣，一方面把工人联合起来，使之成为指导工人运动的指挥机构。

三是推行劳动组合。要推翻资产阶级，必须团结联合。独木不成林，心齐泰山移。工人联合的办法是以企业为单位，由钢铁厂而推行武汉，由武汉而推行全国，进而各国工人携手，实现工人阶级的彻底解放。

窗外江风和畅，室内其乐融融。不知不觉，两三个小时过去了，向忠发扫视了一下桌面，见饭菜基本没动，他端起酒杯说道："许先生言之在理，我代表汉阳钢铁厂的工友敬你一杯！"

向忠发说完，一饮而尽。

要一口饮下这满杯酒，许白昊面有难色。见此，向忠发又说话了："许先生，人是英雄酒是胆，要和工人打成一片，首先要脱下身上的长袍。喝下这杯酒，从此一家人不说两家话！"

"既然如此，酒自然当喝，不过我有一个条件！"许白昊说。

"喝了再说，男人做事，干净利索。"向忠发有点耐不住性子。

许白昊违拗不过，硬着头皮一饮而尽。

向忠发见状，豪爽地说："有什么条件，直说吧！"

"唤醒工人觉悟，首先要办劳工学校，让工人识字。我义务教学，请你们几位想想办法，找一间能容纳百人左右的房子，我想十天之内把工人识字班办起来!”许白昊说。

“没问题，房子包在我身上，三天之内把房子找到。”陈春和拍了一下自己的胸脯，一口应承。

“我负责通知各分厂的兄弟，要大家都来捧场。陈春和三天之内落实房子，我保证一个星期开课。许先生，你看如何?”向忠发一脸笑意。

“君子一言，驷马难追。”许白昊说着，拿起酒瓶，给每人斟上满杯，“就是倒下，我也值得。”

果然，仅一个星期，工人夜校在龟山脚下开课了。

在向忠发和陈春和吆喝之下，开课第一天就来了七十多人。这些人相貌各异，年龄不齐。有六十岁以上的长者，也有几岁的学童，有的老幼相携，有的父子相随。他们大都是碍于情面而来，甚至不明白来这里做什么。

向忠发首先做了简短动员：“我们工人处在社会底层，因为没有文化，不会算计，就像小脚女人，头发长，见识短。开办工人夜校，就是要让大伙识几个字，懂得世上的奥妙，明白做人的道理。今天请来的许先生，一肚墨水，见过世面，能帮助我们脱离苦海。”

向忠发几句朴素的话，让大家对许白昊肃然起敬。

许白昊仍一袭长袍，当堂执教，首先用粉笔在黑板上工整地写下两个大字：工人。接着，滔滔不绝地讲了起来。

“工”字三笔，上边一横指的是天，下边一横指的是地，中间一竖是一个站立的人，就是工人。工人是顶天立地的人，天塌下来能顶住，地陷下去不弯腰。他们敢于革命，敢于推翻旧世界，只有工人才能担负革命的重任。

“人”字两笔，左边一撇代表男人，右边一捺代表女人。男人和女人，兄弟和姐妹，携手并肩，团结友爱，相互支持。他们在一起，就是一家人，是世界上真正的主人。

“工”和“人”两字组合起来，就是一个“天”字，工人是天，劳工神圣，工人创造世界、主宰世界，工人团结在一起，就是一片天空。

许白昊围绕“工人”二字，讲了一个晚上。他把启发工人思想觉悟寓于文化知识教育之中，字字句句通俗易懂，简洁明了。工人们称赞说：许先生有水平，经他点拨，心里像开了扇窗户，亮堂堂的。

向忠发也深受启发，深受感染。他经常对人说：许先生是文曲星下凡，是救苦救难的菩萨。汉阳钢铁厂工人从此对许白昊刮目相看。

一传十，十传百，参加识字学习的人越来越多，很快扩大到三百人。许白昊忙不过来，把在中国劳动组合书记部武汉分部工作的林育南请来，开设了一所分校。工人夜校磁石般地吸引着钢铁厂的工人。

许白昊、林育南晚上办夜校，白天走巷串户，和工人交心谈心，了解工人的生活状况，工人们也乐意与他们交朋友。经过一段时间的动员考察，许白昊挑选了二十多个积极分子，分成两个学习小组，一个由向忠发负责，一个由陈春和负责。

向忠发又特地租了一间房子，提供给积极分子集会用，由许白昊、林育南介绍俄国十月革命，苏联工人当家做主的幸福生活，同时分析中国社会的现状，指明工人的苦难和出路。

许白昊播下的星火，在长江汉水之滨燎原。

九

军警突然包围工人俱乐部成立会场，点燃汉阳钢铁厂罢工的导火索。化铁炉能否熄火，成为罢工成败的关键。向忠发想出一个两全其美的办法。

七月的武汉，骄阳似火，热浪袭人。

经过两个月的辛勤耕耘，汉阳钢铁厂的工人发动起来了，许白昊和向忠发喜上眉梢。他们决定乘势而上，成立工人俱乐部筹备处，并定于7月16日正式举行成立大会。

为此，许白昊写了一则很有鼓动性的通启：

> 我们亲爱的工友们，现在是什么时代呢？是个团体生活的时代，是群力竞争的时代。一个人孤立在这时代是不能生存的，要受天然的淘汰。我们不看看社会上地位占得高的势力，最大的莫不组织有团体，如商会、农会、教育会等。就是一般无识的政客、强盗式的客僚，他们也集合狐群狗党来拥护自己。我们纯洁的工人，难道就不晓得团结吗？我们回头再看看我们工人地位是怎样呢？是不是受社会上的轻视，受人家的侮辱呢？我们现在所过的生活简直像奴隶一样，实在痛苦不得。我们除非不想救自己，要想脱离这种困境得过人的生活，惟一自救的方法，就是大家团结起来。①

筹备处将这则通启四处散发，广为通晓，不仅张贴在厂区的道路要口，而且送到了厂长吴健的办公室，甚至送到了当地的官厅和警署，并在7月9日的《汉口新闻报》登载出来。

成立自己的俱乐部，工人们喜形于色，奔走相告。他们各尽所能，捐款捐物，出人出力。几天之内，俱乐部的房屋被粉刷一新，建立了棋类室、球类室、图书室、公共浴室，成立了讲演会、音乐社、新剧社、体育会。

就在筹备工作有声有色进行之际，中共中央发来通知，于7月16日在上海召开第二次全国代表大会，主题是深入研究工人运动。鉴于许白昊在推进工人运动中取得的成绩，中共中央指定许白昊代表武汉党组织出席会议。

去还是不去，许白昊犹豫不定。

向忠发一再强调许白昊是工人的主心骨，关键时刻应该和工人们在一起。许白昊觉得向忠发的话在理，于是，武汉地方党组织选派项英前往上海，参加中共二大。

---

① 《汉口新闻报》，1922年7月9日。

7月16日，是个星期天，中共二大在上海秘密召开。这天早晨，汉阳钢铁厂俱乐部门前彩旗招展，锣鼓喧天。向忠发和俱乐部执行委员长许显廷神采飞扬，早早在门前迎候各位成员。就在大家谈笑风生之际，一营军警突然冲出，包围了俱乐部成立大会的会场。

军警诬称俱乐部成员是“匪徒”，砸毁俱乐部财物，并按俱乐部名册逮捕首要分子。当天，厂方宣布开除俱乐部职员七十二人。

向忠发侥幸逃脱，前往武昌，向中国劳动组合书记部武汉分部告急。

天空风雨大作，长江波涛汹涌。向忠发、许白昊、林育南同坐一只小筏子，从武昌过江，连夜赶往汉口，商量善后事宜。

在汉口江岸工人俱乐部，被铁厂开除的工人三三两两聚在一起，有人无精打采，有人牢骚满腹。许白昊、林育南劝慰大家只能鼓劲，不能泄气。向忠发劝说大家：挺直脊梁骨，不要当狗熊。

当天晚上，江岸工人俱乐部灯火通明，通宵达旦。武汉分部做出决定：7月22日汉阳钢铁厂全体工人统一罢工，成立以许白昊、林育南、向忠发为首的罢工委员会，并联络江岸、徐家棚、扬子江机器厂工人俱乐部，发起成立武汉工团临时委员会，作为钢铁厂工友后援。

许白昊在《汉阳钢铁厂全体工人罢工宣言》中，饱含深情地写道：

> 同胞们，工友们，我们犯了什么法，把我们当强盗土匪对待，约法所定的人民有集会结社的自由在哪里？唉，我们处在强压之下，一切失去保障，痛苦万分，生命莫保，呼吁无门，只能在此严威烈日之下忍饥耐饿，停止工作。①

汉阳钢铁厂有几千工人，成分复杂，要让全体工人响应，不是一件容易的事情。要保证罢工的顺利进行，必须得到化铁炉工人的支持。向忠发认为，罢工宣言尤其要表达化铁炉工人心声，提出他们的合理要求。

经过讨论，罢工宣言向厂方提出六项条件：

---

① 《汉冶萍公司档案史料选编》（下），中国社会科学出版社1994年版，第230页。

第一，解除军警压迫，恢复俱乐部及部内所备一切文件，以后不得干涉工人团体；

第二，恢复被开除工人原职，偿还其停工时的工资；

第三，赔偿俱乐部被解散及工人停工时的损失；

第四，免除化铁炉股长陈次青的职务，并登报声明，恢复工人名誉；

第五，化铁炉长工每日工资增加大洋四角；

第六，工人因工受伤不能工作时，须照原数发给应得工资，如因工死亡，发给安葬费一百元，并按工作年限发给抚恤金。①

罢工宣言发出之后，第二天就有工友没去上工。一连几天，不上工的人越来越多。厂方感到事态不妙，为笼络人心，也有针对性地发出一则通告：除发起人钟兆南、马冬阳、杨荣贵三人外，其他工匠概不查究，连日没有上工的工人，照常到厂工作，相安无事。

罢工日期已经临近，厂方分化意图十分明显。罢工委员会针锋相对，要求俱乐部成员带上宣言书，不分昼夜，走家串户，重点动员化铁炉工人，争取自己的权益。

7 月 22 日这天，是武汉分部确定的罢工日期。罢工能否顺利进行，向忠发放心不下。清晨，他特地带着几个工人登上龟山山顶，发现除化铁炉的大烟囱外，其余都没有冒烟。向忠发明白，只要化铁炉还在冒烟，即使其他烟囱不冒烟，对厂方也不会造成很大威胁，罢工效果就会大打折扣。

他当即派人探明真相，查清原因。

原来，厂方为保证工厂运行，也在千方百计地拉拢工人。化铁炉工头韩受礼被重金收买后，不执行罢工委员会的命令，仍在继续生火开炉。

化铁炉能否熄火，成为罢工成败的关键。

许白昊召集罢工委员会商讨对策，两种意见相持不下。有人主张让它开工，如果化铁炉停工熄火，就会凝固成一块废铁，若化铁炉被毁，工人就得失业。有人主张把化铁炉毁掉，就是失业，也不能善罢甘休。

---

① 《湖北工人运动史》，湖北人民出版社 1996 年版，第 70 页。

汉阳钢铁厂的化铁炉

双方各执一词，互不相让。有没有一个两全其美的方案，既不毁掉化铁炉，避免工人失业，又能使化铁炉的生产停顿下来，迫使厂方答应工人提出的条件？许白昊用征询的目光望着向忠发。

向忠发见状，接过话头：对工贼不能太文，对工友不能太武，不然就会伤害工人之间的和气。现在碍事的是韩老三（即韩受礼），并不是化铁炉的全体工友，如果提出“打死工贼韩老三”的口号，不但可以唤醒罢工工友去惩罚他，就是化铁炉的工友也会孤立他的。

大家赞同这个意见。

下午，罢工委员会成员分头行动。很快，大街小巷到处出现“打死工贼韩老三”的醒目标语，从街头一直贴到化铁炉车间。有人甚至到韩老三家中提出警告，奉劝家属转告韩老三，不要与众多工友为敌。

韩老三见势不妙，匿影藏形，不敢露面，化铁炉随之熄火。

这段时间，钢铁厂厂长吴健正在大冶矿山，其职责由化铁炉股长陈次青代理。陈次青见化铁炉停了下来，慌了手脚，托人向罢工委员会承诺：所提条件，前三条完全同意，其余三条待厂长回来后磋商。

罢工委员会认为陈次青的答复可以接受，派向忠发等五人为代表，准备第二天上午与厂方谈判。可吴健得知要谈判的消息，连夜赶往武汉，商量对策。他不仅否认了陈次青承诺的三项条件，反而想以哄骗手段，强迫工人上工。

第二天，吴健派出的代表振振有词：“遣派军警，解散俱乐部，与本厂毫不相干。封禁俱乐部，这是军警奉了上司的命令，与本厂无涉。工人无缘无故地罢工，工厂受了很大损失，如果再坚持不上工，工厂就要停止运转，工人就要失业。你们的生活，岂不更加困难?”

向忠发针锋相对：“工人俱乐部是工人联络感情、休息娱乐的地方，与工厂不发生丝毫关系，为什么要封禁呢？要说军队是保护兵工厂的，为什么他们这几天的食用都要由钢铁厂供给呢？要说封闭俱乐部是军队奉了上司的命令，上司的命令是怎么来的？开除七十二名工友，难道也是上司的命令？要工人上工，除非厂方完全同意工人的要求，不然，工人是不会上工的。”

武汉工团联合会派出的调停代表警告厂方：“你们昨日承认了前面三项条件，以为你们有调和的诚意，所以我们出来负这个责任，以为大家能心平气和地商量解决问题。哪知你们出尔反尔，还用威吓手段来压迫工人代表，这是什么道理？请转告厂主不要过于固执，不要用激烈的手段解决问题，不要激起武汉全体工友的公愤，那时恐悔之晚矣！”

汉阳钢铁厂的罢工，引起全国关注。《工人周刊》印发了汉阳钢铁厂《罢工特号专刊》，设在上海的中国劳动组合书记部发表宣言，号召全国工人团体积极援助武汉工人的罢工斗争：

> 一、各地工会通电湖北督军萧耀南，惩办肇事军警，并派人正式道歉，恢复汉阳钢铁厂工人俱乐部，以后不得侵犯；
>
> 二、由各地工会通电汉阳钢铁厂，要求完全接受工人提出的六项条件；
>
> 三、组织工人捐款捐物，支持汉阳钢铁厂的罢工，直到他们最后胜利。倘若仍不能使资本家和军警屈从，各地工会应通知本地工人，举行同情罢工。①

很快，安源路矿工人俱乐部、长沙粤汉铁路工人俱乐部、京奉铁路制造厂工会积极响应中国劳动组合书记部的号召，先后发来援电。

在全国各工人团体的援助下，汉阳钢铁厂罢工委员会态度更加坚定。

① 《湖北工人运动史》，湖北人民出版社 1996 年版，第 70 页。

面对巨大的社会压力，面对工厂停顿的局面，厂方终于撑不住了。7月25日，吴健请京汉铁路工人俱乐部南段总部、扬子江机器厂工人俱乐部工人领袖出面，进行协商调解。

经磋商谈判，双方达成一致：

> 一、承认工人组织工会；
> 二、照发工人停工期间工资；
> 三、化铁炉工人增加工钱三角三分；
> 四、归还俱乐部的一切原物，开除的工人一律复职。[①]

汉阳钢铁厂自建立以来，曾发生过多次工潮，但都是局部的、零散的。此次罢工规模之大、人员之众、影响之广、成效之著、组织之严密，史无前例。罢工前，他们还不能打出工会的牌子，只能用工人俱乐部的名义。罢工胜利后，他们能光明正大地成立工会，会员很快发展到两千余人。

汉冶萍汉阳钢铁厂工会会员证

许白昊和向忠发，一文一武，双星辉映。在汉阳钢铁厂工会成立大会上，工人们一致推选许白昊为委员长，向忠发为副委员长。

在汉阳钢铁厂的罢工斗争中，工人阶级相互支援，团结奋斗，改变了以往孤军奋战的被动局面，摆脱了工人中长期存在的封建行帮束缚，湖北工团联合会应运而生。杨德甫为主席兼总务主任委员，陈天为总干事，余友文为副总干事，许白昊为秘书主任委员，项英为组织主任委员，林育南为宣传主任委员，李汉俊为教育主任委员，施洋为法律顾问。湖北工团联合会

① 《湖北工人运动史》，湖北人民出版社1996年版，第72页。

创办了自己的机关报《真报》，作为湖北工人的喉舌。

湖北工团联合会是全国第一个地方工会组织，迅速成为湖北工人阶级的指挥中心。湖北的工人运动也从此进入一个新阶段，走在第一次全国罢工高潮的前列，使湖北成为当时全国工人运动的重点区域。

工人运动如火如荼，向忠发入党出现波折。汉冶萍总工会呼之欲出，向忠发成为总工会的实际主持人。他调集各路精英，有力地支援了下陆罢工。

几个月在一起并肩奋斗，许白昊对向忠发有了很深的认识。他和大律师施洋商量，准备介绍向忠发加入中共组织。

但向忠发加入中国共产党还是经历了一些曲折。

在讨论向忠发入党时，党内出现两种声音。一种认为，向忠发有点子，能量大，在工人中有威信、有影响，应该吸收这样的积极分子。但陈潭秋和林育南则有不同看法，他们认为向忠发爱出风头，帮会气息浓厚，一副大哥模样。所以，党内第一次讨论向忠发入党时，未能通过。

于是，许白昊请施洋征求刘伯垂的意见。

刘伯垂早年留学日本，回国后任孙中山大元帅府秘书。1920 年夏秋之交，他在广州辞职，北返武汉路过上海时，经陈独秀介绍加入中共组织，并被陈独秀指定筹建中共武汉早期组织，是湖北地区党组织的主要创始人。

刘伯垂和施洋同为律师，来往密切，私交深厚。

刘伯垂对施洋说道：只要他愿意革命，为党工作，风头主义有何不可？我们既不是清教徒，也不是一群穷学究，党组织需要一批勇于担当、敢作敢为的工人积极分子，不能求全责备。

有了刘伯垂的支持，第二次讨论会上，向忠发顺利入党。

当时，武汉地区的中共党员不到五十人，且大多是青年学生和知识分子，向忠发成为武汉地区入党较早、影响较大的工人党员。

许白昊和施洋再次来到汉阳钢铁厂，鼓励向忠发一如既往，大显身手。他们告诉向忠发，在汉阳钢铁厂罢工胜利的鼓舞下，大冶铁矿正式成立了工人俱乐部，安源路矿工人俱乐部的会员发展到万余人，李立三、刘少奇于9月14日成功领导了第一次路矿大罢工，在全国产生了重大影响。

向忠发眼前一亮，当即提议：我们正在加强武汉地区的工人联合，能否组织汉冶萍产业工会，形成一只拳头？

许白昊拍了一下大腿：此话有理。

经过一番筹备和策划，汉阳钢铁厂工会发出倡议——组建汉冶萍总工会，很快得到各厂矿工会的响应与支持。全国最大的产业工会——汉冶萍总工会，呼之欲出。

1922年11月12日，汉冶萍总工会筹备会议在汉阳钢铁厂工会举行，各地代表济济一堂，欢声笑语。安源路矿俱乐部代表朱少连、朱锦堂，大冶钢铁厂工会代表胡少华，汉阳钢铁厂工会代表许显廷、马冬阳、余九皋、谢必超，轮驳工会代表向忠发、郭厚安、李燮堂、胡理臣、李兰生出席会议。①

会议推举安源路矿代表朱少连为筹备会主席，并商定汉冶萍总工会成立大会的召开时间、代表人数及产生办法，商定组织代表会议为总工会最高决议机关，总工会会址设在汉阳，由许白昊负责起草总工会章程草案。

筹备会议时间虽短，内容却十分丰富。

12月10日，汉冶萍总工会成立大会如期举行。当天，汉阳三码头老街，人流、车流川流不息，锣鼓声、鞭炮声铺天盖地。总工会成立会场，喜气洋

---

① 《上海民国日报》，1922年12月20日。

洋，焕然一新，各界赠送的匾额、锦旗、联语不计其数，各地发来的贺电、贺信接连不断。武汉、长沙工人界的精英和巨头，汉冶萍三处工人代表和汉阳钢铁厂数千工友，全会集在这里。

汉冶萍总工会成立大会

中国劳动组合书记部武汉分部在祝词中说：

> 汉冶萍是中国最新式、最进步的大产业，为中国中部工业制造的策源地，其一举一动足以影响全国，工友极其众多，亦最富于阶级觉悟。半年以来，两次大同盟罢工取得了最后的完全胜利。现在公司五大工团联合起来，成立汉冶萍总工会，结成一条强固精密的阶级战线，开中国劳动运动未有之创局，足以使资本阶级惊心丧胆。①

领导安源路矿大罢工的李立三，担任大会执行主席。他在演讲中说，汉冶萍总工会成立后所负的责任及抱的希望，就是三大任务：第一，求政治法律之保障；第二，求经济待遇之改善；第三，求人格地位之增高。

作为汉冶萍总工会的主要倡导者和筹办方，向忠发台前幕后十分活跃，尤其是在汉阳钢铁厂罢工中的表现，深得大家的信赖和认同。经各工会团体

---

① 《湖北工人运动史》，湖北人民出版社 1996 年版，第 68 页。

推荐和会议代表投票选举，向忠发当选汉冶萍总工会副委员长。[①]

汉冶萍总工会会员众多，人才济济。向忠发能够当选总工会第一届副委员长，可见其当时在工人运动中很有影响、很有威望。

汉冶萍总工会是我国成立较早、规模最大的产业工会，因其会址设在汉阳，而委员长李立三身在安源，在干事会的帮助和许白昊的支持下，向忠发成为总工会的实际负责人。他增强产业工人之间的紧密团结，促进各成员单位协调配合，汉冶萍总工会遂著称于全国。

随着第一次全国工人大罢工高潮的到来，工人运动风起云涌，此呼彼应。向忠发肩负着汉冶萍总工会的重任，成功地指导了大冶矿区的下陆罢工。

大冶铁矿下陆机修厂包括铁路运输工人近八百人，每人每月只挣得五吊四百文铜钱。工人们对低微的收入早就愤愤不平，连大冶铁矿采矿股长周子健在公函中也不得不承认：今日洋价（银圆与铜圆兑换率）日涨，与物价已高出六倍，而矿土价及雇工工资之增进与洋价比较，仅及其一半，是以矿工等终日呼吁请命，有来由矣。

1923 年 1 月，年关逼近，许多工人无米下锅，怨声载道。下陆机修厂工人俱乐部负责人多次与大冶铁矿运务股长周楚生交涉，要求按照汉阳钢铁厂的先例，发大礼拜工资，每月休息两天，如上班则发双工资，可厂方蛮横地拒绝了工人们的正当要求。

工人们无路可走，俱乐部决定组织罢工。

当时，大冶地方资本家势力强大。为保证罢工取得成功，做出罢工决定后的第二天，工人俱乐部负责人郝惠林专程赶赴汉阳，请求汉冶萍总工会及所属各团体予以支持。

向忠发豪情满怀：天下工友是一家。你们只管放手干，总工会做你们的坚强后盾。

1 月 13 日中午 12 时，一辆贴着“罢工”字样的火车头从车库开进下陆车

---

① 汉冶萍总工会首任委员长是谁？目前有两种说法：一说是李立三，一说是刘少奇。据《汉冶萍总工会章程》记载：代表会议为本会最高决议机关，会议执行主席为委员长。由此推论，汉冶萍总工会第一任委员长应该是李立三。中央文献研究室出版的《刘少奇大辞典》记载：1922 年 12 月 10 日，汉冶萍总工会在湖北汉阳钢铁厂工会内举行成立大会。中共湘区执行委员会委员、安源路矿工人俱乐部窿外主任刘少奇，被选为汉冶萍总工会执行委员。

站，机房工人熊少华拉响锅炉房的汽笛。随后，工人们举着写有“五吊四百，工资不够吃”的小旗高喊：“罢工了！罢工了！”

顿时，车辆停驶，机器沉寂，锅炉停火。

下陆是铁山至石灰窑江边铁路的中心，工人罢工，铁路中断，大冶铁矿的运输神经瘫痪，当局极为恐慌。矿长季厚坤听说此次罢工得到了汉冶萍总工会的支持，慑于汉阳钢铁厂工人罢工的威力，不敢贸然武力镇压，只好采取软拖的办法，企图用停工、停薪、饥饿的手段，逼迫工人就范。

大冶铁矿在致汉冶萍公司总经理夏偕复的函中说：

> 武汉工潮日形扩大，近已波及大冶。本月13日下陆一部工匠自行罢工，当饬将机厂、车棚、煤院、料栈，一律封锁，以便保存，并断绝交通，使若辈不得任意行动。汉阳总工会及萍乡、轮驳各工会均派代表来冶，散布传单，以为恫吓。查此次工潮，含有别种作用，不仅为加工资，意在各处响应，以助声援。如政府不加抑制，将来蔓延全国，祸更烈矣。[①]

下陆罢工一爆发，就得到汉冶萍总工会所属各工团政治上、道义上、物资上的大力支持。14日和30日，大冶钢铁厂工会先后两次组织二百余名工人，冲破厂方阻挠，送来衣物、银圆和食品。京汉铁路总工会委托轮驳工会送来铜圆二十箱，安源路矿工会、汉阳钢铁厂工会、轮驳工会送来铜圆八箱、银圆一箱。

为鼓舞罢工工人的斗志，下陆工人俱乐部郑重宣布：一个月不上班有饷发，一年不上班不会饿肚子。

大冶铁矿和大冶钢铁厂是同属汉冶萍公司的两家生产经营单位，一荣俱荣，一损俱损。大冶钢铁厂担心下陆罢工波及本厂，指责铁矿管理无能，激起罢工，处置不力。大冶铁矿指责对方管理失控，纵容工人推波助澜。双方频繁地向总公司发电发函，打起一场“笔墨官司”。

汉冶萍高层对如何处置这场罢工，也未取得一致意见。

---

① 《汉冶萍公司档案史料选编》（下），中国社会科学出版社1994年版，第239页。

汉冶萍公司副总经理主张武力镇压，他在致董事会和总经理的信函中说：

> 汉冶萍厂矿、轮驳工人暗潮已成一致，近来恐吓函件日必数起，条件是名，革命是实。各工会遍布传单，有专向资本家宣战等语，意在推翻，悖谬已极。政府如不严办，恐祸及全国。①

汉冶萍公司董事长孙宝琦主张采取审慎态度，他在复信中说：

> 如仰政府以强力压制，虽能平息一时，如恶感日深，一旦暴动，更难办理。

1 月下旬，下陆罢工进入关键时刻，向忠发以汉冶萍总工会之名致函汉冶萍公司：

> 人孰不贪生？下陆工人处境困迫，不得已要求增加工资，稍具仁心者当无不慨然而允许也。先生等均为明达，为维持公司之营业，减少工人之痛苦，请应允工人之请求，则工人幸甚，公司幸甚。否则，本会所属之汉阳、安源、新厂、轮驳四工会为维持正道计，为维持同等阶级利益计，自当采取一致之行动，不幸而酿成大变，势必两败俱伤，望先生从长计议。②

向忠发一面致函汉冶萍公司高层，晓以大义；一面要求各地抽派一批骨干到下陆指导罢工，和厂方展开最后决战。

汉冶萍总工会派余江涛、马冬阳、法荣廷等人来到下陆后，当即召集工人代表开会。余江涛根据在安源工作的经验，认为不能让资方拖延下去，必须迫使他们尽快接受工人的要求，决定推选余江涛、郝惠林、邱庭芳为代表，与厂方谈判，并挑选二十八名敢死队员随同前往，保证谈判代表的安全。

2 月 3 日，余江涛、郝惠林、邱庭芳来到石灰窑谈判，敢死队在办公楼前

① 《汉冶萍公司档案史料选编》（下），中国社会科学出版社 1994 年版，第 240 页。
② 《汉冶萍公司档案史料选编》（下），中国社会科学出版社 1994 年版，第 242 页。

监视着矿警们的行动。为把谈判情况及时传到下陆，从石灰窑到下陆十五公里的路上，沿路设置了二十四个站点，每站安排一人，组成“活电话”，一有情况就一个传一个，将消息及时传递给下陆工人。

厂方不敢采取强硬态度，答应“考虑答复”，企图再行拖延。工人代表通过“活电话”，把厂方拒不接受罢工条件的消息传到下陆。很快，五百多人的罢工队伍浩浩荡荡奔向石灰窑，包围了办公楼。工人队伍高举两面大旗，一面写着“争取胜利”，一面写着“旗开得胜”。

矿警见人多势众，既不敢贸然开枪，也不敢轻举妄动。厂方迫于无奈，只好向上司报告，同意与工人代表谈判协商。下午3时，双方按照汉冶萍总工会提出的八条意见，达成六条协议。

捷报传来，向忠发有感而发：工人力量大于天！

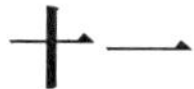

十一

向忠发代表汉冶萍总工会做出三项决定，声援京汉铁路工人斗争。二七罢工失败后，向忠发被当局通缉。他一面掩护工人领袖转移外地，一面安置死难者亲属。

工人运动一浪高过一浪，震惊中外的京汉铁路大罢工，把中国工人运动的第一次高潮推向顶峰。

下陆罢工一结束，向忠发就投入到京汉铁路大罢工的行列。

京汉铁路北起北京，南抵汉口，贯穿河北、河南、湖北三省，是连接华北、华中腹地的重要干线，经济、军事、政治地位突出，其营运收入成为军阀吴佩孚军饷的重要来源。

京汉铁路的工人们在火车旁的留影

1923年1月30日下午，应京汉铁路总工会筹委会的邀请，湖北全省工团联合会组织各界代表六百余人，包乘一节专车，前往郑州，准备于2月1日参加京汉铁路总工会成立大会。

京汉铁路总工会筹备工作是公开进行的，筹委会将开会的宗旨及地点登载各报，并向京汉铁路局局长赵继贤报告，得到了当局的许可同意。可赵继贤玩弄两面手法，表面上同意召开总工会成立大会，暗地里却密电吴佩孚，要求禁止该会成立。

2月1日清晨，郑州全城紧急戒严，军警荷枪实弹，如临大敌。警方高喊：奉吴帅之令，不准开会，如有反抗，军法从事。各地代表和来宾所住旅馆被军警包围，总工会会所被重兵占据。在军阀武力高压之下，京汉铁路总工会成立大会被迫中断。

当晚，京汉铁路总工会召开秘密会议，决定发动全路罢工，将总工会迁往汉口江岸分会内。2月2日，京汉铁路总工会负责人离开郑州来到汉口，发表紧急启事和罢工宣言。

2月4日，震惊中外的京汉铁路大罢工开始了。按照总工会的部署，郑州、江岸、长辛店分别于9时、10时、11时宣布罢工。中午12时，京汉铁路客车、货车、军车一律停驶，长达一千二百公里的铁路全部瘫痪。

5日晚，向忠发主持汉冶萍总工会干事会议。他说：京汉铁路总工会和汉冶萍总工会是全国最先进、最有影响的工会组织，京汉铁路工友曾给予我们无私的援助和鼓励，如今他们的最高机关不能够开成立大会，甚至有被解散的可能，这不仅是京汉铁路工人的奇耻大辱，也是全体劳动阶级的奇耻大辱，我们决不能袖手旁观。此次罢工，为我国劳动阶级命运之关键，汉冶萍总工会应在统治者的火线上冲锋陷阵，为全国劳动阶级做出榜样！

为此，汉冶萍总工会做出三项决定：

一、成立慰问队，到江岸慰问罢工工人；

二、汉阳钢铁厂和汉冶萍轮驳，同时举行声援罢工；

三、发表援助通电，昭告天下。

当天晚上，汉冶萍总工会发表声援通电如下：

京汉铁路全体罢工事，其发生在二月一日该总工会正式成立时，讵意军阀竟横施压迫，禁止开会，故罢工实属激动者。然关系重大，差不多影响全国，正值我国人民反抗军阀的时候，恰好表示我工人的同情，作空前的莫大斗争。但我们所具的斗争力，总希望大家切实联合起来，方有胜利的希望，莫使唇亡齿寒，蔓延损失的影响，那时悔亦无及，将永远为人奴隶，为人驱使，难享自由权利，实陷于地狱样的危害，故而哲有言“不自由，毋宁死”。所以我们为尊重人格，保全自由的计划，切要拼死力的奋斗，恢复京汉铁路总工会，亦惩治军阀的爪牙，以后不乱加干涉，以搅乱我们的自由，为我们斗争的目的。望各工团一致努力，互相援助，按“与生俱生，与死俱死”的箴言，笔直行去，方不致于损越及危害，非但保存京汉铁路的工人，实属保存我众工团自己。①

2月6日，向忠发带领汉冶萍总工会三百多人，前往江岸慰问，与来自各工会的代表在刘家庙集合，举行示威运动。有的以白布画人头一颗，头旁画大刀一把，制为旗帜，表示不惜头颅，与军阀血战到底。其他各样旗帜，不下千余种。京汉铁路总工会委员长杨德甫报告了罢工的经过，总工会秘书长李震瀛发表了慷慨激昂的演说：

此次大罢工，为我们全体劳动阶级命运之关键。我们不是争工资、争时间，而是争自由、争人权。工友们，要晓得我们京汉工人责任如何重大，麻木不仁的社会早就需要我们的赤血去渲染了。工友们，我们要

① 《汉口新闻报》，1923年2月9日。

在反军阀的火线上作先锋，前进呵，勿退却![1]

到会工人代表被李震瀛的讲话所激励，“京汉铁路总工会万岁!”“湖北工团联合会万岁!”“全世界劳动者联合起来!”的呼喊声震天撼地。

2月7日，军阀吴佩孚命令其爪牙向工人举起屠刀，汉口江岸成为军阀屠杀的重点。下午5时20分，军警以谈判为名，派出两营全副武装的军队，手拿绳索，包围了总工会会所，并开枪屠杀。同时，军队包围工人宿舍，一夜之间，洗劫三次。

军警把被捕工人捆绑在电线杆上，找出江岸分会委员长林祥谦，逼他下令上工，遭到林祥谦断然拒绝。刽子手在林祥谦身上连砍三刀，他忍痛答复：上工要有总工会的命令，头可断，血可流，工人意志不可违!

军警将林祥谦斩首示众，并将著名劳工领袖施洋抓入狱中。

施洋是向忠发的入党介绍人，湖北全省工团联合会法律顾问，江岸二七大罢工负责人之一，被工人亲切地称为“劳工律师”。在汉阳钢铁厂工人罢工期间，施洋与向忠发结下了深厚情谊。

江岸惨案发生后，汉口中外官厅同时实行特别戒严。从江岸至硚口，大批军警沿街巡逻，严格盘查来往行人。各租界添岗加哨，架设机枪大炮，禁止工人集会、向外发报。

江岸屠杀后仅一个小时，湖北全省工团联合会被军警封闭，会所处在监视之中，与各工会、各工厂失去联系。当晚，项英、许白昊、林育南等人与中共代表张国焘在法租界一〇三号举行紧急会议。

是继续组织罢工，还是迅速下令复工，会上争论得十分激烈。为减少牺牲，张国焘以中共中央和中国劳动组合书记部全权代表的名义下令立即复工，要求与会者一致遵行。

会议决定杨德甫、项英向京汉铁路总工会下达复工命令，林育南在秘密办事处居中策应，许白昊、陈天负责通知武汉各工会，张国焘前往汉阳查明钢铁厂和兵工厂情况。

---

① 《湖北工人运动史》，湖北人民出版社1996年版，第103页。

汉阳钢铁厂和兵工厂工会同设在龟山下一所庙宇式的大房子里。天刚微亮，张国焘就乘船过了汉水。工会住了十几位职员，有些还没有起床。

张国焘找到向忠发，问他是否知道江岸发生惨案的情形。向忠发回复说，已经知道了一些，正准备遵照湖北工团联合会的命令，一致罢工响应。这两天工人参加示威游行，事实上已没有上工。

张国焘宣布：

军警可能立即行动，屠杀罢工工人。湖北工团联合会已作出决定，命令你们今日照常上工。现在你们应做以下几件事：

一、立即分途通知在汉阳的工会和各工厂工人，照常上工；

二、立即将工会文件分别收藏和焚毁，特别是会员名单和职员名单，不可落入军警之手；

三、所有职员立即离开会所；

四、少数公开露面的工会负责人，暂时藏匿起来，待确知没有被捕危险时，可去工厂复工；

五、另行设立秘密联络地点，由工团联合会派人前来联系。

张国焘一面解释，一面催促向忠发赶快行动。

约莫一个小时，把风的工人过来告诉向忠发，军队从武昌过了江，已经在洗马码头上岸，正在向工会方向包抄过来，快要围拢。张国焘和向忠发立即从工会后门出去，转入一条窄巷，走到一片高地上观望。只见一个连的武装，由一个捧着戒严令牌的士兵前导，士兵们拿着绳索和大刀，正在包围会所。他们摘下工会的招牌，占领了工会会所。

然而人去楼空，军警扑了个空。

向忠发握着张国焘的手，一面表示谢意，一面催他赶往汉口，离开这危险之地。

第二天，汉阳钢铁厂集中全厂工人，宣布工会为非法组织，并将往日斗争精神较强的二百多工人开除出厂，将一百多名骨干抓捕入狱，一千多名工运积极分子受到牵连，被迫逃亡外地。

汉阳钢铁厂是当局监视的重点，军警把厂区严密包围，不许工人外出一步，同时强迫工人上班，监视工人生产劳动。工人讲一句话罚洋五角，讲话三次即行开除，甚至军法处置。工人们在罢工中争取到的一点权利均被取消。

2 月 15 日，旧历除夕，武汉三镇异常沉闷，向忠发十分熟悉的劳工律师施洋被押赴刑场。面对民众和军警，他大声疾呼："我只希望中国的劳动者早些起来，把军阀、官僚、资本家和替他们做走狗的人，一起都食肉寝皮"，"我不怕人，不怕事，不怕死，堂堂正正做人，反对强暴，你们杀了一个施洋，还有千万个施洋！"

军警恼羞成怒，连呼开枪。面对黑洞洞的枪口，施洋高呼："劳工万岁！"第二声枪响时，施洋仍然屹立，再呼"劳工万岁！"

噩耗传来，向忠发和汉阳钢铁厂的工友们义愤填膺。在严重的白色恐怖下，汉口人力车夫为表达对施洋的哀思，不顾军警重重阻挠，仍然在各码头设祭；数千车夫跪地痛哭，并扶灵位游行，场面悲壮激昂。

武汉街头四处通缉湖北全省工团联合会和京汉铁路总工会负责人，他们留在武汉十分危险，组织上指示他们安全转移。一批失业工人和死难者家属处境悲惨，也需要妥善安置。向忠发动用各种关系，组织轮驳工人将他们安全送往上海，并妥善安置林祥谦的遗属。

林祥谦是福建闽侯人，1912 年入江岸机器厂做工，第二年与陈桂贞结为夫妻，随后带着妻子、父亲和弟弟，举家到汉口江岸谋生。二七惨案发生后，林祥谦和弟弟林元成先后被军警杀害。父亲林瑞和忍恨含悲到工厂做工，工头说他两个儿子是"土匪"，被杀了头，一脚将其踢成重伤，不久也含恨离开人世。

陈桂贞一连失去三位亲人，在武汉又举目无亲，无依无靠，还拖着三个月的身孕，且带着一个四岁的孩子，生活十分艰难，处境十分孤苦。许白昊找向忠发商量此事时，向忠发二话没说，一口应承。不几天，向忠发派人将陈桂贞转移到离武汉不远的孝感隐蔽下来，还经常派人接济。

1929 年二七大罢工六周年之际，已是中共中央总书记的向忠发，特地发表《二七纪念与中国工人》一文。文中说：

二七斗争头断血流，一方面是工人阶级为本身的解放而牺牲，另一方面也是为全中国一切被压迫的劳苦群众的解放而牺牲。自从二七起，革命的形势一天一天地扩大，革命的意义一天一天地深入，每一次大的斗争，都是工人阶级站在最前线。1925 年到 1927 年的革命高潮，是二七运动发展出来的。①

① 《中国工人》，1929 年第 6 期。

第四章
跨党代表

KUADANG DAIB AO

在北洋军阀政府的高压下，武汉工人运动归于沉寂。向忠发穿行于大街小巷，秘密串联，曾遭到组织内部的误解和责难，也险些落入军警的魔掌。他囊中羞涩，处境艰难，仍想方设法接济他人。

向忠发为汉冶萍工运的复兴费尽心思，为码头工运的兴起呐喊造势，得到国共两党的一致认可，出任国民党武汉市党部工人部长，并当选国民党二大代表。一波更为激烈的革命浪潮呼之欲出。

十二

向忠发走上职业革命者道路，奔走于武汉三镇。区委机关被暴露，有人迁怒于向忠发，他却说大不了一同去蹲监狱。许白昊严厉批评：如果进了监狱，就意味着工作上的失败。

京汉铁路罢工斗争失败后，北洋军阀政府疯狂追捕“过急分子”。工会组织被明令取缔，工人领袖被悬赏通缉，工运骨干被逮捕入狱，轰轰烈烈的工人运动从高潮跌入低谷。

1923 年 3 月中旬，北洋军阀统治下的湖北督军公署下令，在武汉三镇实行大搜捕，又有四十余名工运骨干被捕入狱，一千余名工运积极分子逃往外地，因工潮被开除的工人不计其数。湖北的中共党员锐减三分之一，仅剩三十余人。有的声明退党、退团、退出工会，有的向厂方和官厅表示悔过，还有少数人沦为工贼。原湖北工团联合会成员郭聘伯逃到上海，拉拢在汉口的余友文等人，打着“工团联合”的招牌，提出“只问面包，不问政治”和“工会自治，不许政党过问”的口号，迎合军阀和资本家的需要。

武汉形势异常严峻，中共中央为保存干部，决定将暴露身份的刘伯垂、项英等人调往上海，将陈潭秋、林育南等人调往安源，并任命组织安源路矿大罢工的李立三为中共武汉区委负责人。

二十世纪初的武汉街道

1923年4月初，新一届武汉区委正式成立，由李立三、许白昊、董必武、向忠发等人组成，李立三任委员长，许白昊任秘书。区委在汉口市中心华界区租了一栋二层的房子，作为机关驻地，门前挂着“湖南布庄”的招牌。说是布庄，里面一匹布也没有。

区委的主要工作，是处理二七惨案善后事宜，恢复秘密工会。

此时，向忠发已经被厂方开除，走上职业革命者的道路，没有经济来源，只能靠组织上发给的微薄生活费度日。尽管生活十分窘迫，他还是想方设法接济失业工人。

据向忠发的外甥高紫北、高汉成后来回忆：

> 他经常来我家借钱，说是这个朋友有困难，那个工人家里揭不开锅了，都是穷苦人，实在看不下去。我家的经济状况也不算好，起初我妈总是三五块的给，有一次他又来我家要钱，我妈手上确实没有钱，他就央求我妈一定要想想办法。我妈心软，也就这一个弟弟，把手上惟一值钱的手镯，给他拿去当了。①

① 汉川城隍区志办公室杨金福1982年3月2日采访记录。

向忠发感到，处理二七惨案善后事宜，最大的困难是缺钱。营救被捕工人要花钱，救济失业工人要花钱，抚慰烈士家属也需要花钱，而支持和同情工人的主要是学生、教员和工人，这些人收入并不多，节衣缩食捐赠一点儿，数量十分有限。

当时工人成分复杂，多数人处境十分艰难。传说共产国际送来了一笔捐款，不少人找向忠发诉说苦衷，要求予以接济。向忠发对他们十分同情，因为不知此事是真是假，只能尽量解释，可有些人就是不信，甚至恶语中伤，飞短流长。有人说，当初一心跟着闹工潮，现在工运失败了，对我们不闻不问。也有人说，向忠发“侵吞”了失业工人的救济款。碍于向忠发的影响和声威，他们只是动动嘴皮，说说而已，不敢当面怎么样。

一日，向忠发来到区委机关，向李立三、许白昊汇报汉阳钢铁厂失业工人的生活状况和秘密小组的工作进展，被两个工人跟踪了。

第二天，这两个工人气势汹汹地闯进区委机关，碰上了驻守机关的李立三和许白昊。李立三是湖南人，来到武汉不久，一般人不太熟悉。许白昊经常到汉阳钢铁厂指导工人运动，来人一眼就认出了许白昊。

两人见到许白昊，当即破口大骂，说汉阳钢铁厂的工人运动是许白昊搞起来的，如今工人没有饭吃，无论如何应该负些责任，不然就要硬拼到底。许白昊见来人出言不逊，知道是来找麻烦的，一面示意李立三暂且回避，一面要来人冷静下来，有话慢慢说。

对方讲明来意，许白昊连忙解释：“共产国际送来捐款一事，大家都只是听说罢了，我们也派人前往上海联系去了。如果这事属实，钱一到手，一定会马上发给失业工人。现在，全国工人都在想办法，大家的心情也都一样，我们比你们更心急呢！”

许白昊说着，从衣袋里掏出仅有的几块钱，顺手塞给他们：“钱不多，略表心意，凑合过几天吧！”

两人扬长而去，丢下一串狠话：“无论你们在汉口什么地方，就是有打洞入地的本事，我们也能找到。”

许白昊意识到区委机关已经暴露，再待下去很不安全，要求马上搬迁。可有人犹豫不定，认为不必大惊小怪。李立三认为许白昊的想法有道理，明确要求实施第二方案。当天夜晚，区委机关搬移到日租界对面的华景街一栋民房里。

对于区委机关驻地暴露一事，许白昊疑惑不解，不清楚漏洞出在什么地方。几天后，他把此事告诉了向忠发。

“俩人长成什么模样？说出他们的长相特征，我马上就能判断出是谁。丢人现眼，宰了他们才解恨。”向忠发听说此事，怒火中烧，沉不住气了。

“他们也是无路可走，才出此下策，不必往心里去，大家提防就是了。”许白昊劝说着。

“要解决这些难题，只有两种办法：一、他们无非是要钱，如果我们有钱，可能没有问题；二、失业工人家庭困难，这是事实，如今哪家工人没有困难？如果给他们安排了工作，可能不会有什么问题。如果这两条办不到，只能拖延了。”向忠发说。

“如果拖延不了怎么办？”许白昊反问了一句。

“大不了一同进监狱。”向忠发回答。

许白昊感慨地说：“如果我们进了监狱，就意味着工作上的失败。”

向忠发见许白昊有些不悦，连忙缓和语气，安慰道：“有我在，汉阳钢铁厂的工人暂时不会惹出多大的麻烦。再说，钢铁厂有上千失业工人，将来这样的麻烦还很多，即使共产国际的救济款来了，哪能对每一个失业工人和每一件事处理得都很周全，让他们都满意呢？我们只能一面说服，一面尽可能多地提供帮助。”

不几天，有人就区委机关暴露一事进行调查，要求弄个水落石出，以示警惕。既然是汉阳钢铁厂的工人主动找上门来，许白昊和向忠发责无旁贷。有人说许白昊用人不当，有人批评向忠发缺乏警觉。

也有人不认同上面的指责：选人用人不是哪一个人的过错，说有错大家都有责任，再说现在外面复杂，做具体工作的同志任劳任怨，出现差错在所难免，只要不是故意所为，应不予追究。

李立三最后表态，这事到此为止，但大家不能放松警惕。他要求机关两三个月搬迁一次，主要领导分散居住，分头联系，区委成员一般不要集中，重要会议不要在机关内举行，选择他处召开。

向忠发继续在工人中进行秘密串联。

武汉的风声依然吃紧，政治环境并没有改变。向忠发奔走于汉阳与汉口之间，充分利用社会关系，采取单线联系的方法，在汉阳钢铁厂建立工人秘密小组。在他和陈春和的影响和带动下，秘密小组很快发展到三百多人，成为武汉地区人数最多的一个小组。

汉阳钢铁厂的工人又逐步凝聚起来，工会组织开始恢复。汉冶萍总工会安源分会，每月拨给汉阳钢铁厂工会八十元活动经费。

1924 年春节过后，武汉区委机关搬到英租界对面的华润里二十三号。此处是一栋二层木结构楼房，机关工作人员租住二楼，共有五间。由于当局明文规定租房要有家属，许白昊带了家眷。机关有男有女，也有老有少，像一个大家庭。住在一楼的房东也没有料到，这是一个秘密机关。

尽管机关组织严密，可还是出现了意外。

负责人力车工会的周天元被捕后，有人打听到他有告密的可能。区委成员廖乾吾当机立断，采取紧急措施，要求所有同志迅速离开，只安排许白昊妻子秦怡君和炊事员留下，因为机关还有保存价值。廖乾吾要求留下的俩人在最短的时间内销毁一切文件，如果敌人进门了，一定要设法打掉窗台上的花盆，以免前来联系工作的同志落入敌人手中。

廖乾吾安排好一切，又去通知那些可能来这里联系工作的同志。

傍晚时分，敲门的声音啪啪乱响，果然来了四个扛长枪的黑衣警察，一上楼就把炊事员绑了。秦怡君装着像受了惊吓去跳楼的样子，把花盆推到楼下打碎，两个警察抢上来一把将她抱住。正在这时，许白昊上楼来了，一看情形不对，说自己是洗衣店的，前来讨债，说着转身就走。四个警察上去抓他，扭成一团。因寡不敌众，许白昊和炊事员被一同押走。

一连几天，警察在楼房周围进行监视。

向忠发没有得到区委机关被破坏的消息，按约定时间与许白昊会面。来到巷口，他机警地望了一下四周，然后习惯性地走向小摊买了一包香烟。向忠发多次来过这里，与摊贩熟悉。摊贩告诉向忠发说，二十三号被军警查封了。

向忠发意识到发生了什么，拔腿就往租界方向奔跑。一个便衣发现了他，迅速追了过来。向忠发急中生智，侧身闪在墙角转弯处，等便衣过来时对着其前倾的身体横扫一腿，便衣顿时摔了个嘴啃地。

趁便衣在地上哼哼唧唧之际，向忠发三步并作两步，跑进了对面的英租界。当时，中国警察不敢随意到租界内抓人，便衣起来后，看着向忠发远去的背影，无可奈何。

这次，军警不仅搜查了中共武汉区委机关，也搜查了平昌里刘伯垂的律师事务所，逮捕了刘伯垂。当时，国共合作在武汉地区刚开始，刘伯垂既是国民党汉口执行部工农部长，同时也是中共武汉区委的领导成员。

京汉铁路罢工斗争失败后，中国共产党人清醒地认识到，在半殖民地半封建的中国进行民主革命，仅仅依靠工人阶级是远远不够的，必须联合其他革命力量。根据中共三大的有关精神，中共湖北组织积极推进国共合作，加快了建立国民党湖北地方组织的步伐。

湖北是辛亥革命首义之区，国民党的影响一度相当强大。由于北洋军阀反复摧残和分化，国民党在湖北的势力消耗殆尽，有人牺牲了，有人逃往外地，有人成为官僚政客。1919 年孙中山将中华革命党重新改组为国民党时，没有在湖北建立组织。

国民党湖北地方组织的筹建工作，是在中共武汉区委的领导下进行的。国民党湖北省党部、汉口市党部两个筹备处的二十九名委员中，共产党员和共青团员占绝大多数。

许白昊、刘伯垂被捕的消息，很快在全国各大报纸上披露。5 月 19 日，中共中央局秘书毛泽东看到报道后，起草并和陈独秀联合签署了《中共中央通告》第十四号：

汉口官厅因为反对国民党运动，逮捕许白昊、刘芬（伯垂）、杨德甫、周天元、吴玉山、阮惠、钱财生七人，望各地即速表示抗议。国民党是创造民国的政党，在民国任何领土内应有公开活动的权利。民贼吴佩孚之爪牙萧耀南任意破坏国民党，破坏新近公布政纲为民族独立而奋斗的政党，他这种举动，不仅活现军阀的淫威，并且显然是为列强的爪牙破坏中国民族运动的力量，我们应该一致戮力声讨卖国殃民的直系军阀吴佩孚、萧耀南。[①]

起初，许白昊、刘伯垂等人被囚禁于武昌陆军军法处。吴佩孚闻讯后，即令押解至洛阳审讯。同年10月，冯玉祥在北京倒戈，吴佩孚被迫下野，中国政局发生急剧变化。经过一批仁人志士奔走施救，许白昊、刘伯垂于翌年初被释放。两人又回到武汉，继续从事革命活动。

十三

国共合作，向忠发成为国民党汉口市党部核心成员。他以茶馆为掩护，秘密联络码头工人。五卅运动期间，武汉码头工人向英帝国主义的示威斗争，走在全国前列。

1925年1月，中共中央在上海召开第四次全国代表大会，对革命形势、社会各阶级在革命中的地位和作用、无产阶级在革命中的领导权等问题，做了比较深刻的分析和论述，总结了一年来国共合作的经验教训，对湖北地区的工人运动起了直接的指导作用。

汉冶萍总工会开始秘密恢复。

武汉是湖北的政治中心，由于湖北督军萧耀南控制甚严，工人运动的恢复和发展困难重重。中共汉口地方组织只好派向忠发、许之桢等人到鄂东活

① 中共湖北省委党史研究室复印件。

动，在产业工人中进行秘密宣传。他们以大冶厂矿为重点，除在工人中继续发展党员外，还注意在职员、厂警中吸收积极分子。

为推动汉冶萍的工人运动，李立三、刘少奇先后来大冶调查，随后从江西安源煤矿派出斗争经验丰富的工人骨干到大冶厂矿帮助工作。在此期间，向忠发也组织汉阳钢铁厂、汉冶萍轮驳工会代表抵达大冶。

在大冶钢铁厂侧门外的普安寺，向忠发主持汉冶萍所属五大工团代表会议，研究大冶厂矿工会行动方案、组织机构及负责人名单，并决定向工人散发传单，就工会正式恢复事项通告全体会员。

消息传出，厂矿资本家惊恐不安。大冶厂矿矿长季厚坤首先向汉冶萍公司和大冶县署密报，不久又与当地资本家联合具名，请萧耀南派兵到大冶驻防，控制正在恢复中的各厂矿工会。

萧耀南收到呈文，以湖北督军公署名义复电：

> 该工人等擅以汉冶萍总工会名义，散布印刷宣言，意图鼓动工人，殊堪痛恨，除布告严禁并令大冶县知事及该县军警随时查拿究办外，至请派军队常驻一节，已令饬湖北第四旅拔队前往。

2 月 14 日，湖北督军第四旅一个连进驻大冶，协同大冶知县和地方警察强行查封设在普安寺内的工会办事处，砸毁工会旗帜、匾牌等物，并严令该寺僧人写字保证：不准将普安寺租给工会。大冶厂矿将从事工会恢复活动的二百余工人开除出厂，限令三天之内全部出境。

尽管道路坎坷，举步艰难，工人运动还是开始展露出一丝曙光。向忠发的努力，既得到许白昊的肯定，也得到刘伯垂的青睐。

国共合作之初，刘伯垂主持国民党汉口执行部。武汉地区反对国共合作的人心中不悦，并上书孙中山，指责共产党人垄断湖北党务，孙中山未予理睬。刘伯垂被捕后，国民党右派乘机发难，擅自成立国民党汉口市党部筹备处，进行非法活动。

刘伯垂出狱后，向国民党中央呈报此事，国民党中央第七十五次会议做出决议：汉口市党部筹备处“属不合法之组织”，本会绝不承认，由刘伯垂重新组织汉口市党部。[1]

关于汉口市党部工人部长的人选，刘伯垂与许白昊多次商量。在第一次工人运动浪潮中，武汉地区涌现出一批风云人物，经过二七风暴之后，有的被杀，有的远走他乡，有的分道扬镳甚至走向反动，成为军阀的忠实走狗。仍在困境中继续奋斗的，已经屈指可数了。

原湖北工团联合会组织主任委员项英走上中共中央领导岗位，担任职工运动委员会书记；原湖北工团联合会委员长陈天，下落不明，不知去向；原京汉铁路总工会委员长杨德甫，在监狱里表现不好，出卖同志，出狱后又发表悔过书……

刘伯垂认为向忠发为人豪爽，忠勇任事，有广泛的群众基础，有较强的社会活动能力，有朴素的革命觉悟和阶级感情，既是早期中共党员，又在继续开展工人运动，是不可多得的骨干力量。

1925 年 5 月 21 日，国民党汉口市临时党部成立，刘伯垂、向忠发、谭仙芝、李汉俊组成临时党部执行委员会，直属国民党中央，管辖汉口、汉阳和武昌徐家棚的国民党组织，领导多个进步群众团体。

国民党汉口临时党部把组织和发动工人斗争作为自己的工作重点，其经费的四分之一用于开展工人运动。

汉正街是汉口的城市之根、活力之源，这里有一支数量可观的码头工人队伍。“日守沙滩，夜伴孤洲；流血流汗，做牛做马”是他们生活的真实写照。

向忠发和刘伯垂商量，把汉口的码头工人组织起来。

汉正街道路纵横，人流如织，向忠发利用党部经费将杨华子的老宅装修一新，开了一家“别致”茶馆，楼下设普通席，楼上设雅座。由于茶楼规模大，消费低，生意格外兴隆。

茶馆成为码头工人的休歇之地，也成为交朋结友的联谊场所。向忠发很快与各码头建立了联系，成为码头上神通广大、举足轻重的代表人物。

就在向忠发联络码头工人之际，一场反帝反封建的怒潮席卷神州。1925

---

① 《武汉市志·政党志》，武汉大学出版社 1998 年版，第 260 页。

年 5 月，上海内外棉七厂的日本资本家开枪打死工人顾正红，制造了震惊全国的五卅惨案。消息传到武汉，国民党湖北省、汉口市党部连夜成立指挥部，发出紧急通告，要求所属各级党部一致行动，造成强大声势，并动员工商学界罢工、罢课、罢市，做上海人民的坚强后盾。

武汉码头工人

6 月 9 日，武汉七十二所学校和工商界团体数万人举行联合大游行，向政府提出沪案交涉条件七条。武汉学联、汉冶萍总工会、汉口励进会等发起，武汉工商各界召开联席会议，成立国民会议促进会和沪案后援会。①

向忠发等人深入工厂，联合基层工会，组织了近五万人的工人队伍，决定 6 月 13 日举行反帝爱中示威游行。

武汉工人的反帝斗争，开始走在全国的前列。

6 月 10 日下午，英国太古公司一艘货轮抵汉卸货时，该公司员工无理重殴码头工人余金山，并打伤另外两名工人，激起码头工人义愤。向忠发得到消息，认为这是发动组织码头工人的极好机会，随即联络几位码头大佬。

次日，上千码头工人举行同盟罢工，一致抗议英帝国主义在华的暴行，要求惩办肇事者。

然而，一艘英国军舰公然越界停泊在江汉关上侧的苗家码头，向罢工工人示威。过往民众也聚集在河街和江汉关前，声援码头工人。英国驻汉总领事见势不妙，立即命令海军陆战队武装上岸，用长枪驱逐人群，挑伤打包工人刘国厚。码头工人更为愤怒，用石块、杠棍、扁担与之格斗。巡捕用水枪冲射人群，群众只好向大智门方向撤退。

---

① 《五卅运动在武汉》，武汉出版社 1988 年版，第 265 页。

就在这时，萧耀南派出大批军警向租界进发，阻拦了群众的去路。前堵后追，群众无路可走，只能挤倒英租界的围墙，拥进了租界。英军不由分说，机枪扫射，一时弹如雨下，血肉横飞，当场击毙十余人，击伤数十人。入夜，英军迅速熄灭租界灯光，将被害者尸体沉入江底。

这就是震惊中外的汉口六一一惨案。

惨案发生当晚，萧耀南下令各中文报馆不准报道此事。翌日宣布三镇戒严，诬称"有奸人从中煽惑，致酿出此次事变"。

不几天，萧耀南又张贴布告：

> 此风潮激烈，显流氓土匪，受党人运动，破坏大局，缄请各节必系实情应由该管地方官厅会同镇署队士，逐日逐夜，于指陈之处，认真清查，如查有形迹可疑之人，立予拿办，以遏乱源。

英帝国主义者更是变本加厉，在租界各街口架设机枪，来往巡行，杀气腾腾。英、美、日军舰汇聚江面，达十七艘之多。12 日，英国领事居然向湖北当局提出抗议，14 日又照复北京政府外交部，声称汉案是排外运动所致，英军采取的是正当手段，诳称"暴民"攻击租界，英国水兵万不得已，始行开枪。

帝国主义与封建军阀相互勾结，严厉镇压，国民党湖北省、汉口市党部酝酿中的大罢工未能实现。为让汉口惨案昭示天下，国民党汉口市党部负责人在被通缉的情况下，不畏当局恐吓，发出声讨电文：

> 慨萧逆身为国家大员，不思效忠报国，反仰而事仇，对手无寸铁之爱国同胞，则摧残之无所不至。本部目击心伤，欲哭无泪，除领导民众经与萧血肉相搏外，谨驰檄海内，尚望一致声讨，以剪内奸而奠国体。

向忠发以汉冶萍总工会、轮驳工会名义发表慷慨激昂的讲话，抗议帝国主义枪杀中国同胞的野蛮暴行，指责军阀助纣为虐、丧权辱国；要求政府顺乎民意，对英交涉，收回租界，取消领事裁判权；号召全市工人发扬二七传统，同军阀势力进行不屈不挠的斗争。①

8月9日，上海工商学界等团体代表来汉，慰问武汉人民。向忠发代表汉冶萍总工会发表演说：

> 本会经二七惨案解散后，至去年七月始恢复组织，地点设在汉阳，加入组织的工人有四万三千七百余人，但因环境的关系，对于此次惨杀害，没有积极的表示，不过组织了一个罢工工人维持会，寄了几千款子到上海，最近对工会条例亦有严重表示。查政府所制定的工会条例，是束缚工人的利器，本会极端反对，但全国总工会与上海总工会所起草之工会条例，是工人本身急切的要求，本会自当竭力拥护。②

这次武汉工人阶级的反帝斗争虽然没有获得最后胜利，却推动着工人运动的恢复和发展，打破了二七以来的消沉局面。尤其是收回英租界的政治主张，将罢工斗争与民族革命的目标结合起来，显示了工人阶级政治上的成熟，为北伐军占领武汉收回英租界，做了思想上和舆论上的准备。

武汉工人运动重新崛起，指日可待。

---

① 《武汉市志·人物志》，武汉大学出版社1997年版，第298页。
② 《五卅运动在武汉》，武汉出版社1988年版，第243页。

十四

在国民党二大上，向忠发等共产党人推动大会临时增加议题。中共中央采取退让政策，向忠发很不满意。他的讲话很有鼓动性，张国焘对他没有办法。

1925 年底，在共产党人的推动下，国民党在广州筹备召开第二次全国代表大会。这是孙中山逝世后，国民党举行的一次重要会议。会前会后，各派势力明争暗斗，局势错综复杂。向忠发以武汉地区代表的身份出席大会。

国民党汉口市党部选出的向忠发、刘伯垂、谭仙芝三位代表，既是国民党党员，也是中共党员。刘伯垂是国民党元老，谭仙芝是武汉地区妇女领袖，向忠发是市党部工人部长，三人都是汉口市党部的核心成员。

国民党湖北省党部和武汉市党部共有七名代表，除董必武和刘伯垂提前先行参与大会的准备工作外，其他五人一同起程，从武汉乘船途经上海，再由上海乘轮船绕道香港，到达广州。

当时的广州，是中国革命运动的中心区域。自 1924 年初在孙中山全力支持下国共两党实现合作后，全国的革命力量纷纷汇集在这里，工人运动和农民运动可以公开合法地进行，反帝反封建的局面很快形成。始于 1925 年 6 月的省港大罢工，此时仍在持续之中。

由于部分代表不能按指定的日期抵达广州，大会被迫一再延期。于是，有人向领导机关汇报工作，有人参观学习，向忠发便利用会前的几天时间，特意考察了广东的工人运动。

1925 年底前后的广州，是省港大罢工工人的天下，工人纠察队雄赳赳地在街头巡逻，宣传队在人群中宣传革命道理，罢工委员会的旗帜遍布大街小巷。

发生在广州和香港的省港大罢工，是在五卅运动的高潮中开始的。参加罢工的工人群众有数十万之多，其中十多万是从香港回到广州的。省港罢工委员会组建了两千多人的工人武装纠察队，对罢工实行强有力的领导，并对香港实行封锁，沉重地打击了英帝国主义。

省港大罢工是中国工人运动史上前所未有的壮举，对大革命高潮的形成起了重要的推动作用。

当时，罢工委员会领导人和罢工工人都住在临时搭成的席棚里，睡着地铺。尽管罢工斗争已经持续了好几个月，大家感到十分疲惫，并遇到不少实际困难，但依然精神振奋，团结友爱。

向忠发访问省港罢工委员会，慰问罢工工人，与原在武汉从事工人运动的邓中夏、李立三不期而遇，并与声名远扬的工人领袖苏兆征见面。向忠发对他们领导这样大规模、坚持这么长时间的罢工斗争十分敬佩，希望回到武汉后，也能搞出这样一个局面。

1926 年 1 月 1 日，国民党第二次全国代表大会在广州中央大礼堂开幕。当向忠发于上午 8 时半步入会场时，首先映入眼帘的是孙中山留下的遗言：革命尚未成功，同志仍须努力。这十二个大字被大会工作人员用彩色灯泡镶嵌，高高挂在会场门口两侧，格外醒目。主席台上高悬着孙中山的遗像，两侧为中国国民党党徽和中华民国国徽，“奋斗”二字分置两旁，气概浩然。

向忠发和出席会议的代表胸前都佩戴着红绸布制作的证章和鲜花，当他走到指定的会议席位入座时，时针指向 9 时，大会正式开幕。

出席这次会议的二百七十八名代表，共产党员占三分之一，加上国民党左派，革命力量占绝对优势。大会秘书长吴玉章，既是国民党元老，也是中共党员，实际上主持整个会务。

国民党二大代表合影

大会的气氛紧张而又热烈，尽管国民党内有人进行分裂活动，但大会通过的宣言重申，接受孙中山遗嘱，继续执行联俄、联共、扶助农工的三大政策，继续坚持反帝反封建的政治纲领。

出于政治上的考虑，蒋介石、汪精卫在会上大唱高调。据参加这次会议的袁溥之回忆：

> 汪精卫在这次代表大会上表现得很“左”。他在大会演说时，讲到孙中山先生逝世的时候，声泪俱下，一副“总理信徒”的样子。蒋介石在这次大会上表现得很“革命”。他说，国民革命军攻打东江，国民党人和共产党人的血流在一起，没有共产党的帮助就不能统一广东，谁要反共就是反革命![1]

1月12日，刘伯垂代表汉口市党部向大会做工作报告，主要内容如下：

> 一、汉口市党部成立几个月来，已建立七个区党部，三十个区分部，党员人数七百二十七人，党员成份工人占百分之九十。
>
> 二、市党部成立后，对于工人运动用力最多。工团联合会秘密恢复，加入的工会组织有十一个，接受本党指挥。因在军阀统治之下，组织完

① 《袁溥之回忆》，白洋1984年记录整理。

全秘密。

三、在国民革命运动中，工人旗帜最鲜明，工人精神最坚决。工人站在前线奋斗，并且用工会的名义提出“打倒帝国主义”“废除不平等条约”“打倒媚外军阀”。

四、许多反动分子拿“赤化”“过激”等名目，妨害工人运动，甚至向萧耀南告密，以图破坏。共产党人和国民党左派人士的活动，一直受到军阀的监视，处境困难。

刘伯垂在这次大会上做的汉口党务工作报告，连续三天刊载在大会秘书处编印的日刊上。报告发表时，向忠发的名字排在最前，其次是刘伯垂，再次是谭仙芝。在国民党第二次全国代表大会的原始资料中，国民党汉口市代表的排名，都是按照这一顺序排列。

大会进行之中，传来刘少奇被捕的消息，向忠发十分震惊。

刘少奇是著名的工人运动领袖。当年，许白昊和向忠发领导发动汉阳钢铁厂工人运动，李立三和刘少奇组织领导了安源工人大罢工，随后一同组建了全国最大的产业工会——汉冶萍总工会。二七惨案后，各地的工人运动普遍被军阀查禁，安源工人运动不但没有失败，还得到巩固和发展，使汉阳、大冶的工会组织信心大增。1924 年 9 月，汉冶萍总工会在安源秘密举行第二次代表大会，刘少奇当选汉冶萍总工会委员长。

不久，五卅运动席卷全国，中共中央调刘少奇前往上海，领导上海总工会的工作。上海的工人运动有条不紊，可刘少奇却因过度劳累病倒了，无法坚持正常工作。经组织安排，刘少奇回到湖南老家，治病休养。

当时湖南的民众运动高涨，矛头直指湖南省长赵恒惕。赵恒惕得知刘少奇回到长沙的消息，十分紧张，命令军法处长将刘少奇立即逮捕，关押在戒严司令部里。

刘少奇被捕的第二天，长沙《大公报》公开披露了这一消息。

在向忠发等共产党人的推动下，国民党第二次全国代表大会临时增加议题，通过一份发给赵恒惕的电报：

据报载，全国总工会副委员长、上海总工会总务科主任刘少奇同志，因回乡养病，突被先生饬戒严司令部捕去。查刘同志尽瘁国事，服务劳工，五卅运动勤劳卓著，正民众拥护之人，先生何遽加逮捕？兹经本大会一致决议，电请台端释放，特此电达，即希察照。①

经全国人民、各进步团体、社会各方营救，刘少奇很快获释。

国民党二大最后一项议程是选举中央执行委员。张国焘作为中共中央代表，负责指导国民党二大中共党团活动。在酝酿国民党中委候选人时，他贯彻陈独秀“不希望增加中共方面人数”的主张。

张国焘回忆：

在大会选举中央委员以前，汪精卫曾约我在鲍罗廷那里会谈。他提出了一张预拟的二届中委名单，征求我的同意。我细看了这张名单，是所谓左派和与汪有关系的人占多数。我觉得他并未尊重中共中央争取中派的意见，中派的人除孙科外，很多人没有列入，至于中共党员则除第一届者均列入外，还增加了在国民党内任重要职务的吴玉章、董必武、恽代英、杨匏安等人。

我对于国民党内部的事，自然不便多说，只是根据中共中央的决议，对于提名中共党员为国民党中委者表示意见。我提出中共党员如瞿秋白和我自己没在国民党内担任职务，不必再当选，其余中共党员也可以斟酌减少几个，以符中共中央不愿多占国民党中委名额的原旨。②

张国焘的意见，代表中共中央的意见，汪精卫自然十分重视。于是，国民党第二届中委候选人名单就这样敲定了。

然而，在中共党团会议酝酿国民党中央执行委员名单时，向忠发和湖北地区的代表与张国焘发生了争论。

张国焘要大家一定要选孙科为中央委员，向忠发坚决反对，说孙科是个

① 《工人之路》第217期，1926年1月30日出版。

② 张国焘：《我的回忆》，东方出版社1998年版，第436—437页。

大右派，背叛了自己的老子孙中山，主张坚决不选他。

参加国民党二大的湖北代表袁溥之回忆：

> 向忠发思想激进，很不满意“国民党坐轿子，共产党人抬轿子”这样一种局面，代表了当时很多中共代表的想法。他的讲话很有鼓动性，张国焘对他没有办法。①

向忠发见中委候选人名单中没有一个湖北人，愤而质问张国焘：“湖北是首义之区，死了很多人，流了许多血，湖北不选一个人，我们这些代表怎么向湖北人民交代？你是中央代表，要懂得各地区及每个人对革命的贡献。”

张国焘与汪精卫再次商量，在候选人名单中，列上了董必武的名字。②

1 月 18 日上午，大会进行正式选举。孙科当选国民党第二届中央执行委员，董必武、毛泽东、邓演达等人当选中央候补执行委员。

蒋介石在国民党二大上迅速崛起，第一次当选中央执行委员，随后又被选为常务委员，成为这次会议的最大受益者。在国民革命军队伍里，他原来只是一个军长，此时又担任了国民革命军总监。共产党人和国民党左派将蒋介石推上前台，可万万没想到的是，他后来却成为共产党人最凶残的敌人。包括向忠发在内的一批共产党人，竟惨死在他的屠刀之下。

历史，就是这样变幻莫测，扑朔迷离。

---

① 《路漫漫——袁溥之自传》，广东高等教育出版社 1995 年版，第 49 页。

② 胡传章：《董必武传》，湖北人民出版社 2006 年版，第 158—159 页。

十五

湖北工团联合会被架空，向忠发另组武汉工人代表会。中共党员退出国民党汉口市党部，唯有向忠发继续留任，并指导了大冶厂矿和汉口英美烟厂的罢工斗争。

向忠发踌躇满志地返回武汉，本想把刚刚复苏的工人运动向前推进一步。然而，武汉的政治环境与广州大不一样，向忠发不仅不能实现自己的抱负，反而引起反动军阀的更加警觉。

当时文献记载：

> 汉口市党部处于直系军阀严重压迫之下及工贼流氓包围之中，党务进行甚不容易，然因同志工作之努力，党部也建立一坚固之基础。

直系军阀头子吴佩孚于1925年10月东山再起，组织“十四省讨贼联军”，司令部驻汉口查家墩刘家花园。吴佩孚心中的“贼”，自然是指反对北洋军阀统治的革命军民。为维持庞大的军事开支，吴佩孚寅吃卯粮，巧取豪夺。对湖北的革命者，一律以“赤色分子”名义逮捕。

原湖北工团联合会委员长陈天、京汉铁路总工会委员长杨德甫等人，发起成立湖北工会联合会。他们在给北洋军阀政府的呈文中说：

欧战以后，国际经济竞争愈形剧烈，因之国内产业亦有日渐发达之势，各业劳工遂居社会重要之地位。惟惜智识技能均甚缺失，往往不免受外界挟有野心者之利用，影响所及，劳资双方已蒙多少不利。而考其实际，关于劳工教育之增高，劳工地位之改善，在中国法上一般。劳工所应得之保障，反因误入歧途。①

原湖北工团联合会成员郭聘伯，心甘情愿地充当吴佩孚的走卒。吴佩孚从北京南下武汉，郭聘伯以“公民”名义发表通电，欢迎吴佩孚来鄂主政，继而又亲自拜会吴佩孚，愿效犬马之劳。②

湖北全省工团联合会被人架空，已经面目全非，向忠发决定另起炉灶，组织武汉工人代表会。

1926 年年关就要来了，武汉工人代表会准备召集全体代表会议，研究下一步行动方案。会议尚未开始，一群军警在几个便衣的带领下，气势汹汹地闯入秘密会场，捕去与会代表三人。

原来，武汉工人代表会发出会议通知时，一份通知落在了工贼余友文手中。郭聘伯认为这是立功的好机会，一面报告吴佩孚稽查处的侦探，抓紧撒开一张大网；一面布置安排身边的工贼届时引导，配合行动。

向忠发又一次侥幸逃脱，化险为夷。

这年冬天，武汉天气异常寒冷。春节过后，国民党汉口市党部决定召开孙中山逝世周年纪念大会，并派工人代表散发传单，宣传造势。工人代表在武昌汉阳门散发传单时，与郭聘伯组织的队伍不期而遇。有人劫毁工人手中的传单，并狂呼站岗军警逮捕工人。幸而军警没有得到上级逮捕工人的命令，只是付之一笑，工人代表才愤然走开。

向忠发一筹莫展之际，大冶传来令人振奋的消息。

吴佩孚为扩军备战，在湖北横征暴敛，导致企业负担过重。大冶钢铁厂在面临破产的情况下，将危机转嫁给工人，陆续解聘一千多人。不仅如此，日本方面在购买大冶铁矿石时，拖欠矿款，厂矿以此为由拖欠工人工资，工

① 中国第二历史栏案馆：《中国现代政治史资料汇编》汇一，卷号 14。
② 胡传章：《董必武传》，湖北人民出版社 2006 年版，第 149 页。

人生活没有保障。

于是，厂矿秘密工会领导开展了“铜码换银圆”的斗争。

当时，厂方为压低工资，发给工人的工资以铜圆计算，而发给职员的工资以银圆计算。由于银圆不断上涨，铜圆比价不断下跌，一个普通工和学徒工的工资不足一银圆，微薄的工资难以维持基本生活。

工会派出代表与厂方谈判，厂方多次推诿。

为夺取这场斗争的胜利，大冶厂矿工会致信汉冶萍总工会，要求派人前去指导。向忠发曾指导过大冶厂矿罢工，工作经验丰富，人脉关系深厚，决定亲身前往。①

向忠发到达大冶厂矿后，经过走访座谈，决定步步深入，确定了指导这场斗争的三个步骤：第一步，争取铜码换银圆；第二步，开展反解雇斗争；第三步，要求厂方补发拖欠工资。

向忠发对工人们说，敢于斗争，坚持斗争，就能取得胜利。他的意见得到大多数代表的赞同，大家的信心又高涨起来。

工人代表据理力争，厂方不得不承认：日下百物尤贵，米价尤高，工人终日劳动所得，不敷个人生活，因此无不叫苦。出于道义上的觉醒，厂方同意将工人的工资由铜码改为银圆，即由原月薪七串二百文改为七元二角。

首战告捷，大冶厂矿失业工人工会在下陆成立。随后，五百多失业工人分成二十个小组，每组选出一名代表，另选总代表谢福汉，直接与矿长谈判。

矿长以矿石卖不出为借口，拒绝失业工人恢复工作。

工人代表早有准备，拿出了确凿的证据。原来，厂矿当局刚与日商签订了三十万吨的矿石合同。

当局理屈词穷，被迫与工人谈判。

然而，谈判是艰难而曲折的，每前进一步，都属不易。经过三天较量，双方达成如下协议：签字当天，八十五名工人复工，其余工人下月恢复工作。

紧接着，向忠发和大冶厂矿中共地下组织，又发动广大工人开展“补发欠饷增加工资的斗争”。

---

① 《湖北工运大事记》，湖北人民出版社 1996 年版，第 67 页。

当时，日商确实拖欠大冶厂矿大量矿款，工人领不到工资，生活难以维持。厂矿当局在工人罢工的强大压力之下，只得向设在上海的总公司告急，并致函日本八熢制铁所驻大冶代表西泽公雄：由于不付矿款，积欠薪工也达数月之久，冶矿员司工匠倘因饥生变，或因人煽动，有致仇外行动，变恐难免。彼时，恐难保阁下在冶之安宁。

日本政府迫于压力，决定由横滨正金银行垫借十七万日元，偿付矿款。

工人们不仅领到了欠饷，还增加了工资，罢工斗争取得胜利。

就在这时，国民党召开二届二中全会。蒋介石借口改善国共两党关系，抛出所谓"整理党务案"：共产党员在国民党高级党部任执行委员的人数不得超过各该党部全体委员的三分之一，共产党员不能担任国民党中央各部部长，加入国民党的共产党员名单须全部交出。

中共中央一让再让，接受了蒋介石的要求。

国共两党中央的决定，很快传到武汉。中共湖北地方组织根据中央指示，指令中共党员刘伯垂、许白昊、秦怡君、许之桢、黄立三等人退出国民党汉口市党部，唯有向忠发继续担任工人部长。

对于上层的权力斗争，向忠发并不一定知情。但他知道，广州国民革命军即将北伐，党内党外呼声甚高。既然组织上让他继续负责工人运动，他希望自己能尽快弄出一些名堂来。

五卅惨案周年之际，汉口英美烟厂女工因反对厂方添置设备而裁减工人，与厂方发生冲突。向忠发敏锐地意识到这是推进工人运动的天赐良机，他亲临一线，现场指导。

汉口英美烟厂是英国资本家开办的一家大型卷烟厂，包括汉口老厂、硚口新厂和烟叶厂三部分。当时报纸报道：该厂主系英国人，素视华人为牛马，加之管厂工头奴颜婢膝，痛辱同胞，以博外人之欢，私用非刑，如上吊毒针、上站台、戴枷、上撑杆、涂脸种种惨无人道之虐待，对于女工尤任意调戏，威迫利诱，种种侮辱，实难尽述。

早在 1923 年初的第一次工运风暴中，这个厂的工人与资方就进行过不屈不挠的抗争，斗争轰轰烈烈。经过两天的激烈谈判，资本家接受了工人提出的条件，斗争取得重大胜利。

1925 年 12 月 7 日，英美烟厂汉口老厂又因无故开除工人，激起全厂女工愤怒，全体女工于次日上午统一罢工。厂主与大班气急败坏，先后用手枪威吓女工复工，当场打成重伤者六人，轻伤者三十余人。孕妇徐尹被打倒在地，血流不止，次日死亡。

当时，武汉地区的一些进步团体，曾强烈抗议帝国主义者的暴行，一些工厂、行业的工人举行了声援罢工，但在帝国主义和军阀的高压下，罢工还是遭到失败。一个重要原因是罢工缺乏坚强的组织领导，武汉地区的工会组织没能采取一致行动。

不到半年，英美烟厂风波又起。向忠发闻讯后，与汉口市党部女干部袁溥之等人立即前往该厂，随后组织罢工指挥部，领导罢工斗争。

对此，袁溥之后来回忆：

> 多数烟厂罢工后，汉口还有一间烟厂没有罢工。已罢工的烟厂女工就去冲这间烟厂。这一次我去了，向忠发也去了，我们一起在罢工指挥部工作。当时我们考虑到如果这家烟厂继续生产，就会动摇已实行罢工的工人的斗争决心。当外面工人往里一冲时，里面的工人也就潮水般地涌了出来，汇进了罢工的洪流。①

为引起社会对烟厂女工的广泛关注，向忠发要求她们成立一个演讲团，控诉英国资本家和监工、监头侮辱女工的种种罪行。女工们控诉说：

> 她们稍有不合，或关闭于木柜之内，手足不能伸屈，饥饿数日；或以红黑涂面，强令立于窄凳之上，故使倾跌，以笑为乐；或反缚双手，以墨染面，环行场内，恣人耻辱。

听了女工们的血泪控诉，人们深表同情，深感愤怒。

罢工发动起来了，向忠发主持武汉工人代表会通过一项决议：烟厂资本

---

① 《袁溥之回忆》，白洋 1984 年记录整理。

武汉工人反帝示威

家若不答应工人条件，则各工团分别捐款，对于香烟工人之极贫者，维持日食，以表永久罢工之意。

许白昊回忆：

> 在这次罢工经过中，曾引起各界有民族觉悟的同情，予以文字的行动和经济的援助，如学生会、妇女协会、武汉商民协会、湖北汉口两国民党部、民众团体及湘沪粤各业工会的呼吁。①

这次罢工斗争，厂方被迫接受三项条件：无论是否添加设备，不得因此开除工人；恢复被开除女工的工作；赔偿工人在罢工期间的损失。

汉口英国领事为此愤愤不平，事后在致北洋军阀政府汉口市负责人陈嘉谟的照会中说：汉口英国烟厂罢工风潮，确有共产党人利用，有关系的人不仅只警告，应该要拿办。

向忠发为湖北工人运动走向复兴，竭尽全力，振臂高呼。

① 《向导》，1926年7月16日。

第五章 内应北伐

NEIYING BEIFA

国民革命军出师北伐，湖北成为主战场。在争夺武昌城的号角声中，向忠发和许白昊紧密呼应，组建起一支强大的内应兵团，在吴佩孚的后院烧起熊熊烈火。

北伐军占领武汉，湖北全省总工会应运而生，成为共产党领导的一支举足轻重的政治力量。向忠发理直气壮，坚定地维护工人阶级的利益，令昔日的权贵闻风丧胆，威风扫地。

十六

北伐大军围困武昌，向忠发和许白昊在吴佩孚的后院组织起一支强大的内应兵团。策反吴佩孚的大将起义投诚，耿丹夫妇功不可没，向忠发父女助了一臂之力。

1926年7月9日，国民革命军在广州举行誓师大会。在“打倒列强除军阀”的激越歌声中，轰轰烈烈的北伐战争开始了。

此时，国民革命军统一了广东、广西两省，总兵力有八个军，约十万人。国民政府任命蒋介石为北伐军总司令，李济深任总司令部参谋长，邓演达任总政治部主任，郭沫若任总政治部副主任。

北伐是为了推翻帝国主义支持的反动军阀的黑暗统治，实现中华民族独立、自由、民主和统一而进行的革命战争，既是孙中山先生的遗愿，也是全国人民的共同心声。

当时，北洋军阀势力还很强大。直系军阀吴佩孚控制着湖南、湖北、河南三省及河北保定一带，有兵力二十万人。皖系军阀孙传芳盘踞在江苏、浙江、安徽、江西、福建五省，有兵力二十万人。奉系军阀张作霖占据东北三省和京、津等地，连同他节制的山东张宗昌军队在内，有兵力三十万人。

国民革命军决定集中兵力，首先攻取两湖，消灭吴佩孚。

在沿途民众的大力支持下，北伐军很快攻克湖南，前锋直指湖北。

8月的武汉，烈日炎炎，酷暑难当，令人窒息。宽阔的长江江面上，两条木船在武昌以下的青山附近游弋了两天一夜。武汉地区著名的共产党人齐聚在这两条船上。他们群情激昂，谈笑风生，讨论落实支援北伐的行动方案。

两条木船是向忠发经手雇来的，一条供代表开会，一条供代表休息。

董必武首先发言，他深有感触地说，当年中共一大，是在嘉兴南湖的一条游船上召开的。时隔五年，革命风潮席卷南中国大地。这次在长江上纵议天下，策应北伐，意义不同凡响。

董必武接着介绍了湖北代表团到长沙迎接北伐军的情况。

在长沙，董必武目睹了湖南工农配合北伐军战斗的热烈场面，参加了湘鄂两省国民党党部在湘的国民党中央执委、监委特别会议，交流了两省发动工农群众策应北伐军的情况。尤为重要的是，董必武与国民革命军总政治部主任邓演达会谈，具体研究了对汉阳、汉口、武昌守军将领进行策反的事宜，取得了丰硕成果。①

“湖北是吴佩孚的老巢，控制更加严密，争夺也更激烈。湖南民众先声夺人，湖北要后来居上，水涨船高!”向忠发说。

“把武汉的工友组织起来，拧成一股绳，在吴佩孚的后院点上一把火，把他烧得焦头烂额!”许白昊提议。

武昌是吴佩孚的军事重地，汉口和汉阳是其补给后方。会议决定，武汉地区的中共党员分成两个行动小组：董必武、陈潭秋等大部隐伏武昌，根据与邓演达商定的行动计划，重点对吴佩孚的部下进行军事策反，里应外合；许白昊、向忠发把三镇工人组织起来，形成一支指挥自如、调动灵活的策应大军，为北伐军夺取武汉做坚强后盾。

很快，鄂南门户汀泗桥被北伐军攻破，吴佩孚大为惊慌，决定死守贺胜桥，与北伐军决一死战。8 月 30 日，双方部队展开白刃战，战斗极其残酷。吴佩孚亲率大刀队督战，凡退却者杀无赦，并手刃退却官兵数人，悬头于贺胜桥上。

北伐军舍生忘死，又占领了武汉的重要屏障贺胜桥。

吴佩孚接连失利，狼狈不堪地回到汉口查家墩司令部，准备孤注一掷，

① 胡传章：《董必武传》，湖北人民出版社 2006 年版，第 173—174 页。

背水一战。他调遣从贺胜桥败退下来的刘玉春第八师、陈嘉谟第二十五师，宋大霈、马济等残部约一万六千人，防守武昌；任命陈嘉谟为武汉防御总司令，刘玉春为武昌守备军总司令，第二师师长刘佐龙为汉阳防御总司令，第十四师师长高汝桐为汉口、汉阳守备总司令，并一再催促皖系军阀孙传芳出兵湘赣，威胁北伐军的侧翼和后方。

就在吴佩孚调整武汉三镇军事部署之际，北伐军先头部队进抵武昌城外，随即对武昌实施包围。

进攻武昌的北伐军

长江南岸的阵阵炮声，给江北的共产党人和革命斗士送来串串惊雷。一连几天，国民党汉口市党部通宵达旦。许白昊、向忠发布置汉口、汉阳的几家主要工会，分头落实配合北伐军的行动方案。

吴佩孚在汉水上架设了临时浮桥，连接汉口和汉阳的往来。陈春和至汉阳沿河，张计储到汉口沿岸，组织码头工人、划业工人、木船工人严阵以待。待北伐军来到时，一齐行动，拆毁浮桥，阻止吴佩孚军队过河。北伐军一旦占领汉阳，迅速恢复交通，将预先停泊在汉水两岸的船只一字摆开，架成临时浮桥，引导北伐军进入汉口。①

组织汉阳兵工厂罢工委员会，首先发动罢工。派市党部委员和纺织工会负责人夏文法，组织串联中新纱厂、泰安纱厂、福新面粉厂的工人，群起呼应汉阳兵工厂工人，扰乱吴佩孚的后方。有条件的大厂，迅速成立工人纠察

① 《湖北英烈传》第 3 集，湖北人民出版社 1989 年版，第 54 页。

队，直接配合北伐军参战。

从汉阳兵工厂、汉阳码头和汉口人力车工人中，挑选可靠的工人组成侦察向导队，侦察吴佩孚军队的布防和动态，熟悉地形和路线，引导北伐军从最有利的路线迅速进入汉阳和汉口。

店员工会派出专人组织若干宣传小分队，动员市民罢商罢市。北伐军一旦占领汉阳，武汉工人代表会负责人李昌荣率硚口工人代表团进入汉阳，慰劳北伐军，欢迎他们进入汉口。

北伐军的背后，迅速成长起一支强大的策应兵团。

夜深了，向忠发和张计储商议，起草《汉阳兵工厂罢工响应革命军通电》。

向忠发与张计储，两人共事多年，虽说年龄悬殊，彼此却十分了解，成为忘年之交。向忠发欣赏张计储的才华，张计储敬佩向忠发的为人。1922 年 7 月，湖北全省工团联合会成立，两人同时当选工团联合会成员。1924 年 9 月，张计储被组织选派到莫斯科东方大学学习，1925 年 10 月回国后任中共武汉地方执行委员会委员、职工运动委员会书记，同年冬又任国民党汉口市党部宣传部长。

张计储激情澎湃，亲自起草了一份鼓动性很强的罢工通电：①

汉阳兵工厂，是中国最大的枪炮制造厂，吴佩孚据为己有，榨起我们工人的血汗，供给他南征北讨杀人的利器。吴贼乃湖北人民的公敌，尤其是杀戮我们工人的刽子手。忆自二七大屠杀以来，逮捕监禁和杀戮工人领袖，解散我们的工会，剥削我们的自由，使武汉工人屈服于吴贼权威之下。含羞忍痛，敢怒而不敢言，瞬将三年了。我国民政府因革命势力的澎涨和民众的要求，为革命的利益——民众的利益，乃兴师北伐，会师武汉，声讨吴佩孚，沿途倍受民众欢迎和帮助。现在攻克武汉在即，武汉民众皆举手相庆北伐军的胜利和吴佩孚之将诛，但吴贼雄心不死，犹冀死灰复燃。吴贼之敢于此，实有恃于汉阳兵工厂能为他制造防御的利器而无恐。我们兵工厂工人为自身利益，为湖北民众的利益，为革命

① 《湖北英烈传》第 3 集，湖北人民出版社 1989 年版，第 54 页。

的利益，实有断绝供给吴贼枪械的必要。因自今日起，宣布总罢工，不再为吴贼造枪械攻打我们革命的战士。①

第二天，也就是9月1日，兵工厂开始罢工。汉口、汉阳到处张贴着这份罢工通电，各工会、各社团、各报馆也收到这份通电。兵工厂总办四处威逼利诱，工人们以欠饷太久无法生活为由，拒绝复工。

前方战事激烈，军情似火。汉阳兵工厂在后方率先罢工，无异于给吴佩孚当胸一拳。9月2日，北伐军前敌指挥部审时度势，决定分兵两路：一路围困武昌，一路向汉阳发起攻击。

此前，北伐军主力几次攻打长江南岸的武昌，虽然付出了沉重的代价，但仍未能取得军事上的主动权。根据苏联军事顾问的建议，北伐军总司令部决定对武昌围而不攻，采取守势，首先拿下汉阳、汉口，截断吴军后路。

要拿下汉阳、汉口，也非易事。汉阳、汉口以长江天险作为屏障，仅凭武力攻打，难以奏效。新上任的中共湖北区委负责人彭泽湘认为：大军压境，旧军阀队伍中的中立军人容易改换门庭，以求自保，应加紧进行策反工作。

这一建议，得到北伐军总司令部的采纳，并将吴佩孚的大将刘佐龙作为重点策反对象。刘佐龙原系黎元洪部将，辛亥首义时随黎元洪反正。萧耀南任湖北督军时，委任刘为第二师师长，驻防汉阳、汉口。北伐军向武汉进军，吴佩孚临时委任刘佐龙为湖北省省长兼汉阳城防司令。事实上，刘佐龙早就做好了脚踏两条船的准备。他曾向人暗示，在一定条件下可向北伐军倒戈。

策反刘佐龙，耿丹夫妇功不可没，向忠发助了一臂之力。

耿丹早年参加湖北进步社会团体，辛亥革命时任黎元洪警卫团团长，曾是刘佐龙的部下。他后来弃武从文，到英国留学，回国后在武汉几所大学做教授，与共产党人来往甚密。京汉铁路大罢工时，耿丹参加了湖北全省工团联合会，并向中共武昌大学支部提出了入党申请。

---

① 《工人之路》第440期，1926年9月18日。

彭泽湘与邓演达认为，耿丹是策反刘佐龙的最佳人选。可武昌城戒备森严，联系耿丹十分不便。再说耿丹名气大，受人关注。于是，他们想到了耿丹的妻子张笃和，由一位妇女进行联络，目标较小，不易被人察觉。

张笃和在国民党汉口市党部工作，政治上倾向革命。彭泽湘给向忠发写信，告知北伐军攻打汉阳，并策反刘佐龙的决定，要向忠发做好张笃和的思想工作，担当穿针引线的重任。①

向忠发收到彭泽湘的信后，找张笃和商谈，张笃和表示愿意冒险前往虎穴。为保护张笃和的安全，向忠发安排自己的养女向翠英陪同掩护。向翠英从此参加革命工作，后与万贤明之子万岳东结为夫妻。

向忠发一生没有生育，先后收养了四个女孩和一个男孩，向翠英是四个女孩中年龄最小的一个。1929 年春，经向忠发介绍，向翠英前往大别山区参加工农红军，是当时红军队伍中少有的女战士之一。1932 年 10 月，红四方面军主力转移离开鄂豫皖后，向翠英留在当地继续坚持战斗，后来在麻城宋埠与国民党鄂东“清剿”指挥丁灯权所属的皮宗荣团作战，英勇牺牲。向翠英生有一子，取名国良，后被红军部队收养。②

刘佐龙慑于北伐军兵临城下的攻势，同意在北伐军攻打汉阳、汉口时，率部起义反正。但他有一个条件：起义成功后，将他的队伍从师级建制扩编为军级建制，自己任军长。

邓演达与北伐军前敌总指挥唐生智商量，答应了刘佐龙提出的条件。

---

① 《湖北工人运动史》，湖北人民出版社 1996 年版，第 139 页。

② 万岳东之子万仁仪 2005 年 10 月 12 日给作者的信。

十七

汉阳兵工厂拉响了武汉工人策应北伐的汽笛。他们各司其职，各显神威，与革命军并肩作战。向忠发回忆：我们真忙不过来了，二十几天没好好吃过饭。

北伐军一部向江北推进。

9月5日，何键和夏斗寅两师一万余人，绕道武昌上游的嘉鱼，渡过长江，迅速向汉阳方向包围。先期潜入汉阳隐蔽的特工人员，迅速与城内各方联系。

向忠发主持汉阳兵工厂罢工委员会，决定配合北伐军里应外合，首先夺取兵工厂，然后策应北伐军一部夹攻龟山。方案确定后，向忠发随即派专人与北伐军先头部队约定，以汉阳兵工厂夜班汽笛为号。

龟山，突兀于长江与汉水间的夹角地区，俯视长江汉水，是汉阳城内的制高点。汉阳守军高汝桐部就驻防在龟山上，居高临下，防守龟山至汉水一线。兵工厂在龟山脚下，靠近高汝桐的防线。

9月6日下午，黄昏时分。汉阳兵工厂的夜班汽笛拉响了，几里之外清晰可闻。高昂的汽笛声，既是对北伐军围攻汉阳的呼唤，也是向工友们发出的战斗号令！

北伐军气势如虹，准时向汉阳城发起攻击。

听到北伐军攻城的炮声，刘佐龙掉转枪口，阵前起义。刘佐龙之弟、炮兵团长刘鼎甲首发三颗炮弹，其中一颗飞过汉江，刚好落在汉口查家墩吴佩孚的司令部门前。

吴佩孚惊慌失措，不明白是怎么回事，立即打电话质问刘佐龙。刘佐龙平静地回答："北伐军向汉阳发起攻击，炮兵部队赶紧应战，士兵一时惊慌，炮弹偏离了方向。"

放下电话，吴佩孚自言自语，骂了一通。

吴佩孚神情未稳，又一发炮弹不偏不倚地落在司令部的门前。吴佩孚余怒未消，新火又起。他再次拿起电话，准备向刘佐龙兴师问罪，可电话通了，对方半天没有回音。

吴佩孚把电话狠狠地摔在桌上。

汉阳兵工厂的汽笛响过之后，由兵工厂工人、码头工人、人力车工人组成的敢死队、向导队，混杂在上班人流之中，很快进入厂区。他们在专人的指引下，解除库房守卫，以迅雷不及掩耳之势，打开军火库，取出武器，装备自己，成立工人纠察队。随后把机枪架在厂房的屋顶上，与龟山守敌和厂部守备营展开了激战。①

战斗打响约半个时辰，北伐军的两股铁流像一只巨大的铁钳，紧紧地钳住了汉阳兵工厂。北伐军从大门和后门进入，在工人武装的配合下，迅速解除吴佩孚一个营的驻厂武装，随后向龟山守敌发起攻击。

刘佐龙起义后，吴佩孚的汉阳守军只有高汝桐一个师。高汝桐既是吴佩孚亲信，又是直系主力，不仅装备好，而且战斗力较强。守军凭借有利地形和坚固工事，负隅顽抗。战斗持续到下半夜，双方形成拉锯战。

北伐军决定横渡汉水，切断高汝桐的退路。

在参战工人的引导下，北伐军一部和刘佐龙部一个团在易家集兵分两路过江。部队来到汉水边时，纱厂工人打着火把，把夜空照得亮如白昼。陈春和与张计储一声令下，守候在两岸的上千划业工人，一齐行动，将岸边的划子横向排列，直达对岸。工人们在船上铺设木板，很快架起了一座浮桥。

汉水岸边的市民，上千人呼喊着，将堆集在岸边的木材、枕木、毛竹，

---

① 《湖北英烈传》第3集，湖北人民出版社1989年版，第54—55页。

推至马路上和街口当障碍，阻挡吴佩孚部队的反击。

岸上炮声隆隆，子弹尖叫，人声鼎沸；江面浮桥摇晃，水花四溅，人头攒动。北伐军前锋部队从汉阳渡过汉水，迅速扑向高汝桐部控制的浮桥渡口。

高汝桐见势不妙，命令部队弃守龟山，撤向汉口。早就守候在兵工厂附近的码头工人，手持扁担，蜂拥而来，与之展开格斗。高汝桐部见前堵后追，两面受夹，军心开始动摇。许多人丢盔弃甲，抱头窜向汉水岸边。

汉江上，吴佩孚的浮桥守军早已先逃，人力车工人乘机把浮桥中段缆绳砍断，浮桥被截成两半。夜色中，从龟山上溃退下来的高汝桐部不知浮桥已断，前推后挤，一时收不住脚步，不少人掉入汉水，葬身鱼腹。

北伐军控制汉阳后，主力当晚渡过汉水，与吴佩孚的汉口守军和高汝桐残部激战。吴军军心涣散，斗志丧失，纷纷溃退。7日上午，北伐军占领租界以外的整个汉口，吴佩孚苦心经营的两汉防线灰飞烟灭。

吴佩孚自知大势已去，气急败坏，乘专列出逃。江岸铁路工会闻讯后，与横店工人联系，将横店附近的铁轨夹板螺栓卸掉。吴佩孚的列车脱轨翻车，他只好弃车步行到祁家湾，换乘另一列火车，狼狈不堪地逃往河南。

当天，武汉工人代表会发出《汉阳兵工厂复工告全体工友书》，指出：

> 革命军已于今日（七日）早晨四时占领汉阳，并另出奇兵以抄京汉路，吴贼军队不战自溃。为肃清盗贼之残余，打倒一切反动势力，保障北伐军之完全胜利，与革命民众永远的结合起见，汉阳兵工厂有即日复工之必要，自本日起宣布兵工厂全体工友复工。
>
> 工友们为援助北伐军而自动罢工，现在更因北伐军之完全胜利能有秩序地复工了，这种自觉的表示，足为武汉各业工友的模范，此后更要严密自己的组织，共谋革命的福利。①

北伐军占领汉阳、汉口之后，乘胜追击，连克汉口以北多处重要城镇，尤其是夺得鄂豫“天险”武胜关，锁住了吴佩孚南援的通道。武昌守敌彻底

① 《工人之路》第441期，1926年9月19日出版。

北伐军开进汉口

陷于孤立之中。

对此，史学家评论说：北伐军如此神速，固然是因为北伐军作战勇敢，指挥得当，但中共湖北区委组织发动阳（汉阳）夏（汉口）工人、市民、郊区农民支援前线，配合参加战争，策动刘佐龙倒戈起义，对加速阳夏战役的胜利，起了极其重要的作用。

向忠发后来在中共六大上回忆：

> 北伐军到了岳州，我们的工作更紧张了，二十七天成立了二百七十个工会。区委要武昌，只留向忠发与许白昊两三个人在汉口。我们再三要求，才增到四个人。我们真忙不过来了，二十几天没好好吃过饭，随便吃点点心就又去组织工人。①

国民革命军出师北伐，首先击败曾经不可一世的吴佩孚，占领湖南、湖北两省，大有席卷南中国之势。盘踞东南的皖系军阀孙传芳十分震惊，派重兵溯长江而上，企图从江西进攻北伐军的侧翼，切断北伐军后路，以解武昌之围。

于是，国民政府军事委员会决定：北伐军一分为二，蒋介石率北伐军主力开往江西，迎战孙传芳，开辟华东战场，扩大北伐战果；邓演达任武昌攻城总司令，继续对武昌实施围困。

---

① 李蓉：《中共六大轶事》，人民出版社 2010 年版，第 171 页。

武汉工人积极配合北伐军，夺取武昌城。

刚刚组建的工人纠察队，一面维护汉口、汉阳的社会秩序，一面组织担架队，随军救护伤员；武汉工人代表会组织工人，在武昌通湘门附近挖掘地下坑道，配合北伐军爆破攻城；铁路工人夺取北洋军阀的火车，冒着危险穿越武昌城，为北伐军运输急需军用物资。[①]

武昌城遭北伐军军事封锁后，城内守敌弹尽粮绝，两次突围又遭失败，士气低落，军心浮动，阵脚大乱。主将陈嘉谟无法驾驭局势，一些将领不愿束手待毙，主动与北伐军秘密联系。湖北第一师师长宋大霈、河南第三师师长吴俊卿更是愿为内应。

夺取武昌的时机已经成熟，邓演达与董必武商量，决定组织攻城别动队，并派国民党老党员梁钟汉潜入武昌城任总指挥，策应北伐军攻城。[②]

梁钟汉，湖北汉川人，早年东渡日本求学，经孙中山介绍加入同盟会，后回国从事革命活动。武昌首义爆发后，梁钟汉率领家乡千余农民声援，成为中华大地上响应武昌首义的第一人。袁世凯阴谋篡国，革命党人再次沦为“乱党”，梁钟汉再次前往日本，被孙中山委任为中华革命党湖北西路总司令。1925 年，梁钟汉以国民政府军事委员会委员身份与詹大悲、刘伯垂等受命潜回武汉，继续进行革命活动。

10 月 6 日，在汉口联保里十九号，董必武、刘伯垂、向忠发、梁钟汉聚在一起，研究行动方案。向忠发介绍了武昌汉阳门外纱布丝麻四局的基本情况，建议梁钟汉以此为据点，在纱布局设立指挥部。

当时，武昌城内饿殍横陈，军民争食矛盾尖锐。为减轻武昌城内的粮食压力，国民党汉口市党部正在开展救济武昌难民的行动，已征得北伐军和守城吴军的同意。为保证梁钟汉过江安全，刘伯垂决定以汉口商会组织救济武昌居民的名义，让梁钟汉改装后随行过江，并由向忠发组织一支精干的小分队护送，确保万无一失。

当天夜里，一只小火轮由汉口顺利驶向武昌。

10 月 10 日，武昌首义十五周年纪念日。拂晓时分，攻打武昌城的战斗又

---

① 《湖北工人运动史》，湖北人民出版社 1996 年版，第 140 页。

② 胡传章：《董必武传》，湖北人民出版社 2006 年版，第 177 页。

一次打响。宋大霈在武昌城头鸣枪起义，北伐军由通湘门、保和门破城而入，全歼城内守敌，俘获万余人，吴佩孚的大将刘玉春、陈嘉谟均被生擒。

至此，北伐军完全占领武汉三镇。

十八

国民革命军占领武汉，农民运动处于起步阶段，工人运动有声有色。湖北全省总工会横空出世，成为共产党直接领导的一支重要政治力量。

北伐军攻占武昌城的当天，湖北全省总工会筹委会在汉口宁波会馆召开，湖北全省总工会宣告成立。

宁波会馆原是宁波商人在汉联络乡谊、维护商人利益的场所。北伐军占领汉口后，这里成为国民党汉口市党部对外办公的地方。

许白昊主持会议，到会代表及社会名流、各界来宾五千余人。

会场中央挂着孙中山的巨幅遗像，两旁是孙中山的遗训：革命尚未成功，同志仍须努力。会场上用红绫书写着“团结精神”四个大字，旁边悬挂着“谁是世界的创造者，只有劳苦的工人；一切归生产者所有，哪里容得寄生虫”的大幅标语。

大会决定将原来的湖北全省工团联合会改名为湖北全省总工会，推选向忠发为总工会委员长，并尽快召开第一次工人代表大会。

湖北全省总工会机关设在汉口友益街十六号，这里有两栋兴建不久的西

向忠发

式洋房，是当时武汉最漂亮的房子。左栋是吴佩孚部将程汉卿的寓所，右栋是叶开泰药店的私产。北伐军占领汉口后，两幢楼房人去楼空，国民革命军以“反动军阀房产”之名没收了这两栋楼房。一栋辟为湖北全省总工会办公楼，另一栋作为中华全国总工会办公楼，从此，这里成为指导全国工人运动的总指挥部。在这个小院里经常出入的，都是中国现代史上的著名人物。这座院落的对面，有一幢普通的两层小楼，向忠发和李立三、刘少奇、项英等工会领导人，一同住在这幢小楼里研究指导工人运动，前后达十个月之久。①

湖北全省总工会内设秘书处、宣传部、组织部、财政部、交际部、纠察队总部、经济斗争委员会办公室、《工人导报》编辑部。随着斗争的深入，后来又增设了裁判委员会、教育委员会、工人宣传队等机构。

在策应北伐的日子里，工人开展护厂斗争，建立了一定规模的纠察队。省总工会成立后，抓紧建立工人纠察队总部。当时，纠察总队下设两个大队和一个女生直属队，每个大队下辖三个小队，小队下设区队。武汉工人纠察队相当于一个团的建制，大队相当于营，小队相当于连，区队相当于排。队员都是做工两年以上、具有小学文化程度的单身工人。

纠察总队成立之初，只有两千余队员，一律手持木棒，后来发展到五千余人，三千支枪。除省总工会直接领导的工人纠察队外，各产业工会和各大型企业工会也建立了自己的纠察队。各县在成立总工会时，几乎也都建立了工人纠察队，少数县的纠察队还拥有枪支。②

省总工会在血花世界专门举办工人纠察队训练班，先后有三百人接受训练。向忠发明确要求，要把工人纠察队训练成一支纪律严明、训练有素、作

① 《刘少奇传》，中央文献出版社 1998 年版，第 91 页。
② 《湖北工人运动史》，湖北人民出版社 1996 年版，第 149 页。

风扎实的工人武装。后来，这支队伍在收回汉口英租界和反击夏斗寅叛乱的斗争中，发挥了相当重要的作用。

参加工人纠察队训练班的张金保回忆：

手持木棍的武汉工人纠察队

> 在训练班，不论男女都要穿军装，打绑腿，戴军帽。军事生活是很紧张的，每天早晨6点听号音起床，包括穿衣服、整理被褥和洗冷水脸在内，只有十分钟时间。集合军号一响，就得赶紧上操场集合，然后开始跑步，每个人跑得汗流浃背，天天如此，就是下雨，也从不间断。我是小脚，但从来没有掉过队。①

国民革命军占领武汉之初，中共领导的农民运动处于初始阶段，还不为人所注意，而当时的工人运动如火如荼，极为出色。为配合北伐军维持武汉的社会秩序，保卫重要目标，省总工会一面发动兵工厂工人自己制造武器，一面请求担任武汉卫戍任务的叶挺第二十四师支援武器。

武汉店员工会常务委员长兼秘书长董锄平回忆：他与叶挺原是旧交，关系较好。叶挺守卫武汉时，他曾去找叶要枪，组织店员工人纠察队。叶挺送给他枪支，并派人帮助军训。店员工会成立纠察队后，其他工会纷纷仿效，成立武装纠察队。

从这年的11月开始，湖北全省总工会下属的各产业工会，如火柴工会、美孚工会、香烟工会、纺织工会等，先后成立了劳动童子团。

当时，武汉工厂都有童工，童工生活苦不堪言。他们年纪虽小，却要和成年工人一样，每天劳动十二小时，有的甚至十六小时。他们没有工资，只有三餐粗劣饭菜，仅能填饱肚子。他们从早到晚不停地干活，连上厕所的时

① 《张金保回忆录》，湖南人民出版社1985年版，第74—75页。

间都没有。即使这样拼命地干活，还是经常受到老板和工头的打骂。

在工会组织的大力支持下，童工们取得了实行八小时工作的权利，八小时之外，厂主、店东不得限制童工、学徒的行动。童工每星期休息半日，作为教育训练的时间；童子团因操练或集会错过用膳时间，厂主、店东须留给伙食。对于童工、学徒的工作，也须依其工艺能力之高低给予工资。

童工们昂首挺胸，革命热情高涨。

劳动童子团发展起来了，省总工会决定加强领导，统一指挥。1927 年 2 月 16 日，劳动童子团总部在省总工会院内成立，汉口、武昌、汉阳、硚口各区队长及指导员一百四十人参加会议。向忠发代表省总工会讲话，阐述建立童子团的意义和任务，要求大家争做好团员。

童子团团员齐呼口号：时刻准备，一致团结，努力工作，勇敢向前。一时间军乐齐鸣，歌声此起彼伏，整个会场沸腾起来。

随后，团员们从总工会机关整队出发，来到跑马场举行会操。童子团团员一律草绿上装，短裤，腰间扎黄色皮带，脖子上系着红领巾，列队行进时，右手将一根红色木棍托在肩上，左手整齐地摆动着，雄赳赳，气昂昂，十分威武。他们一面走，一面唱着团歌——《少年先锋歌》，红旗招展，歌声嘹亮，一路上吸引了成千上万的观众。

劳动童子团如雨后春笋般迅速成长。武汉三镇有劳动童子团团员一万二千人，最大的不到二十岁，最小的仅有八九岁，绝大多数在十四岁左右。他们以大队为中心，每天天不亮就集合在一起练操，每星期有三个晚上集中学习，成为工人纠察队的得力助手。

1926 年 11 月，省总工会成立了宣传队，选派一批思想水平高、政治能力强的干部担任各级宣传队队长。到年底，全省总工会宣传队下设一百五十个支队，有队员一千三百多人。各基层工会也相继建立了三到五人的宣传小组，在武汉三镇形成一张巨大的宣传网。

只要省总工会一声令下，宣传队立即出动，上街演讲，张贴标语，造成铺天盖地的宣传气势。宣传队还在街头演出革命戏剧，在俱乐部教工人唱革命歌曲。《码头工人歌谣》《走向国防最前哨》《工人歌》《农工歌》和《国民革命歌》在工人中广为流传。

当时的武汉，会议多，庆典多，只要有政治活动，会前会后都要同唱进步歌曲。武汉成为歌的海洋，只要有人群的地方，就有高昂的歌声。歌声，成为振奋人心的战鼓；歌声，成为催人奋进的号令。

向忠发要求工人宣传队深入到全省各矿区、各市县工人运动的第一线，宣传工人阶级的政治责任，宣传工农联盟和革命统一战线的意义，促进各地工人运动的进一步活跃和发展。十年之后，武汉又成为第二次国共合作时期的中心，这一文艺宣传形式得到继承和发扬。

早年，在工人运动的启蒙初期，许白昊和向忠发通过开办工人夜校，启发工人的思想觉悟。如今，工人阶级登上了历史的政治舞台，开办工人学校，提高工人的政治文化水平，同样十分必要。1926 年底，省总工会设立了工人教育委员会，后来又成立了教育局，主管工人教育事业。

从 1926 年底到翌年 4 月，武汉地区的工人学校发展到四十所，入学的工人有五万多人。洋务工会、汉阳兵工厂工会、铁路工会还开办了工人子弟学校。工人子弟班每周授课二十四小时，工人补习班每周授课十二小时。

1926 年 12 月，武汉工会组织发展到三百个以上，会员达三十万人，全省各地工会组织普遍建立。工会组织突飞猛进，工会会员成倍增长，可工会骨干人才奇缺，组织一时难以健全。不少在运动高潮中被仓促推上领导岗位的干部，热情有余而经验不足，政治觉悟和文化水平都不能适应工作的需要。随着形势的发展，迫切需要大批得力的工会干部。

在国民党湖北省、汉口市党部的大力支持下，湖北全省总工会于 1926 年底开办工人运动讲习所，对工人积极分子进行培训，林育南兼讲习所所长，许之桢具体负责。

工人运动讲习所前后办了两期，第一期分两处在武昌、汉口同时开办，后来将两处合并到汉口，校舍设在汉口德华中学内。李立三、刘少奇、许白昊、林育南、董必武等一批著名共产党人和工运领袖，频频出现在讲习所的讲台上。刘少奇主讲工会组织法，李立三主讲罢工战术。

学员除学习革命理论和工运知识外，还学习军事技术、集会演讲、作文习字等实用知识。为使学员能够领导和训练工人纠察队，讲习所特地每周讲授一小时军事课程，并呈请武汉国民政府军事委员会拨枪三百五十支，子弹两千六百排，派人进行军事训练。

工人运动讲习所共培训学员四百多名，先后由省总工会派往各地、市、县工会工作。这批学员走上工作一线后，成为各级工会的骨干力量。

为推动全省工人运动，向忠发经常到各地巡视指导。鄂东浠水，面对大冶，紧依长江，水运发达。在汉冶萍轮驳公司时，向忠发经常来这里向老师傅求教取经，后来又到这里秘密进行革命宣传，工作有一定基础。1926 年 11 月下旬，向忠发特地来到浠水，在兰溪指导码头工人建立了全省第一个乡镇工会。很快，浠水县总工会宣告成立，下设十五个分会，会员两千九百人，工作有声有色，成为全省县级工会的一面旗帜。

后来，向忠发还曾陪同宋庆龄等人两次来浠水考察。①

十九

劳资争议和罢工浪潮，随着工会组织的兴起而汹涌起来。湖北全省总工会威风八面，资本家闻之丧胆，谈之色变。向忠发声名显赫，成为武汉三镇响当当的人物。

久受压迫的工人阶级，一旦建立了自己的组织，不仅政治上要求当家做主，思想上要求翻身解放，而且在经济上要求提高待遇。劳资争议和罢工浪潮随着工会组织的发展而汹涌起来。

① 《湖北工人运动史》，湖北人民出版社 1996 年版，第 158 页。

当时总工会规定，工人每月最低工资为十三元，每天工作时间不超过十小时，每月额外加工不得超过十二小时，每星期应有二十四小时休息时间。这些要求，从国际水准来看，固是可怜；即以当时武汉的实际情形而论，也不算过高。而各分工会在劳资争议中所提出的实际要求，有时还低于这个标准。在增加工资问题上，有些企业的工人要求每月增加二至三元，连原有工资计算，尚不足十三元。在休假问题上，有些也仅要求两星期休息一天。这显然顾及了当时的实际条件。①

然而，工商界的老板却认为这些要求难以满足。他们怨恨自己处境困难：战争使得经济不景气；政府只知向他们要钱，无异于杀鸡取卵；工会又在不断“添乱”，提出种种要求。这种上下交迫的困境，使他们感到前景黯淡。

在劳资争议中，工人方面常常采取加强压力的办法，强迫资方接受他们提出的条件，有时还发生侮辱资方的事件。在资方不遵守劳动协议，或有某种破坏工会的行动时，工人方面有时拘捕资方人员，甚至让他们戴高帽子游街，劳资纠纷越来越激烈尖锐。

为此，省总工会成立劳资争议委员会，向忠发任主席，各产业工会负责人为委员。劳资争议委员会的主要任务是：调解劳资双方纠纷，使工人的合理要求得到解决。

省总工会通令所属工会：凡要求向资方提出经济条件者，必须送省总工会劳资争议委员会审查，经批准后，方可向资方提出。这条措施，既支持了工人的合理斗争，又避免了基层工会的盲目行动。

尽管十分忙碌，向忠发还是经常参与劳资双方有关劳动争议的仲裁与谈判。

1926 年 11 月中旬，汉口日租界洋务工会向日方资本家提出增加工资、改善劳动条件等十项要求，遭到资本家的断然拒绝。工会组织迫不得已，组织工人举行罢工。日租界洋务工会联络英租界、法租界两租界特区工会，准备援助日租界工人的罢工行动。

资本家害怕罢工风潮扩大，要求各界出面调解。

---

① 张国焘：《我的回忆》，东方出版社 1998 年版，第 504 页。

11 月 25 日，劳资双方协调会在日本俱乐部举行，向忠发代表省总工会出面调解。参加谈判的中方代表有洋务工会委员长胡洪才等五位工人、北伐军总政治部和国民党汉口市党部代表，日方代表有日本领事馆副领事及侨民代表，三井洋行、大阪洋行等二十几个资本家和几个工头、职员。

双方围着一张长方形条桌坐了下来。

谈判正式开始后，胡洪才首先代表工人提出增加工资，星期天工资照发，不准打骂童工和女工，工人因工死伤厂方应负责丧葬费和医药费，女工产假一个半月等条件。

日方资本家非常狡猾，没有诚意。他们不谈工人代表提出的条件，只是一个劲地叫苦，经营如何不景气，自己如何困难。

向忠发见势头不对，使了个眼色，一位工人立即发言。可这位工人没有经验，说了半天，没有说到点子上。

工人们平时对工头毕恭毕敬，见了老板谁都不敢吭声，如今面对面地坐在一起，难免有些紧张。

资本家还在口口声声强调自己的困难，向忠发克制不住了，站起来道："你们这困难，那困难，但谁也没有工人困难！你们左一个工厂亏本，右一个工厂不赚钱，这些都不是事实。你们经营的泰安纱厂，一天生产那么多纱，织出那么多的布，都是工人血汗凝聚而成的，从来没有存货，有时布还没生产出来就已经订出去了，难道你们赚的钱还少吗?"

向忠发的话坚定了工人代表的信心。紧接着，泰安纱厂代表张金保谈了自己的亲身经历和感受。她说：

夏天里，工厂的天窗关得紧紧的，织布间的喷雾器像下毛毛雨一样，喷在织布工人的身上。工人们本来干活热得要命，你们用喷雾器把凉水一洒，弄得工人常常发痧，不断有人被抬出去。这些情况，你们当老板的难道没有看见？车间的棉绒像雪花一样，不停地往工人的耳朵、眼睛、鼻孔里钻，往工人的喉咙里、肺里钻，许多工人患了肺病和支气管炎，又没钱治病，我亲眼看见几个姐妹被活活折磨而死。难道你们当老板的不知道吗？工人为了替你们赚钱，经常缺胳膊少腿，甚至被机器撞死，一分一文的医药费、丧葬费都没有，你们有天地良心吗？[①]

张金保的讲述证据确凿，泰安纱厂老板只得无可奈何地说："好，好，我们一定想办法解决就是了。"

有个代表说："口头答应无效，必须签字才行。"

又一个代表说："如果不签字，我们就不上班。"

工人们把自己的话讲出来了，向忠发又不慌不忙地站了起来。他首先表态支持工人的发言，然后对在座的资本家说："你们不保护工人的健康和利益，工人又怎么能给你们创造财富呢？你们口口声声说困难，这是故意叫苦。工人们提出的要求并不高，合情合理，现在就请你们在谈判书上签字，我和北伐军的代表做证人。如果你们不签字或签字后不照办，工人们只有继续罢工！"

经过据理力争，日方资本家勉强认可工人代表提出的条件，双方同时各做一些让步。资本家同意男女工人每月增加工资四元，童工每月增加工资两元。工人方面答应，其他条件由各方调停人以后解决。

湖北全省总工会确实成了工人之家。每天因发生各种争议纠纷前来申请援助者纷至沓来，应接不暇。早八点至晚十二时，这里门庭若市，人来人往。省总工会每天所办案件，动辄百余起，尤以劳资争议为多。短时间内得到圆满解决者，四十余起。工人群起奋力解决经济之压迫，资生计之维持，赖总工会之援助，而又都得最后之胜利。[②]

面对此起彼伏的劳资纠纷，经湖北全省总工会倡议，由湖北全省总工会、北伐军总政治部、武汉卫戍司令部、汉口总商会、武昌总商会、国民党湖北省党部、汉口市党部代表组成，湖北劳资问题临时委员会宣告成立。与此同时，汉口市党部也发起组织汉口劳动争议仲裁委员会，对工人的工资、待遇、工时及学徒等问题进行专题讨论。

当时，国民党中央和国民政府决定迁都武汉，在汪精卫回国执政之前，基本上执行孙中山制定的"联俄、联共、扶助农工"三大政策。尤其是邓演

① 《张金保回忆录》，湖南人民出版社 1985 年版，第 61—62 页。

② 天津《大公报》，1926 年 12 月 1 日。

达主持的北伐军总政治部多次声明，对工会民众组织采取赞助态度。

1926 年年底，根据国民党湖北省、汉口市两党部的要求，武汉国民政府颁布《湖北工厂条例》，规定劳动纠纷必须经劳动仲裁委员会解决，仲裁委员会所定办法，均须遵守。

劳动争议处理机构任务更加繁重。[①]

不论是在省总工会内部设立的劳资争议委员会，还是在国民党省、市党部等单位组成的劳资争议仲裁委员会里，向忠发和其他工人领袖坚定地维护工人利益，支持工人的合理要求。为此，武汉工人的工资水平普遍增加，工作时间缩短，劳动条件得到一定程度的改善，资本家、雇主不再任意打骂和开除工人，为工人创造了自由参加工会组织和社会活动的权利。

和记蛋厂的劳资谈判，是当时较有影响的一件大事。向忠发参与指导了这场斗争，一波三折，柳暗花明。

和记蛋厂是英国人控制的一家企业，老板住在南京，委托买办管理。该厂设有鸡鸭饲养厂、鱼肉制作厂、蛋品加工厂，有一千多工人。工厂买办采取克扣工资、纸币取代银圆、吃空名额等手段，残酷压迫工人，获取高额利润。工人们曾提出分红要求，遭到资方拒绝。

1926 年年底，和记蛋厂工会成立后，工人们又向资方提出盈利分红的要求。工会代表与买办杨坤山交涉，杨坤山只同意拿出两千元分红。工人们说："杨买办压榨工人血汗，在武汉置买多处地产，娶了七房姨太太，仅仅拿出两千元分红，根本没有诚意。"

为此，厂工会致函杨坤山、黄厚卿两买办，要求合理分红，两买办置之不理。厂工会第二次致函厂方，要求尽快答复工人提出的条件，可两买办则装病住院，根本不见工人代表。

工人们非常气愤，要求找买办直接算账。杨坤山公然放出狠话："几个穷鬼翻不了什么大浪。你们不上工，我们有吃有喝，一辈子不用发愁；可你们等不了三天，家里就揭不开锅盖了。"

厂工会没有办法，到省总工会反映工人的呼声。

---

① 《湖北工人运动史》，湖北人民出版社 1996 年版，第 151 页。

向忠发听取汇报后，指示蛋厂工会委员长陈万喜给厂方带信，约定第二天到省总工会谈判。岂料，杨、黄两买办满不在乎，并且扬言：“只要向忠发来蛋厂走一走，此事可以好好商量。”

很显然，这是对省总工会的公然蔑视，也是对省总工会的公开挑衅。向忠发明白，几个买办如此嚣张，是因为有英国人撑腰，身边养着一群打手。他决定到蛋厂走一趟，与厂方面对面地较量，杀一杀对方的傲气。

有人担心向忠发的安全，劝他带上纠察队员，也免发生意外。向忠发摆了摆手：阎王何惧小鬼，有理不在人多。

在陈万喜的陪同下，向忠发走进蛋厂买办的办公室。杨、黄两人扫视了一眼这位四十多岁的不速之客，猜出来人就是向忠发，冷冷地丢出一句：“站着进来，躺着出去。”

几个打手应声而来，堵住了大门。

向忠发若无其事地坐了下来，从容地说道：“我向某从小游走江湖，一路刀丛剑下，何惧大风大浪。今天既然敢走进来，也就能够走得出去。我是你们请来的客人，如此相待是不是有些鸡肠小肚，不够仗义？你们可要明白，我的身后站着几千纠察队员、几十万工人群众。如果敢动我一根毫毛，这里就会立刻夷为平地，你们可能死无葬身之地。”

三言两语，字字千钧，掷地有声。

向忠发的大名，两买办早有所闻；省总工会的权势，他们也十分清楚。近一段时间，多少豪门显贵、商贾名流，威风扫地，判若两人。两买办心知肚明，自己根本不是向忠发的对手，于是立即来了个一百八十度的大转弯，强作笑脸道：“向大人，我们有眼不识泰山。有什么吩咐，只管直说，我们照办就是了。”

“还是那句话，下午 3 点，准时到省总工会谈判。”

当天下午，黄、杨两买办早早来到省总工会等候。省总工会、和记蛋厂工会和资方代表经过三轮协商谈判，达成如下协议：凡 1926 年 12 月底在工会入册者，每人发给十五个月的酬劳金；来厂不满一年的工人，发银洋二十元。总共分红十一万元，分两批付清。1927 年 1 月份先付七万，余款四万来年再付。首批付款交省总工会，由省总工会转发给蛋厂工人。

从此，向忠发成为武汉三镇几十万工人中一个响当当的人物。

瞿秋白的好友、中共中央宣传部秘书羊牧之回忆：

七月初的一天傍晚，阵雨才过。我和瞿秋白叫了一只划子，准备过江去看黄鹤楼。船到江心，秋白有感而发：无边落木萧萧下，不尽长江滚滚来。划船老汉见我们谈得斯文，询问："两位是教书先生么？"

秋白答："我们是教书的。"并反问："你老在江里弄船多少年了？"

老汉坦率地说："我祖父辈都是弄船的，父亲年轻时还当过太平军呢！"

秋白又问道："你们划船中可有一个叫向忠发的？"

老汉朗笑说："凡是划船的，码头上扛活的，马路上拉黄包车的，谁不知道向忠发！他是我们工人中好样的。"①

① 《忆秋白》，人民文学出版社1981年版，第88页。

第六章
翻江涌浪

FANJIANG YONGLANG

湖北全省总工会及其领导的工人纠察队十分活跃，在维护治安、抓捕工贼、收回租界的斗争中表现得十分抢眼，伴随而生的“左”的错误、幼稚表现，也为人提供了攻击的口实。

回国主持国民政府的汪精卫，认为武汉成为共产党人把持的天下，在陈独秀面前旁敲侧击，提出国共两党共同领导民众运动。在内忧外患的双重压力下，国共两党关系云遮雾绕，若即若离。

二十

一边是赤手空拳的中国民众，一边是全副武装的英国军队。向忠发命令工人纠察队只能前进，不能撤退。扁担收回英租界，鼓舞了中国人，震惊了全世界。

1927 年元旦这天，武汉三镇载歌载舞，一片欢腾。在国民政府迁都武汉的锣鼓声中，湖北全省总工会第一次代表大会隆重开幕。

向忠发在大会工作报告中指出：这次会议的主要任务与内容，是继承二七以来湖北工人的奋斗精神，总结过去的斗争经验，检阅工人阶级自身的力量，巩固总工会的群众基础。①

话音刚落，汉口就发生了一起骇人听闻的流血事件。随着事态的发展，向忠发这番话一语中的，很快得到验证。

1 月 3 日下午，中央军事政治学校宣传队在汉口江汉关钟楼附近演讲，英租界巡捕越界过来干涉，阻止群众集会，未能达到目的。于是，租界当局调动停泊在江面上的军舰。数百名英国海军士兵荷枪实弹上岸，冲出租界，扑向赤手空拳的群众，当场刺死和打伤围观群众三十多人。

在场的群众被激怒了，随即冲入租界抗议示威。英军在江汉关、日清洋行等建筑物上架起机枪，海军陆战队登岸支援。同时，美国军舰从江中向北

---

① 《汉口民国日报》，1927 年 1 月 5 日。

英国水兵与武汉民众冲突情形

岸移近，法、日等租界的义勇队也乘车赶来。到晚间，双方继续僵持，又有数名中国民众遭到英兵伤害。

鸦片战争之后，帝国主义列强通过一系列不平等条约，强行在中国设立租界。他们趾高气扬，耀武扬威，在租界行使种种特权，视中国人命如草芥。一年多前的五卅运动期间，英帝国主义在汉口制造了骇人听闻的“六一惨案”，当时向忠发和一些有识之士就曾强烈抗议，并明确提出“收回英租界”的政治主张，可是未能如愿。如今天下大变，向忠发的夙愿能否实现呢？

长江一线是英国在华的势力范围。国民革命军北伐后，他们不仅援助吴佩孚，还调遣军舰直接寻衅滋事。北伐军兵临武昌城，他们以军粮援助困守武昌城的吴佩孚部，助长吴军据城以战四十多天。北伐军占领武汉三镇后，英租界当局如临大敌，在租界边沿，特别是江汉关一带设置电网，构建壁垒，不仅派海军陆战队守备，还组织英国侨民义勇队巡逻。吴佩孚的余党躲进英租界，造谣滋事，唯恐天下不乱。

北伐公开宣示的政治目标之一就是反帝，而反帝最直观的效果就是取消列强在中国的特权。收回汉口英租界，是武汉人民的强烈愿望。

事发当日，湖北全省总工会第一次代表大会正在举行。向忠发闻讯后，当即与主席团成员商议，决定暂时休会，并与李立三、刘少奇、许白昊一起，带着工人纠察队员赶往现场。

李立三回忆说：

当时，大约二十名英国水兵被几千名工人团团包围，截断了逃回战舰的退路。英国水兵端起枪支准备开火，局势一触即发。我们闻讯赶到冲突现场，看到国民党和政府要员爬到临时搭起的高台上，号召群众解散，但工人们不予理睬。于是，许白昊同志和我上台发言，向工人宣布省工会和全国总工会全权负责处理这一事件，要求英国领事严惩肇事者、对受害者予以赔偿。人群中有人喊出："我们要收回租界！"大家纷纷高呼"收回租界！""打倒英国帝国主义！"并热烈鼓掌，而后逐渐解散。①

当天晚上，向忠发主持以工人代表为中心的紧急会议，决定以湖北全省总工会第一次代表大会的名义发布《为反对英水兵惨杀同胞通电》，并拟定解决惨案的六条要求：

一、请国民政府收回英租界；
二、在未收回之前，租界当局应撤除电网、沙包等军事设施；
三、由中国警察进驻租界；
四、抚恤死伤者；
五、英国政府应向我道歉；
六、杀人凶物移交国民政府查办。②

第二天，《为反对英水兵惨杀同胞通电》在汉口《民国日报》上发表。通电要求各人民团体和各界同胞，一致声讨英国水兵的暴行，并指出：本代表大会领导全省有组织之三十万工人，誓与英帝国主义奋斗到底！

在李立三、向忠发、刘少奇等人的组织下，各行业工会纷纷发表通告、宣言，向全市、全省、全国，揭露英帝国主义屠杀中国同胞的罪行，号召工人阶级和人民群众为收回英租界英勇斗争！

1月4日上午，武汉地区二百多个团体的五百多名代表，在汉口总商会召开联席会议，决定以湖北全省总工会所提"六条要求"为基础，向国民政府

① 李思慎：《李立三红色传奇》，中国工人出版社2004年版，第200页。
② 《湖北工人运动史》，湖北人民出版社1996年版，第203页。

请愿，并于1月5日下午，举行对英示威大会。

随后，李立三、向忠发、刘少奇等人前往武汉国民政府所在地南洋大楼，代表中华全国总工会、湖北全省总工会递交代表大会决议，要求国民政府向英国驻汉总领事交涉，立即收回汉口英租界。

国民政府接受了代表的全部请求，同意以此作为政府对英交涉的条件，并派中央党部代表陈群到英租界交涉，命令武汉卫戍司令部派三个连进驻英租界。湖北全省总工会也派出三百名纠察队员，进入英租界维持秩序。

郁积在武汉人民心中的怒火，在熊熊燃烧。

1月5日，湖北全省总工会宣布在武汉罢工、罢课、罢市。一大早，工人纠察队列队通过租界的大小街道；工人宣传队在主要路口贴满了“打到英国帝国主义”的大幅标语，在银行大门和领事馆围墙上贴满了传单。许多人在那里围观，在画着英国人狼狈逃窜的漫画周围，议论纷纷，笑声四起。

工人纠察队员维持社会秩序

原定下午2时举行的反英示威大会，早晨就有部分团体的万余名群众，列队进入会场。12时许，就有三十万人以上的群众不顾寒冷恶劣天气，顶风冒雨从四面八方赶往汉口济生三马路空坪集合。尽管大雨滂沱，天气很冷，大家心头却热气腾腾，鹄立露天数小时之久。

李立三宣布大会开始之后，会场上“打倒帝国主义”“为死难同胞报仇雪恨”“坚决收回英租界”的口号声此起彼伏，震耳欲聋。工会、农会代表相继发言，誓作国民政府的坚强后援。

就在大会进行之时，中共湖北区委书记张国焘派人送来字条，要求游行队伍不要进入租界，以免引起外交纠纷。从组织原则来讲，李立三要“执行”张国焘的命令，但考虑到群众情绪，他又不能直接命令游行队伍不准进入英租界。

动员大会之后，浩浩荡荡的队伍就要开始示威游行。李立三左右为难，只好临时改变游行路线，准备绕过英租界，并派一部纠察队员走在前面，引导队伍按指定路线前进，大部分纠察队员则被布置在租界入口处，以防意外。

当游行队伍经过英租界附近的街道时，租界当局如临大敌，新设置了沙包电网，关闭了铁栅门。英国巡捕和水军荷枪实弹，企图阻止队伍前进。为防备不测，他们还打电话向国民政府求援，要求派军队加强保护。

国民政府紧急通告：希望人民离开租界，以免危险。

一边是手无寸铁的中国民众，众怒难犯；一边是全副武装的英国士兵，箭在弦上。双方紧张对峙，局势一触即发。

走在队伍前列的纠察队员举棋不定，一时束手无策。

这时，店员工会负责人董锄平对向忠发说："老向，我们都是共产党员，不是国民政府的奴才，我们口口声声喊要对革命负责，要担当先锋队的责任，现在要和帝国主义斗争到底，不能后退一步！"①

董锄平的话，坚定了向忠发的决心。向忠发环视了一下骚动的人群，当即指示各产业工会纠察队就近插入租界，只能前进，不许撤退。

海员工人纠察队队长周何亮急中生智，带领队员绕道江边，划着木船从水路登上租界的趸船，然后上岸抢占海关大楼，同英国巡捕展开搏斗。

码头工人纠察队闻风而动，他们就地取材，从附近扛来跳板，架起越过铁栅门的空中通道，为自己铺路搭桥。

率先冲入租界内的纠察队员迅速拆除防御工事，扫清障碍，打开了紧闭的铁门。向忠发随游行队伍潮水般地涌入租界，发现还有少数英方巡捕用棍棒殴打群众，立即指挥纠察队员制伏逞凶的巡捕，包围并占领英国巡捕房。

英国水兵面对黑压压的中国民众，内心早已发怵，端着枪管不敢轻举妄动。他们自知境况不妙，难以控制局势，只好撤出租界，逃往停泊在长江上的军舰。有的英国商船，连夜升火逃往上海。

很快，各支游行队伍在英租界会师，反英口号响彻云霄。愤怒的人群登上租界工部办公楼楼顶，扯下英国米字旗，升起青天白日旗。

---

① 《纵横》，2000 年第 2 期。

英方总领事馆被群众重重包围，总领事葛福形同瓮中之鳖，再次打电话请求武汉国民政府派兵保护。

李立三1940年在《自述》中写道：

武汉政府根据英国领事的要求，向我们下令立即撤出工人纠察队。我们声明，纠察队撤走后，决不承担英租界内维持秩序和安定的责任。工人纠察队离开英租界大约两小时之后，武汉政府要员便给我们打电话说："英国领事要求工人纠察队赶快回到租界。"原因是纠察队刚一离开英租界，群众又把领事馆和警察局包围起来，使英国领事不得不重新请求武汉政府派工人纠察队来并再也不要撤回。工人纠察队进入后，群众情绪又有所缓和，但英国警察再也不敢在街上露面，免得遭围攻殴打。英国领事被迫同意工人纠察队不仅担负起守卫领事馆的任务，也负责守卫所有行政大楼、邮政局、电报局等。工人纠察队实际上控制了英租界，中国群众成为租界的实际主人。①

苏联顾问团译员阿基莫娃说：

我和别的同志一道去看夺回的租界。英国哨兵已撤除，在十字路口站岗的是工人纠察队。当看见我们时，他们脸上流露出胜利的微笑，把手中的棍棒摆向一边，学着军人的样子行礼。帝国主义分子不敢再在街上露面。武汉人民群众的民族尊严感迅速苏醒，猛然勃发出来。过去，外国人拒不付工钱、动辄打骂的现象屡见不鲜，而身受者自知外国人不好惹，只有忍气吞声。现在，一切都变了。中国人警告外国人不要忘记，在中国谁是主人，谁是客人。②

工人纠察队占领租界后，国民政府当晚成立"汉口英租界管理委员会"，对租界实行管理，随即与英国政府交涉。在武汉工人和各界群众的大力支持

① 李思慎：《李立三红色传奇》，中国工人出版社2004年版，第204页。

② 〔苏〕阿基莫娃：《中国大革命见闻》，中国社会科学出版社1985年版，第231页。

下，国民政府经过激烈的谈判斗争，迫使英国代表在《关于汉口租界的协定》上签字，同意将汉口租界归还给中国。3 月 15 日，武汉国民政府正式收回汉口英租界，结束了英帝国主义在这块土地上长达六十五年的统治。

收回汉口英租界的斗争中，码头工人是一支重要力量。因此，民间有“扁担收回英租界”之说。这次斗争是中国工人阶级的伟大壮举，是鸦片战争以来中国人民反帝外交斗争史上的第一次重大胜利。在夺回英租界的捷报声中，湖北全省总工会第一次代表大会顺利进行，大会选举向忠发为委员长，刘少奇为秘书长，李立三任外交主任，林育南任宣传主任，项英任组织主任，许白昊任经济委员会主任。

湖北全省总工会大楼

湖北全省总工会第一次代表大会闭幕之际，代表们热烈发言，纷纷表示：只要向忠发、李立三一声令下，湖北全省三十万有组织的工人头可断，血可流，刀山敢上，火海敢闯。

二十一

武汉的交通要道、车站码头、大街小巷，布下工人纠察队的天罗地网。卫戍司令陈铭枢要求总工会约束工人，向忠发措辞激烈，严厉驳斥，令其十分难堪。

在武汉民众收回英租界期间，社会上有一股暗流在涌动，引起向忠发和省总工会的密切关注和高度重视。

在汉阳，有人张贴“打倒兵工厂工会”“不受总工会利用”的标语，破坏省总工会在工友中的信誉；在武昌，有人造谣，“工人纠察队殴打工会代表，以后当代表非常危险”，甚至有人说“总工会将会员经费全部给政治部练兵了”，“总政治部被帝国主义收买了，以后不反对帝国主义了”。

流言蜚语，不一而足。

散布这些谣言者，多为帝国主义之走狗，买办官僚之爪牙，不满国民革命之政客。他们无中生有，混淆视听，离间人心，直接挑拨工友冲突，损害工人团体形象，动摇革命基础势力。一些不明真相的群众，道听途说，随波逐流，受人利用，给正在高涨的工人运动带来混乱和不安。

1 月 6 日，工人纠察队占领英租界的第二天，向忠发以湖北全省总工会第一次代表大会主席团值日主席的名义，提出严行侦查反革命派的倡议，获得大会通过。

该会随后发表通告：

> 本代表大会根据全省工友之意志，特通告我省工友一致行动起来，严厉扑灭反革命派。每个工友均应负有侦察反革命派行动，报告该工会呈省总工会之责。工人纠察队尤应全体行动，查有确实证据破坏工会之反革命派，应一体严拿，交总工会转送政府惩办。须知肃清反革命派，即巩固革命势力，保障革命民众之自由。我工人阶级为国民革命之主力，民族运动之先锋，在革命战线上决不能容反革命之扰乱，故对于反革命派应取严厉手腕处置之，无丝毫犹豫之余地也。凡我革命工人及忠诚勇敢之工人纠察队，当更加紧团结，齐心努力，巩固本身之力量，镇压反革命之进攻。①

湖北工人经历了两次工人运动的高潮，其间饱受了反动势力的摧残和折磨，对反革命分子和出卖工人利益的工贼深恶痛绝。在政治上获得解放之后，朴素的阶级感情从心底深处本能地涌露出来。

北伐军占领汉口，武昌尚未克复之际，码头工人抓住了有名的工贼郭聘伯，并把他送到北伐军总政治部汉口办事处。

郭聘伯早年追随孙中山，后加入中共组织，曾是湖北省工团联合会的成员。二七大罢工时，因他告密，许多工人领袖被军阀逮捕或杀害。为此，中共三届一中全会决定，开除郭聘伯的党籍。北伐军夺取武汉之前，他另立工会系统，与武汉各工会组织发生冲突。

北伐军总政治部副主任郭沫若回忆：

> 工人们最初将郭聘伯送来的时候，同志们便主张将其就地正法。但在正式规定上，总政治部并没有杀人的权力，于是派人到武昌去向邓演达请示，提出郭聘伯以往的罪状和汉口办事处主张枪决以镇压反革命势力的意思。邓演达回信，对犯人严加看管，听候发落。第二天清早，我们又根据邓演达的指示，把郭聘伯解往武昌。②

---

① 《汉口民国日报》，1927 年 1 月 7 日。

② 郭沫若：《革命春秋》，人民文学出版社 1979 年版，第 91 页。

惩办工贼是工人们最为关注的事件，邓演达根据蒋介石的意见主张宽大处理，可武汉工人阶级却不答应。不几天，也就是9月20日，北伐军总司令部、总政治部、前敌总指挥部，国民党湖北省、汉口市党部召开武汉工人恳亲会，工人代表在会上提出三项提案，第一项就是要求惩办工贼，并即席要求总政治部代表圆满答复。

湖北全省总工会成立之后，设立了审判委员会，向忠发任主席。后来，省市党部同省总工会组织革命裁判委员会，裁判不受革命纪律之反动分子，总工会推举向忠发、刘少奇、许白昊、项英四人为委员，向忠发为该委员会主任。

接替向忠发出任国民党汉口市党部工人部长的丁觉群回忆：

> 省总工会一楼西边一大间为工人纠察队总部，东边为审判庭；二楼为工会内设机构，负责人的办公室，三楼是宣传委员会。审判庭由向忠发负责，审判对象主要是工贼。一个长台子摆在中间向前一点，可以坐两人，一个是审判长，一个是记录，被审对象站在下面，向南。两边站有纠察队员，根据案子轻重而定，二至八人不等。审判庭后为一间休息室，中间摆有一个圆桌，两边摆有沙发，几把椅子。①

当时，北伐军总政治部采取了相当开放的态度，给予湖北全省总工会相当大的权力。可武汉卫戍司令陈铭枢要求湖北全省总工会约束工人“擅自”逮捕以至处决人犯等行为。

向忠发复函陈铭枢，予以严厉驳斥：

> 凡属反革命分子及破坏工会摧残工友之工贼，事实详明证据确凿者，自应予以肃清，以便于工人团结，努力革命工作。耿耿丹心，深荷国人谅解。况且惩办工贼等事，均有反动事实及行为，经敝会详加审核，无

① 丁觉群1963年5月15日回忆，原件存武汉市革命博物馆。

不证据确凿，敝会尚不敢擅自处决，分别送请政府办理。与他人自由地方治安，两无妨害，自信可靠无罪于党国矣。

贵司令系革命军人，当然了解国民党扶助工农之意义，其违反工人利益、破坏工人团体、摧残工人运动之工贼，即属反革命分子。敝会根据党义，俯顺舆情，对于工会扭送之工贼，转送政府惩办，在手续上并无不当，在革命上且为必要之行为，安能视为擅自逮捕，不法行为？

各工会在扭送工贼之际，有工人纠察队维持秩序，并无滋扰情事，于地方治安何妨？贵司令指为触犯刑章，妨害地方治安，加敝会以不美之名，率自呈请布告禁止，恐贵司令不免茫于真切事实，谬于革命理想，而贵司令所查各情，是否根据他人报告，是否出于臆造，是否无用武之地，必须向工农示威？敝会疑窦顿生，殊难索解。[①]

向忠发措辞激烈，说理充分，驳斥有力，并在报纸上公开发表。陈铭枢十分难堪，不久愤然辞职，直奔南京蒋介石而去。

湖北全省总工会及其下属工会权力之大，不仅令陈铭枢严重不安，也让国民革命军总司令蒋介石深感忧虑。1926 年 12 月初，蒋介石就武汉工人运动明确提出四点要求：

一、不许工会擅自拘人；

二、严厉禁止持械游行；

三、工人不得擅自封锁工厂、封闭商店；

四、工人不得向工厂或商店强取一切什物。[②]

如果说在此之前，湖北全省总工会只赋予各级工会和纠察队抓捕工贼的权力，那么自 1927 年 1 月 6 日的通告发出之后，全省工人阶级行动起来了，他们不仅享有抓捕工贼的权力，而且可以严拿破坏工人运动的反动分子。

当时，九省通衢的武汉，人流量较大，往来鱼龙混杂。不仅国共两党的

---

① 天津《大公报》，1926 年 11 月 28 日。

② 杨奎松：《国民党的联共与反共》，社会科学文献出版社 2008 年版，第 187—188 页。

热血青年自南北各地汇集武汉，就连越南、印度、朝鲜、菲律宾的有志之士，受中国革命的鼓舞，也来武汉考察。

向往革命者拥进来，害怕革命者溜出去。其时，人们没有身份证，其姓名、年龄、出生地都可任意自行改变。为维护社会秩序，武汉的交通要道、车站码头、大街小巷，布下工人纠察队的天罗地网。

早年从事工人运动，后被派往黄埔军校政治部工作，时任国民革命军第四军政治部宣传科长的朱其华回忆：

> 我和几个朋友聚会之后，去黄埔同学会，在啸楼巷口被工人纠察队指为反革命分子，强行逮捕。我们五人都是校级军官，打着绑腿，穿着皮靴，本是神气，可申辩无用。先被押到总工会，后解到汉口公安局，转到侦缉队，再进拘留所。我一再表明自己的身分，也无用处。原来黄埔同学会人员，一半去了南京，而被认为反革命分子聚集之处。经过三个半小时的折腾，侦缉队长出来，原来是在广州的熟人，三言两语，立即先行释放我，另四位随后也释放了。
>
> 领教了湖北全省总工会的威力之后，次晨我向政治部廖乾吾报告。廖与向忠发以前在武汉一同作秘密工作，私交也好，这几个月常与向忠发一起参加会议。他立即叫通了电话，讲了黄埔同学会五人的事。向很感谢廖的提醒，希望立即跟五人见面，细说详情。于是，我邀请另外四人，持着廖的介绍信，即刻过江，进入那威风凛凛的总工会，受到向忠发的亲切接待。
>
> 向说，他已经问清了事情原委，确是工人纠察队接受任务委托，而并未报备到他这里来。当然，工人纠察队是行动的先锋，假使啸楼巷方面党有指示，要执行联合行动，是绝不迟疑的。若牵涉到我们自己的革命军，那定然要由军事机关处理。
>
> 向忠发把会谈结果立即电话告知廖乾吾，让秘书记下要点，并通知所属注意。向亲切地说，自己还有半点钟的时间，愿意陪我们五人到总工会各部门参观，见识其工作忙碌的情况。
>
> 向很了解我的为人，临分别时，陪着走下楼，直送到大门口，紧握

着我的手：老弟，你是我们的老同志，工运、学运经验丰富，又在黄埔、军人部工作过，我很欢迎你，有空常来谈。你的文章又写得好，我多么愿意说说我在武汉大江上当船夫的生活，听听你的指教。

对这位四十多岁、历练了下层社会生活、满面风霜的前辈同志，五人齐表恳切敬意。当时，邓演达、张发奎人前人后，也都称许向忠发的精明能干，好看重他的历史背景。①

向忠发不仅动员工友侦破反动分子，自己还身体力行。

3 月 29 日，向忠发因事经过英租界六码头，看见马路边一群人贼头贼脑，不时呼喊反动口号，遂高度警觉。他走近仔细一看，里面有一张熟悉的面孔，原来是省总工会通缉在案的大工贼刘伯勋。

刘伯勋原是吴佩孚手下的密探，京汉铁路大罢工时，曾将工友的详细情况密告军警，酿成劳工律师施洋被捕牺牲。北伐军到达湖北后，工人们强烈要求查办二七凶手，刘伯勋成为省总工会重点通缉捉拿的对象。

事关重大，不能迟疑。向忠发立即回到省总工会，指派工人纠察队前往捉拿。工人纠察队不负重托，将刘伯勋擒拿归案，收禁狱中。②

为昭示公允，湖北全省总工会发起，会同国民党湖北省、武汉市党部，于 4 月 13 日上午在汉口法院拘讯一批恶名昭著的工贼，并邀请国民政府、省政府、省学联、省妇协、省农协代表出席会审。依据省总工会宣布的罪状，根据各界代表的强烈要求，国民政府组织人民审判委员会，将郭聘伯等九人判处死刑。

国民党湖北省、武汉市党部后来总结说：临时组织人民审判委员会，将郭聘伯等人处决，是为应付环境，不免过于草率。

除极少数恶名昭著、众怒难犯、罪大恶极的工贼由省总工会初审，再由政府公开审判外，省总工会对各地送来的不法分子，根据案子和人犯情况，重者转送公安局惩办，轻者给予罚款或禁闭处理。

当时报纸报道：

---

① 《湖北文献》第 135 期，2006 年 10 月 20 日出版。

② 《汉口民国日报》，1927 年 4 月 2 日。

国民党崇阳县党部执行委员、工人部长、县工会筹备主任刘耀宗，在该县工会包揽把持，引用军阀余孽为秘书，压迫工友，在城市勒令江西小布商人工会，又因小故，胆敢率领武装队员，向农民自卫军训练所之同志进攻，又因刘桂芳是其妹子，与商协委员长不对，竟打伤商协委员长，怂恿工人捕拿商协委员长，种种不法行为，几酿成该县农工商大冲突。经该县党部向省党部告发，省党部开除其党籍，并咨崇阳县免除其承兼各职外，即转送省总工会核办。

省总工会略为讯问，将其禁闭。①

二十二

武汉工潮出现混乱，给人提供了攻击口实。向忠发命令整顿工会纪律，同时呼吁各方互相体谅，共渡难关。国民党希望国共两党密切合作，共同指导民众运动。

工人运动蓬勃发展，方兴未艾。如何看待和评说，国共两党、党内党外出现不同声音。

工人群众一旦挣脱帝国主义、军阀统治及封建势力压迫的枷锁后，往往十分激进地谋求自己的解放。工会组织迅猛发展，自然出现组织庞杂、纪律

① 《汉口民国日报》，1927 年 5 月 4 日。

不严的现象。一方面，工会和工人纠察队中混进一些不良分子；另一方面，有些人不守纪律，擅自行动，使工会形象受到影响。

“左”的错误，幼稚的表现，给人提供了攻击的口实。

起初，湖北全省总工会只是针对英资企业收买工人、开除工人领袖的情况，提出发动英资企业工人罢工的方法，并明确规定“对中国资本家采取外交手腕”，事先调停协商，非万不得已不应罢工。可由于工人原来的工资太低，各企业工会又相互攀比，他们往往各自为政，采取独立行动，事实上不管英资、日资，也不管外资、中资，纷纷以追求最大幅度的生活改善为目标。

据不完全统计，1926 年 10 月间，武汉工人罢工每日不足一起，11 月中旬后一日数起。两个多月时间内，发生罢工一百五十多起，参加人数二十多万。

罢工是一把双刃剑，在特定的历史时期，既有一定的积极作用，也有很大的负面影响。

1926 年 12 月 3 日，汉口总商会召开市民大会，提出工作时间沿旧习惯、保持店主辞去员工之自由权、待遇力求公允等几项条件，还要求消弭工潮、取缔工人纠察队，并扬言全市商民以实行罢市为最后手段。①

然而，在当时的政治环境下，这些要求自然难以满足。于是，一些业主抽走资金，停厂歇业，以示抗议。武汉很快出现商店歇业、工厂停机、市面萧条的局面。

各级工会往往只考虑工人自身利益，不从政府和全局角度来约束工人的要求，就是对省总工会也时常阳奉阴违，自行其是。武汉国民党中央试图指导和约束工人运动，但除了政府出面组织的湖北劳资委员会能够起到一些作用外，所发文件往往失去效力。

1927 年 1 月 26 日，国民政府临时联席会议明确提出：汉口各人民团体应约束会员，不得自行捕人及有其他越轨行为。几天后，临时联席会议又发布通告，“禁止人民个人或团体自动处罚”。决议写了，通告发了，可还是有工会组织自行其是，我行我素。

汉阳机器工会因与周恒顺机器厂和胡德顺木样厂发生矛盾，竟派纠察队

---

① 《湖北工人运动史》，湖北人民出版社 1996 年版，第 234 页。

封闭了两家工厂，将一家厂主五花大绑置于工厂空地上，将另一家厂主关进厕所，同时，把两家厂主的家眷连同婴儿一并监禁起来，甚至不许哺乳。

汉阳机器联合会紧急函告武汉国民党中央，国民党中央执行委员会转请湖北全省总工会出面调解，但汉阳机器工会还是将两家厂主及其眷属关押了数天，直逼对方做出让步，并交上罚款，才能了事。

不要说下层工会，就是湖北全省总工会，也常常目中无人。3 月间，水电公司发现煤炭即将用尽，开了一张一万三千两银子的支票去向日本三井洋行买煤，却被正缺经费的总工会得知后拿去，派作其他用途。尽管此举可能导致整个汉口发生停电，但在外交部长陈友仁将此事在国民党中央政治委员会上提出时，却没有人能奈总工会何。①

对于这些情形，向忠发心里十分清楚。为安抚国民党人和社会各界，湖北全省总工会不止一次公开声明和承诺。全省总工会第一次代表大会召开之际，向忠发专门针对大批手工业工人和店员迫于生活压迫而要求加薪、造成中小商人极端困难的情况做出解释：我们知道中小商人是很苦的，然而这是帝国主义和军阀压迫剥削的结果，不能因此遂不以工人店员之最低生活为然，希望双方互相体谅，共渡难关。

1 月中旬，针对社会上指责工人运动的流言，向忠发特地讲话，希望各界予以谅解：第一，工人要能安心革命，生活上之困难不能不要求减少；第二，工人要参加革命，对于每天二十小时的工作时间，不能不要求缩短；第三，工人要能自由地参加革命工作，不能不要求改良待遇。平心而论，当不为过。

应该说，这时中共在工人政策上的方针，与国民党人并没太大分歧。武汉工潮所造成的经济影响，至少在经济上也还没有表现得特别严重。因此，武汉国民党人相信这种情况只是一时的现象，对共产党领导下的武汉工农运动，也没有表现出特别不安。

在武汉，尽管工会仍占据着绝对优势，但湖北各地激烈反抗工农运动、残害工农干部的事件时有发生。

有人公开指责工农运动“过火”，要求限制工人运动的呼声逐渐高涨。为

---

① 《中国国民党第一、二次全国代表大会会议史料》，江苏古籍出版社 1986 年版，第 1042 页。

此，中共中央明令湖北党组织采取措施，湖北省总工会也接连发出命令，约束已经偏“左”的工人运动。

2月8日，湖北全省总工会鉴于少数工人的越轨行动发出通告说：

工会一定要有好的纪律，才能统率大多数工人，才能齐心一致奋斗。我们工会的纪律不是专制和压迫，而是工人阶级应有的纪律，没有纪律的群众只是乌合之众，不能担负革命的任务。①

随后，湖北全省总工会发出整顿工人纪律的二十一条规定，明令工人在工作上应受工厂或店家管理人之正当指挥，并应遵守工厂之正当规则：

工会不保护违反正当厂规之工友；工人受工厂或店家管理人之压迫与虐待，应即报告工会，先用和平方法交涉，不得擅自争打暴动；工人与厂主店东之间如发生争执，非经两次之和平交涉，不可有罢工行动；纠察队不得有任意打人抓人及其他违反纪律之行动；严禁工人一切敲诈勒索非法行为；严禁工人绑人游街；严禁工人打工人。

此后几个月里，省总工会及各行业工会多次召开会议，做出整饬纪律、纠正越轨行为的规定和条例，并直接实行惩治。3月1日，专为制裁工人各种违纪违法行为的《湖北省总工会裁判委员会暂行条例》公布。4月下旬，项英主持召开各级纠察队长会议，议决对违反纪律者开除工会会籍，并规定：任意放一枪一声，拘狱一月。

应该说，湖北全省总工会的这些努力，取得了一些效果，起码得到了国民党方面的重视和肯定。这期间，武汉国民党积极支持工人运动，有以下事例为证。

3月10日下午，湖北全省总工会在血花世界召集各宣传队开会，纪念孙中山逝世两周年，中央军事政治学校也在此另一处开会。军校部分军官和学

① 《汉口民国日报》，1927年2月8日。

生听到有人高呼“打倒军事独裁”“提高党的权威”等口号，不能接受有人公开反对蒋介石的行动，蜂拥冲入总工会会场，将宣传队员肆意乱打，当即捕去宣传队员四人，重伤者十余人。

当天，向忠发致函国民党中央党部，报告此事，请求处理。①

国民党中央党部将向忠发的信函转至中央军事政治学校，学校连日召开会议，并决定：派代表赴总工会道歉，慰问受伤工友，集合全校师生欢送被捕工友，登报声明承认错误，开除主要当事人的学籍和党籍。

经过调查讨论，国民党中央常务第五次扩大会议决定：除潜逃者十三人予以通缉外，开除军官和学生二十人。总计开除学籍党籍者二十四人，停止党籍一至三月并由学校记大过者十九人，警告者三十八人。

国民党中央党部如此重拳，显然偏向了工会一方。

然而，随着时间的推移，武汉的经济形势越来越差，企业倒闭日渐增多。据对武汉几家纺织厂调查，一至三月，工人参加集会游行平均每月近三次，工人不遵守劳动纪律请病假者，各厂每天都在一百人以上。工人不服从管理人员指挥，想干就干，不想干就走，生产效率严重下降。加上生产成本上升，当时武汉九家纺织企业，一个停工歇业，一个厂主跑掉，其他几家减产在百分之三十左右，经营全部亏损。

经济形势越困难，工人要求改善生活的呼声越高；越是满足工人的要求，经济情况就更加恶化。进入 1927 年后，由于物价上涨，一定程度上抵消了部分工人店员得到的实惠。尽管政府方面以至于共产党人都曾强调要照顾中小资产阶级的困难，但工人店员并不理解。他们一面根据省总工会的要求宣布整顿纪律，一面公开为自己要求提升工资标准而辩护。

大批工厂商店陷于困境之中，再加上战争原因和租界冲突，导致长江上下游和南北铁路交通几乎中断。武汉政府的财政预算要一千二百万元，而各省自顾不暇，政府只能就湖北一地取得收入，可湖北的收入不到三百万，武汉政府不得不一面靠大量发行国库券，一面通过盐斤加价、煤油特捐和集中现金的办法来维持财政，因而加重了民众负担。②

---

① 《汉口民国日报》，1927 年 3 月 22 日。

② 杨奎松：《国民党的联共与反共》，社会科学文献出版社 2008 年版，第 197 页。

一方基于战争、财政等种种需要，意在适当保护工商；一方力图改天换地，最大限度地争取工农，拓展自己的革命基础。国共两党之间的冲突，随着各种矛盾的交集，开始浮出水面。

经济和金融形势的恶化，引起国民党人的高度重视。3 月中旬，国民党召开二届三中全会，从蒋介石手中夺回了党政最高权力，同时通过了《统一革命势力决议案》，希望国共两党进一步密切合作，共同指导民众运动。

对于这段历史，刘少奇后来是这样评说的：大革命的失败，无疑是由于右倾的错误，但在失败以前及以前很久，并不是没有“左”倾错误的，这种“左”倾错误，至少是帮助了反革命，帮助了右派。①

国民党以此为借口，开始打压工人运动。

二十三

汉口租界又发生惨案，武汉三镇掀起一轮反日怒潮。国共两党领袖汪精卫、陈独秀新到武汉，向湖北全省总工会发出一道道特别训令，向忠发一脸茫然。

1927 年 4 月 3 日下午 4 时许，两名日本水兵乘坐人力车，到汉口日租界南小路一日本酒店下车，因所付车费不足，与车夫刘炳喜发生争执。日本水兵大冈胜芳猛踢刘炳喜的腹部，将其打翻在地。一位过路工人见此不平，前

① 《湖北工人运动史》，湖北人民出版社 1996 年版，第 199 页。

汉口日租界

来救援，被日本水兵当场刺死。

过往的民众愤怒了，赤手空拳与日本水兵搏斗。酒店内的日本水兵一齐冲出来，抽出明晃晃的刺刀，刺向中国民众。附近华景街、大新街数千工人和市民闻讯后自发赶来相助，当即捕获日本水兵六人、日本商人四人，一同送往湖北全省总工会，请求处置。

日本领事闻讯，急调大批陆战队员登岸，在领事馆附近街道布置岗哨，架起机枪，向围观群众射击，当场打死一人，打伤数人。群众被迫后退，日军步步紧逼，又在长田里日本会所架枪射击，打死中国民众两人，打伤二十多人。下午6时，群众围住日租界示威，日军又开枪打死三人，打伤四人。

帝国主义在汉之屠杀，此为最惨。①

当天晚上，日租界人力车工人全体罢工，要求惩办杀人凶手。

向忠发召集省总工会负责人会议，接连发出两则通电和第一、第二号布告，表示坚决领导全体工友，本着收回英租界的精神，与日本帝国主义做坚决之奋斗。同时要求全体工友在省总工会领导下，严肃团结，不得妄听谣言，自相惊扰，致陷于不利。一切事件均听候省总工会负责解决。

4月4日上午，向忠发召集各宣传队联席会议，贯彻落实省总工会的指导意见，要求工人听从命令，行动上保持高度一致。

下午，向忠发与刘少奇一同出席武汉各团体召开的四三惨案紧急会议，

① 《汉口民国日报》，1927年4月9日。

决定由中华全国总工会、湖北全省总工会等十七个团体组成武汉人民对日委员会，并向国民政府提出与日领事交涉条件，内容包括：立即撤退日本水兵，收回日租界，凶手交中国法庭严惩，赔偿死伤损失，日本政府向武汉国民政府谢罪，日方不得因此次事变封闭工厂、辞退工人。

同日晚，中华全国总工会召集武汉各工会代表紧急会议，到会代表七百余人。向忠发报告惨案经过，刘少奇报告各团体紧急会议的情况。向忠发说："日本帝国主义暴举，早有阴谋准备，吾人对付亦应有严密对策。本会当领导全体工友，发扬一三对英精神，与日作坚决奋斗！"①

会议除拥护各团体所提之条件外，还提出了"取消中日间一切不平等条约"的要求，同时决定拥护国民政府的外交政策，信赖国民政府办理惨案的一切交涉，一致做外交的后盾。

武汉三镇掀起了一轮反日怒潮。

6 日，武汉各界群众分别在汉口、武昌举行追悼四三惨案死难同胞反日示威大会，要求政府依照民众主张，对帝国主义采取强硬态度，绝对不要妥协，与之斗争到底。

8 日，武汉工人在血花世界召开大会，要求国民政府对日严重抗议。

然而，四三惨案与一三惨案时隔三月，虽比一三惨案更为严重，可武汉国民政府顾虑重重，其立场与态度已不可同日而语。

惨案发生后，国民政府派出大批军警保护日本侨民及其商店、工厂，同时派外交部秘书到日本领事馆交涉，要求立即撤退日本水兵，并声明国民政府保护日人一切安全。倘水兵仍在陆上示威，激起民众愤慨，生出事端，则由日本方面完全负责。

4 月 5 日，国民政府要员陈友仁、徐谦、孙科、邓演达等人组成对日政策研究委员会。这个委员会并不具体商讨如何处理惨案，而是讨论对日政策。当天，外交部长陈友仁向湖北全省总工会提出，将四名日本商人送交日本领事。国民党中央执行委员会以领事谈判权尚未取消为由，决定将日本肇事水兵预审后，也交给日本领事。

---

① 《湖北工人运动史》，湖北人民出版社 1996 年版，第 211 页。

国民政府如此处置，确有自己的难处和苦衷。四三惨案发生之后，日本担心步英国后尘，将日资工厂、商店、银行关门停业，两千余日侨全部移居到日舰或日本商轮上。武汉街头变得冷清，又有大批店员面临失业。

其他帝国主义也直接威胁。武汉江面，外舰如云，虎视眈眈。

面对如此困难和复杂的局面，特别是面对外国列强进行武装干涉的可能性，国民政府要员手足无措，顾虑重重。他们开始抱怨工人运动，并找共产党人商量办法。

汪精卫讲:“目前，反对帝国主义太自由了，逼得他们形成一条联合战线。”

谭延闿说：“过去在广东外交办得好，就是因为不对外国人加以攻击。而现在却时常发生攻击外国人的现象，如何能好?”

孙科坦言：“这简直是自杀，把一些工厂逼得关了门，政府又没有多少救济，试问他们吃什么?”

据此，汪精卫提议：鉴于近来形势，有解决两个根本问题之必要。一是国民党与共产党的问题，一是国民党员与共产党员如何合作的问题。[①]

就在这个时候，中共中央总书记陈独秀从上海来到武汉，汪精卫、谭延闿率先与陈独秀交换意见。

汪精卫认为：“帝国主义最害怕工人运动，工人运动也许不应当那么激进。”

谭延闿告诉陈独秀：“唐生智特别讲过，他支持工人运动，但他的军官不同意。宋子文也赞成工农运动，但他的职责要求他不得不从政府的角度考虑问题，约束工人过高的要求，以利稳定财政状况。”

汪精卫对陈独秀说，他刚刚收到一封由五十余人签名的信函，对共产党人包办工农运动的动机表示怀疑。

汪精卫、谭延闿对工人运动完全不受国民政府控制表示不满，希望共产党在任何问题上都要同国民党进行讨论，并一致行动。

武汉国民政府最终决定，对帝国主义采取“战略退却”策略。

---

① 杨奎松：《国民党的联共与反共》，社会科学文献出版社2008年版，第203—204页。

经过二十多日的相持谈判，至4月25日，武汉国民政府与日本领事达成六条协定：

一、日本方面撤退水兵，拆除防御工事；

二、日商复业，发还华人工资；

三、武汉政府撤退驻防华界的军警和工人纠察队；

四、工人绝对服从政府，决不仇视日本人；

五、武汉政府负责保护日人生命财产；

六、俟适当时候再开谈判。

国民政府采取分化帝国主义的策略，力图使日本不与英美联合。自收回汉口英租界后，英国政府一直耿耿于怀，不断进行军事威胁，企图拉拢其他国家伺机反扑。深陷困境的武汉国民政府，不愿四面树敌。

由于国民政府不予支持，向忠发及湖北全省总工会领导的这场反日斗争，没能达到预期目的。

在日本帝国主义已经公开进行武装干涉、大肆屠杀中国同胞的情况下，继续对日本实行妥协策略，是国民政府在反帝问题上的右倾表现。李立三后来指出：当时武汉的路线比较正确，可是这个正确的领导很快转到机会主义方面去了，这一转变的关键是四三惨案。①

武汉国民政府在外交上实行“战略退却”的同时，在内政上也推行了一系列新的政策，其重点在于联络工商业者，压制工农群众运动。随着帝国主义、蒋介石集团对武汉地区军事威胁和经济封锁的加强，汪精卫把持的武汉国民政府开始日益右转。

汪精卫回国执掌政权后，认为武汉成为共产党人的天下，于是利用手中的权力，做出种种决定、训令和宣言，公开压制工人运动，对共产党人进行攻击。

为维持脆弱的国共关系，陈独秀赞同约束工人运动。

---

① 《中国共产党武汉史》，湖北人民出版社2001年版，第230页。

5月18日，武汉国民党中央发出训令，对工人运动规定许多条条框框，极力保护工厂主、商店老板及外资工商业者的利益，并训令各级党部不折不扣地予以执行。

5月23日，国民党中央破例直接向湖北全省总工会发出一道特别训令：

国民革命之同盟者，为农民、工人、商业者，国民党领导中国之国民革命，不但解放农工之痛苦，更须解放工商业者之痛苦，故工人于参加国民革命中取得其本身之利益，同时须要不忘同盟者工商业之利益，否则工商业者将离开国民革命之战线，而使其本身与农工利益两败俱伤，危及革命之前途。本党为集中执行革命纪律之力量，巩固党的权威及革命同盟之战线，兹特训令该会执行如下决议：

一、工人有违反纪律者，该工会得加以制裁；

二、违反纪律之工人，如情节重大时，仍应交政府机关处理；

三、除工人以外，工会不得有逮捕罚没及其他压迫之情事。①

在党内党外双重压力下，向忠发要求各级工会、纠察队、童子团一体遵照，并转令全体会员、队员、团员遵照，不得违反，同时以湖北全省总工会委员长之名发布命令，制定了五条执行办法：

一、一切裁判集中于总工会裁判委员会，各工会除调解及仲裁会员相互之纠纷及申诉不守纪律之外，其他违反纪律者之裁判概由总工会办理；

二、各工会会员如有违反纪律者，得报告总工会逮捕之，但在逮捕后四小时内，须送交总工会裁判委员会，不得私自扣押，尤不得先行殴打；

三、工会会员以外之人，各工会及工友概不得逮捕，即系反动派，各工会亦只可报告公安局或报告总工会转请政府机关逮捕之；

① 《汉口民国日报》，1927年5月26日。

四、在特别情形之下（如见有人散发反动传单标语，及放火劫物捣乱等）不及报告者，可先将人证拿获送交附近岗哨，或交送公安局、总工会，但不得有一小时以外之扣留，总工会接到此项人证后，数小时内送交政府机关办理；

五、各工会对于会员违反定章议决案及其他不正当行为，可执行一元以内罚款，其他超过一元以外之罚款，须由总工会办理，绝对禁止罚会外人之款。①

内忧外患之下，国共两党靠压制工人运动来维持彼此之间的团结，这条路能走多远，向忠发将信将疑，一脸茫然。

① 《汉口民国日报》，1927年5月26日。

第七章 风口浪尖

FENGKOULANGJIAN

二次北伐，前方流血牺牲，后方阴风四起。工人阶级挺身而出，全力维稳。北伐军返回武汉拱卫大本营，陈独秀命令解除工人纠察队。国民革命处于风口浪尖的十字路口。

国共分裂，风雨飘摇，向忠发再一次成为被通缉对象，被迫远走他乡。中共中央召开紧急会议，确定新的行动方针。向忠发作为反右倾斗争的勇士，全票当选中央政治局委员。

二十四

蒋介石在南京另立政府，与武汉国民政府对峙。国民革命军继续北伐，反动军官后方叛乱。讨伐叛逆，削平大难！湖北全省总工会竭尽全力，保卫革命大本营。

上海，1927 年 4 月 12 日凌晨。

身着蓝色短裤、臂缠“工”字袖标的青帮分子，从法租界乘多辆汽车分散四出，在闸北、南市、沪西、吴淞、虹口等区十四个地点，袭击工人纠察队。工人纠察队奋起抵抗，双方发生激战。国民革命军以调解“工人内讧”为名，强行收缴工人枪械，工人纠察队被解除武装。

这就是震惊中外的四一二反革命政变。

四一二反革命政变，由蒋介石导演、白崇禧指挥，是大革命从高潮走向失败的转折点。从此，中国政治风云突变，革命联合战线内部发生巨大分化。4 月 18 日，以蒋介石为首的国民党右派在南京另立政府，同保持国共合作的武汉国民政府相对抗。由于在北京尚有张作霖控制的军阀政府存在，全国一时形成三足鼎立的政治格局。

蒋介石集团的行径，激起武汉工人阶级的义愤。4 月 16 日，以向忠发为首的湖北全省总工会发出《讨蒋通电》，历数蒋介石勾结帝国主义、封建军阀，摧残工农运动，屠杀共产党人和革命群众的六大罪状。通电指出：

蒋介石在南京成立国民政府

> 蒋介石之反叛行为，在革命观点上为反革命，全国革命民众人人皆得而诛之；在党的纪律下为叛党，应即请中央开除其党籍，撤职惩办。湖北全省四十余万有组织的工人，誓死打倒帝国主义，打倒反动派，打倒叛党叛国、屠杀工农的新军阀蒋介石，以期北伐革命早日成功。

与此同时，湖北全省总工会下属的武汉店员总工会、泥木总工会、木船总工会、码头总工会等，也纷纷通电斥责蒋介石。4 月 17 日，武汉工人和各界群众，在阅马场举行三十万人的讨蒋大会，谴责蒋介石集团屠杀工人群众，背叛国民革命。

“打倒蒋介石”“镇压反革命”的标语，遍及武汉三镇，讨蒋通电如雪片飞出，大江两岸到处弥漫着讨蒋气氛。

在广大民众的大力推动下，武汉国民党中央及国民政府决定：开除蒋介石党籍，撤销其一切职务，并下令予以通缉。

四一二反革命政变后，东南各省陷入白色恐怖。蒋介石据有福建、浙江两省全部和江苏、安徽两省江南大部分地区；李济深控制了广东；武汉国民政府控制湖北、湖南和江西部分地区；在北方，张作霖正南下河南，觊觎武汉，对武汉国民政府构成很大威胁。

武汉处在军事包围和经济封锁之中，是东征讨蒋，还是北伐讨奉？武汉国民政府经过激烈争论，决定继续北伐，完成统一大业。

4 月 19 日，武汉国民政府在武昌南湖举行第二次北伐誓师大会，以唐生智及张发奎部为主力，进兵河南。与此同时，冯玉祥在西安宣誓就任国民革命军第二集团军总司令，准备与武汉北伐军会师。

为支援北伐，湖北全省总工会发出通告，号召全体工人服从武汉国民政府领导，维护后方秩序，走上北伐的最前线。各行业工会紧锣密鼓，积极响应。仅武汉码头工会就动员失业工人千余人，参加到救护伤员、运送物资、修筑道路、慰劳宣传的行列之中。

二次北伐进展顺利。5 月 13 日，北伐军在河南南部同奉军展开激战，取得西平、上蔡、逍遥等战役的重大胜利。27 日，北伐军与奉军张作霖主力及吴佩孚残部六七万人在临颍决战，将其主力全部击溃。北伐军乘胜前进，占领许昌、郑州和开封，与冯玉祥部在郑州会师。

为此，湖北全省总工会发出贺电：

> 顷得捷电，我军陷晨攻克郑州，复此名城，苦战将士，从此革命势力进展逼西北东南，解放民众，拭目可俟。敝会率五十万工友，以十二分诚意，致电慰劳，特电驰贺，敬祝成功。①

北伐军与奉系军阀决战河南的紧要关头，蒋介石趁火打劫，秘密策动国民革命军军官叛乱。驻防宜昌的独立第十四师夏斗寅部首先发难，勾结四川军阀杨森向武汉进攻，企图颠覆武汉国民政府，效忠蒋介石。

夏斗寅原是萧耀南手下一名旅长，驻军长沙。北伐军进攻长沙时，被迫反正，改编为国民革命军独立第十四师，向西警戒四川军阀，保卫武汉国民政府辖区的西门。

5 月初，四川军阀杨森向西进犯，夏斗寅佯为战败，以缩短防线为借口，将宜昌让给杨森。杨森进驻宜昌后，查封市总工会，逮捕工会干部和纠察队

---

① 《汉口民国日报》，1927 年 6 月 1 日。

员。宜昌总工会委员长徐佑根带领六十名工人纠察队员，在江面上扣留了一艘轮船，于8日晚到达武汉，向湖北全省总工会报告了宜昌方面的动态，为政府调集军队争取了时间。①

与此同时，夏斗寅率部顺江而下，擅自向武汉方向移动。13日，夏斗寅在武汉上游的嘉鱼登陆，命令部队沿陆路向武汉进攻。夏斗寅发出反共通电，扬言推翻国共合作的武汉政府，重建新政权。

夏斗寅部逼近到离武昌仅二十公里的纸坊，武汉局势异常混乱。反革命分子活动猖獗，几乎一夜之间，街上的宣传标语全部被撕毁。武汉人心浮动，危机四伏。

当时，武汉国民政府控制的军队主力开往河南作战，武昌仅有叶挺的二十四师一个新兵团担任卫戍任务。在此千钧一发之际，汪精卫控制的国民党领导核心惊慌失措，共产党人成为挽救时局的中流砥柱。

中共中央召开会议，建议把在武汉的机关、学校武装起来，同时抽调武汉卫戍部队，成立中央独立师，由叶挺统一指挥，开赴武昌前线，迎击夏斗寅部。

中共中央的建议得到国民政府的采纳。

“讨伐夏逆，削平大难！”向忠发代表湖北全省总工会发出倡议，武汉工人阶级闻风而动。工人运动讲习所学员编入中央独立师补充第二营第五连；三千余工人纠察队员在叶挺指挥下，连夜开赴前线；铁路总工会组织铁道交通队，修复被叛军破坏的道路。

武汉店员工会召开四千余人的动员大会，向忠发前去讲话，要求工人阶级担负起维护武汉安宁的责任。他说，革命的根据地巩固起来，中国的革命才有把握。会后，省总工会征招工人义勇队员的通告发出不到四小时，应征者即逾千人。②

平叛部队开赴前线后，武汉三镇的内部岗哨全部由工人纠察队把守。工人纠察队荷枪实弹，主力移驻武昌，竭力维持通往前线的交通，前线所需的供应和人力得到源源不断的接济。

---

① 《湖北工人运动史》，湖北人民出版社1996年版，第229页。

② 《中国共产党武汉史》（1919—1949），湖北人民出版社2001年版，第226页。

武汉后方兵力空虚，反动分子蠢蠢欲动，谣言四起。于是，童子团全体出动，担负起维护汉口秩序的任务。

劳动童子团团员身着蓝制服，手执木棍棒，在街头巷尾站岗放哨、日夜巡逻，守卫主要街道和重要设施。由于人手紧，有时没有人来换岗，但他们毫无怨言，绝不擅自撤岗。凡是可疑行人，都要上前盘问。大街小巷，到处闪现着鲜艳的红领巾。

就在这时，河南前线送回五千伤员，缺少护理人员，童子团团员又承接了护理伤员的任务。他们耐心地给伤员喂饭、换药、洗衣服，还给他们唱歌、讲故事，受到伤员的一致赞扬。

为协助政府维护社会治安，湖北全省总工会向各行业工会发出通知，并命令武汉店员总工会转令各钱业店员，切实调查各钱庄所存铜圆数量，督促各钱商依照规定价格兑换铜圆；要求各商会、商民协会严饬各商店行号，照章安心营业；责成粮食总工会动员全体工友，调查和收集所有谷米杂粮供应武汉民食；命令码头总工会和车工总工会禁止码头工友和各种车辆替人搬家，稳定人心。

根据省总工会指示，武汉工人纠察队没收了资本家故意关闭的十五家工厂，组织工人委员会管理。店员工会积极开展与奸商的斗争，不准资本家携款潜逃，打击投机行为。汉阳兵工厂工人加班加点，每天工作十三至十七小时，保证前线急需的武器和弹药。

武汉三镇的社会秩序很快恢复平稳。

为平定夏斗寅叛乱，武汉工人和各界群众发动强大的宣传攻势。武汉码头总工会组织工人宣传队，鼓励工人阶级团结起来，为保卫武汉而斗争。他们编写了一首顺口溜，揭露夏斗寅的罪恶嘴脸，广为传唱：

逆贼夏斗寅，本不是好人，依过赵恒惕，害过湖南人，做过吴佩孚的贼司令，反复无常真小人。后来得罪吴佩孚，逃来投降革命军。政府看他这小子，似乎还有点人心，让他做师长，宜昌去坐镇。杨森大胆来造反，政府令他去讨平，他不努力去讨贼，反倒私通了贼人，偷偷地他回转身，竟想夺取武昌城。他的军队如土匪，奸淫劫掠乱纷纷，所过州县如水洗，杀了工人杀农人。好大胆的狗贼人，青天白日敢横行。前有叶挺大队伍，后有农民自卫军，更有中央独立师，马上叫他活不成。奉劝民众们，不须小怪与大惊。区区反动派，打倒不消一早晨。纸币照常去使用，米店照常来开门。农工商学团结起，齐来肃清反革命，巩固革命根据地，援助河南北伐军。这是我们的大责任，要紧要紧真要紧。①

谈到夏斗寅叛乱，向忠发后来说：

当时，省委、中央都没有给我们办法，我们只有自己起来维护武汉的秩序，维护市面金融，维持粮食，并且逮捕反动派，做得非常有效。武汉每天有几千人搬家，弄得非常恐慌。总工会一面集会支援，一面派队宣传。结果一星期，我们弄得风平浪静。②

后方全力维稳，前方流血牺牲。经过几次激烈战斗，平叛部队连克纸坊、土地堂、贺胜桥，直达咸宁，将夏斗寅部全部击溃。担任中央独立师党代表的恽代英后来在总结胜利的大会上说：我们所以胜利，是因为不怕死，人人都有死的决心，而且每次打仗都得到工农的帮助。

赤都武汉，暂时转危为安。

① 《武汉工人运动史》，辽宁人民出版社 1987 年版，第 127 页。

② 李蓉：《中共六大轶事》，人民出版社 2010 年版，第 172 页。

二十五

陈独秀穿上工人纠察队制服，被代表们抬了起来，抛在空中。中共五大未能指明中国革命的前进方向，但一大批精英进入中央委员会，对中国革命影响深远。

蒋介石在南京另立政权，国内局势迅速逆转。武汉国民政府名义上还是革命政府，可各种矛盾和危机相互交织。他们虽然大喊打倒新军阀，开除蒋介石的党籍，但其行动日益右转。

大革命已经遭受局部失败，处在生死存亡的危急关头。面对错综复杂的社会矛盾和尖锐激烈的政治斗争，中国共产党人需要清醒地认识形势，采取果断措施，指明中国革命的正确方向。中共五大就是在这样的背景下召开的。

然而，中共五大没有肩负起自己承担的历史使命。

1927 年 4 月 27 日至 5 月 9 日，中共五大在武汉举行。出席大会的代表八十二人，代表全国五万九千名党员。大会在武昌举行开幕式后，随之迁往汉口黄陂会馆。向忠发作为湖北代表出席，并被选为大会主席团成员。

据大会代表张金保回忆，在武汉举行的第五次全国代表大会上，陈独秀、瞿秋白、蔡和森、李立三、罗章龙、向忠发等人，坐在主席台上。

大会开幕那天，共产国际和国民政府代表到会祝贺。共产国际代表罗易在致词中谈到无产阶级作为革命领袖和农民领袖的作用问题。国民党代表徐谦在祝词中虽然没有点名道姓，却反唇相讥：中国共产党是无产阶级的政党，

出席中共五大的部分代表，右二为向忠发

所以应当领导无产阶级；国民党是农民的政党，所以应当领导农民。这就是结论，中国共产党必须离农民运动远一点儿。

热闹的场面，掩饰不了代表们内心的痛苦。大会开幕之前，中共失去了上海、广州、北京三个重要的区委组织。大会进行的第二天，著名共产党人李大钊，在北京被军阀张作霖残忍杀害。

会议期间，大会主席团特地做了一套蓝布工人纠察队制服，让陈独秀穿上，表示他代表工人队伍。陈独秀穿上这套制服后，向忠发和部分代表把他抬了起来，抛在空中。①

大会开幕后，代表们休息两天，共产国际代表团就大会主题与中共中央磋商，力求使大会不发生长时间的争论，力求大会就革命前途及党的领导等通过明确具体的决议。

身着长衫的陈独秀侃侃而谈，做了长达六个小时的报告，主要报告过去的工作，对未来既不分析，也不指出前途。休息时，罗亦农走到瞿秋白的面前叹息地说了声："糟糕。"

第二天，当代表们走进会场时，惊奇地发现一本本由瞿秋白撰写的《中国革命中之争论问题》，放在每个人的座位上。瞿秋白一针见血地指出："我们的党有病，病的名词叫彭述之主义"，"中国共产党内有派别，有机会主义。

① 《中国共产党第五次全国代表大会》，中共党史出版社2007年版，第274页。

如果不公开揭发出来，群众和革命就要抛弃我们了！”

恽代英看后说：“这个标题很好，写得尖锐”，“中国革命么，谁革谁的命？谁能领导革命？如何去争取领导？领导人怎样？问得实在好！”

彭述之却咕噜着：“见了鬼了。”

会议讨论时，蔡和森、张太雷、李立三等人纷纷发言，批评陈独秀的错误。以团中央书记身份参加大会的任弼时毫不留情地指出，陈独秀的政治路线是错误的，是主动放弃无产阶级在民主革命中的领导权，对于国民党不敢批评而只是退让，是毫无独立的阶级政策。

选举那天，大会主席团提出一份中央委员候选人名单，过去在上海和北方负重要责任的同志不在其列，甚至与陈独秀接近的人也被抛在一边。这个名单的倾向性如此明显，以致罗易不得不站出来抗议。他说，像彭述之、罗亦农两同志，这个名单里竟没有列入。他们过去负了如此重要的责任，即使犯错误了，新领导机关仍需他们参加。

国际代表如此干涉，这两人名字终于加进候选名单，表决时也通过了。新中央成立后分配工作，彭述之被派往北京，接替李大钊的位置。

陈独秀虽然继续当选总书记，但威信受到挑战。

中共五大，中央委员会扩大到四十五人，其中正式委员三十一人，候补委员十四人。进入中央委员会的，既有各地的实际工作者，也有一部分工人同志。向忠发因为对国民党右派坚决斗争的态度和领导武汉工人运动的显著成绩，第一次当选中央委员，位列第九，排名居前。苏兆征当选中共中央政治局候补委员，成为工人出身进入中央政治局的第一人。

建党之初，中共第一届和第二届中央委员会全部由知识分子组成。随着工人运动的迅猛发展，中央注重从工人中发展党员，并将其中的优秀分子选拔到中央领导集体中来。1923 年 6 月，中国共产党第三次全国代表大会选举产生中央委员会，中央执行委员会成员由九人组成，其中工人出身的委员就有三人。这是中国共产党创立以来，工人出身的党员第一次进入中央委员会。

与中共四大相比，五大选出的中央委员增加了三倍还多。在轰轰烈烈的大革命高潮中涌现出来的党的一批精英，如毛泽东、周恩来、刘少奇、任弼时等，都进入了党的中央委员会，当然也包括向忠发。这对中国革命的影响，自然极为深远。

据中共五大历史档案记载，向忠发既是大会主席团成员，也是大会职工运动委员会委员。大会通过的《职工运动决议案》强调：为动员广大工人投入革命斗争，必须提高工人的生活，救济失业工人；要求建立工人纠察队，发动工人到军队中去，使军队革命化；要求武汉政府制定和颁布劳动保护法、工厂法和最低限度工资等。

《职工运动决议案》在当时有很强的针对性。

武汉失业工人，1925 年前后一直在五万人上下。北伐军占领武汉后，特别是蒋介石发动反革命政变，勾结其他军阀，对武汉实行包围、封锁和破坏，失业工人范围扩大，失业人数增加到二十万人，约占全市人口的四分之一。失业问题成为武汉当时最大的政治问题与社会问题。①

向忠发对武汉工人的生活状况了如指掌，要求各行业工会对失业工友进行统计。中共中央宣传部直接领导的《汉口民国日报》，曾发布《武汉失业工人调查》一文，引起全社会的高度关注。

中共五大会议前后，向忠发向武汉国民政府提出《武汉失业工人救济安插计划书》，建议政府设立“失业救济局”，研究救济办法，可由省市政府将祠堂、庙宇、善堂收回，筹集善款，做失业救济费，将关税附加百分之一以救济工人，由政府向各店铺抽收失业救济金，并请求拨款建筑大棚三所，容纳码头失业工人。

国民政府很快采纳了向忠发的建议，成立战时经济委员会，解决失业问题。担任国民政府劳工部长的苏兆征亲自负责，与李立三、刘少奇、向忠发一起，接管资本家故意歇业的工厂商店，促使其开工开业。

5 月 14 日，湖北失业工人救济局成立，武汉著名工人运动领袖张计储任局长。救济局争取到大批款项后，在慎昌墩子、大智门及联保里侧隙地为失业工人建筑宿舍，并先后发放十多万元救济津贴。当时，尽管武汉经济很不景气，武汉失业工人每天仍可领到二角生活补贴。

武汉失业工人以建筑、码头工人居多，省总工会还同有关方面协商，拟

① 《武汉失业工人调查》，载 1927 年 5 月 18 日《汉口民国日报》。

兴建政府基建工程，如加修马路，拆除武昌城墙，以工代赈；组织失业工人成立运输队，为第二次北伐运送军事及后勤物资。

这些措施虽然收到一定成效，但毕竟只是权宜之计，不能从根本上解决武汉政府面临的问题，也不能从根本上改善工人阶级的生活状况。这也是导致大革命最终失败的原因之一。

中共五大闭幕不久，太平洋劳动大会在武汉召开。这次大会的目的，主要是交流太平洋地区各国工人运动斗争的经验，增强这一地区工人阶级的团结，组织被压迫阶级和被压迫民族的联合战线；同时号召各国工人阶级行动起来，反对帝国主义威胁中国革命，声援中国工人阶级反对帝国主义和蒋介石集团的斗争。

太平洋劳动大会原计划在广州举行，由于广东军阀已经倒向蒋介石一边，因而改在武汉召开。

5 月 17 日，汉口各工会代表在血花世界大剧场举行欢迎大会，向忠发首先致词，欢迎全世界革命领袖齐集武汉，指导和帮助中国工人阶级谋求解放。接着，赤色职工国际委员长罗佐夫斯基致词，号召全世界无产阶级联合起来，站在中国劳动工人身边，尽力帮助革命，打倒一切反革命派。

5 月 20 日，太平洋劳动大会举行开幕典礼，日本、苏联、朝鲜、法国、美国、英国等国的工会代表，以及由苏兆征、李立三、向忠发、林育南等十五名中国代表组成的中国工会代表团，一起参加会议。武汉各团体机关观礼之代表，坐满会场，充满革命气息。

太平洋劳动大会历时七天，互相介绍工人运动进行情况与斗争经验，一致认为世界劳工运动当务之急在于团结一致地进行战斗。西方工人的斗争和东方工人的斗争紧密地联系起来，是工人阶级解放的根本条件。代表们认为：中国革命运动可以动摇帝国主义的基础，中国革命的成功，将是帝国主义灭亡的前夜。因此，各国工人阶级应该一致起来援助中国革命，应该更明确、更有组织地反对帝国主义武力干涉中国革命，扩大反对侵略中国的运动。

会议期间，向忠发陪同赤色职工国际委员长罗佐夫斯基考察武汉的工人状况，给其留下了良好的印象，两人从此结下了深厚友谊。武汉工人阶级虽然面临严重经济困难，但他们斗志昂扬，听从指挥，担负重任，有所作为。罗佐夫斯基有感而发：中国的革命已为世界革命所瞩目，中国的工人现在都有了觉悟，联合起来向帝国主义进攻，这是极伟大极可喜的事。

向忠发的名字，开始出现在国际舞台。

这时候，汪精卫集团的反动倾向日益明显，公开推行一系列压制工农运动的法令和措施，武汉形势更趋危急。为应付这一局势，明确工人阶级的战斗任务，紧接着太平洋劳动大会之后，第四次全国劳动大会于6月19日在汉口中央人民俱乐部开幕。

当天，除正式代表四百余人出席大会外，凭票列席旁听的武汉地区工人代表亦有两千余人。会场情绪十分热烈，口号声、欢呼声此起彼伏。开会前，李立三、刘少奇、向忠发与各地代表同唱国际歌、国民革命歌，以联络彼此感情，激发革命情绪，鼓掌之声响彻会场。

中共中央给大会发来贺信说，工人阶级当前的任务是：集中工农阶级的势力，领导工人阶级和小资产阶级，结成工、农、小资产阶级的同盟，向共同的敌人作战。大会的中心口号应该是“工农小资产阶级的革命联盟”。

第四次全国劳动大会，是对帝国主义和国内反动势力的声讨和示威，是对汪精卫集团压制工人运动的抗议。大会号召工农阶级英勇起来，反对一切反动势力。对于帝国主义和反动势力攻击污蔑工农群众运动的行为，大会给予了严厉驳斥。会议指出：国民革命是以群众的力量而摧毁封建制度的基础，因而在革命过程中，群众激烈的革命行动，客观上是必然要出现的。如果指责群众的革命行动“过火”，无疑是否认革命。

大会庄严宣称：无论付出多大牺牲，中国无产阶级将坚持到底！

二十六

中央决定公开解散工人纠察队，向忠发前往中央机关与陈独秀申辩。“文化大革命”期间，武汉工人纠察队交枪事件，成为强加在刘少奇头上的一大“罪状”。

太平洋劳动大会和第四次全国劳动大会所制造出来的革命气氛，虽然一时振奋了人们的革命精神，但武汉的局势一天比一天严峻，汪精卫集团已由限共、抑共发展到公开反共了。

国民党内的左派领导人无所适从，宋庆龄、邓演达、陈友仁、徐谦等交换意见后，主张建立一个新的组织——第三党，以继续领导国民革命，这就是我国现有的八个民主党派之一的中国农工民主党的前身。

6 月 10 日，冯玉祥、汪精卫在郑州举行会议，达成反共协定。唐生智部从前线撤回，河南防务由冯玉祥担任。北伐军返回武汉，控制武汉局势，镇压两湖工农运动和共产党人。

二次北伐的军队从河南撤回后，扩充为第四集团军，唐生智任总司令，下辖两个方面军：将第八军（军长李品仙）、第三十五军（军长何键）、第三十六军（军长刘兴）编为第一方面军；将第四军（军长黄琪翔）、第十一军（军长朱晖日）、暂编第二十军（军长贺龙）编为第二方面军。

6 月中旬开始，李品仙的第八军与何键的第三十五军开始向工人纠察队挑衅。他们挑拨制造工人纠察队与国民革命军的矛盾，诬蔑工人纠察队图谋不轨，为其反革命活动寻找借口。

6 月 13 日，向忠发以湖北省总工会名义，向国民党中央和武汉国民政府提出“保护工人运动的强烈要求”。就在这一天，汪精卫在国民党中央会议上做出了“解决武汉工人纠察队”的决定，由三十五军军长何键秘密准备执行。

工人纠察队的处境十分危险，向忠发领导省总工会采取紧急措施，进行反击。一方面派出大批工人宣传队，向市民揭露其险恶用心，以正视听；另一方面发动基层工会与国民革命军联欢，宣传工兵联合的友谊，增进相互了解；同时抓获了一批造谣分子，进行处罚后在报上公布，使谣言不攻自破。

6 月 27 日晚，中共中央军事部得到情报，“何键等人编造谣言，以武汉工人纠察队要缴三十五军的枪为借口，今夜有举事之说”。迹象表明，这和许克祥发动“马日事变”如出一辙。

1927 年 5 月 21 日晚，国民革命军第三十五军第三十三团团长许克祥，调动军队袭击湖南省总工会机关，收缴工人纠察队的枪械，捕杀共产党人和革命群众，使长沙笼罩在白色恐怖之中。因 21 日的电报代日韵目是“马”字，史书上称此事件为“马日事变”。

蒋介石在南京发动四一二政变，许克祥在长沙发动马日事变，皆以工人纠察队为借口。前事不忘，后事之师。6 月 28 日清晨，陈独秀在苏联顾问鲍罗廷的住宅，召开中央政治局紧急会议，商议此事。

武汉工人纠察队何去何从，会议认为有两条路可供选择。

一条路是坚决抗击。这条路表面上看是革命行动，实际上对革命最为不利。当时敌我力量悬殊，何键、李品仙在汉口、汉阳已经集中了数万全副武装的正规部队，并已经做好了发动军事进攻的准备。工人纠察队只有五千人、三千支枪，大多数队员缺乏严格的军事训练，没有战斗经验。与共产党人有密切联系的叶挺、贺龙部队在长江以南的武昌一带，因交通条件限制，难以给予援助。如果孤注一掷，会给汪精卫大规模屠杀共产党人和工人群众提供口实。正因如此，在这次紧急会议上，没有人主张走这条路。

另一条路是把队伍带到武昌去，加入叶挺、贺龙的部队。中央军委和湖北省委军事部主张走这条路，并且已经和第二方面军总指挥张发奎谈妥，问题在于工人纠察队如何才能安全过江。

中央政治局通过多方分析比较，最后决定：公开宣布解散工人纠察队，把一部分枪械交给李品仙、何键，暗中保存纠察队骨干和大部分枪械，伺机输送到叶挺、贺龙部。这样既可以保存革命力量，又可以消除工人暴动的口实。

关于这次会议的情况，蔡和森回忆说：

恩来、太雷皆报告何键起事之消息甚盛，同时散布总工会纠察队将缴三十五军枪械之谣言，与马日事变同一把戏。平山报告邓演达出走，临行希望 CP 注意汉口之马日事变的到来。据他所知，何键一定开刀无疑云。同时，太雷提出纠察队、童子团问题今日一定要解决。恩来报告中央军部与省委军部业已决定于今日下午将总工会纠察队调过武昌入张发奎军，并已与张交涉好，但为避免耳目计，过河时不穿纠察队衣服，也不携枪。和森说：这实际上是解散纠察队了，何不率性公开宣布，以消灭何键暴动之借口。大家遂决定公开宣布解散纠察队，实际编入张军。

中共中央作出决定后，交由湖北全省总工会立即执行。[①]

当天，向忠发正在参加第四次全国劳动大会，会议已经接近尾声。得知中央的决定，向忠发怒不可遏。为了保住这支辛辛苦苦建立起来的革命武装，他不顾一切地前往中央机关找总书记陈独秀申辩。后来，他在中共六大上说：

我们对于纠察问题，觉得非常奇怪。省委乱听说外面的谣言，问题实际上怎样呢？纠察队的纪律森严，自然我们也不能完全否认没有小的错误，党军事委员会只注重政治部军长的工作，而不注重下级纠察队的工作。项英要求党派人来，不下五十次，党总没有派来，党以为纠察队可以不要，当时我们常务委员会又肯定，然而党不同意。

那天下午，党就命令刘少奇和我到李品仙处谈，进去说了一大顿，李品仙的态度还好，用外交官僚手段对我们说，纠察队训练较好，叫我

---

① 《蔡和森的十二篇文章》，人民出版社 1980 年版，第 94—95 页。

们别听谣言，还是安心工作。夜晚11时，中央的命令来了，我气极了，就要从中央去。许白昊挽住我说是鲍罗廷的退让主张。他还是这样说：算了吧，总比在吴佩孚底下好做工作些！我绝对反对这样的说法。到了中央，一个人也没有看见。

天亮了，友益街闹得一塌糊涂，东西都被抢，我们又去找李品仙，后来才派一个副官来敷衍，并且还说总工会取消武装。我又去找张太雷（湖北省委书记），要他到中央去。太雷说，这是老鲍的主张。他又叫我会李品仙，恢复纠察队二十人，我就将这意见提交常委会通过，又跑到李品仙去谈判好了，恢复二十人后，秩序也恢复了些。那时负责人都躲起来，而不去怎样的建立秘密工会。这样形势，不但是退让，而且是投降。①

刘少奇得到中央命令后，当即雷厉风行。一面致函武汉国民政府军事委员会，请求保护；一面致函武汉卫戍区汉口办事处，约定29日上午10时派员到总工会点收枪支弹药，同时向社会发出《解散纠察队的布告》：

现在武汉反动派企图挑拨工兵之感情，制造种种谣言，中伤本会纠察队，以致飞短流长，混淆外间闻听，影响工农联合战线。本会为避免反动派借口武装纠察队造谣起见，业于本月28日，将纠察队全体解散。所有前领枪弹，并经交存政府，一面仍请政府派兵保护工会。深恐外间不明真相，致滋疑窦。为此布告，仰各界人等一体知照。②

就在布告发出的这一天，湖北全省总工会将工人纠察队的枪支、童子团的木棍集中起来，捆扎得整整齐齐，送到武汉卫戍区汉口办事处。

中共中央的退让政策，实际上只是一厢情愿。汪精卫分共政策已定，绝不是解散一个纠察队、交几支枪所能制止和避免的。这种妥协并没有获得国民党方面的同情和让步，反而使其更加肆无忌惮。

① 李蓉：《中共六大轶事》，人民出版社2010年版，第173页。

② 《武汉工人运动史》，辽宁人民出版社1987年版，第238页。

6月28日，何键率部移居汉口，控制汉阳，并公开发表训令，在大肆污蔑工农运动、高呼铲除各种“暴徒”之后说：从前或以为工农运动幼稚，工作过火，发生错误；迄今考察，乃知不然，纯系共产党暴徒之策略，并非幼稚过火之错误，不过借此名词，以掩其阴谋耳。

事实上，这是何键向共产党人下达的讨伐令。

武汉工人纠察队交枪后的当天夜晚，汉口驻军一个连强占全国总工会和湖北全省总工会大楼，进行肆无忌惮的破坏。当时在武汉的美国女记者斯特朗，在其著作《千千万万的中国人》中写道：

> 军队突然占领了全国总工会大楼，并开始抢劫。这事发生在凌晨，事先没有接到任何警告。当时工会干部都不在，一个忠于职守的勤杂工提出抗议而头部被打破。消息很快传遍全城。象中国所有别的地方一样，汉口军队也镇压工会了。我在鲍罗廷办公室的外间等着会见时听说了这个消息。我看见李立三匆忙走过，脸色黄白，没有认出我来。我们一并前往全国总工会，可是士兵把我们赶了出来。

反动分子利用工人纠察队解散之机，进行破坏活动。6月28日当天，流氓四出，抢劫工会财产。晚11时，马车行店东，地痞一百多人手持凶器，闯进汉口六渡桥马车分会，将该会委员长和两名工作人员捆绑拷打，并勒交存款。

据湖北全省总工会当时给《民国日报》的函件透露：

> 燃料业总工会、煤业第一分工会，均有反动分子捣乱，并将工会负责人易气化、王树棠二人捆去，不知下落。又有理发工会店东周玉三，勾结工贼意图捣乱，将理发工会会牌毁灭，发示愤怒。

29日上午，国民党中央政治委员会举行第三十三次会议。汉口市党部詹大悲讲到湖北全省总工会“昨天自动将纠察队解散，将枪支都送交卫戍司令部”问题时，全场震惊。

迫于共产党人和国民党内左派的压力，汪精卫只得说：此次湖北全省总工会解除纠察队的武装，纯出于自动的诚意，并指示军事委员会草拟命令，撤除湖北省总工会大楼的士兵。

当时在中央农讲所学习的涂国林回忆说：

> 几天前，我曾到汉口血花世界的工人纠察队总部找个朋友，看见队员们都是雄赳赳的。但过了两天再去时，他们一个个垂头丧气，手中武器也没有了。我问这是怎么回事？他说：哪个晓得，奉命缴械了。①

工人纠察队交枪之后，许多人难以理解，失声痛哭。为此，湖北全省总工会于7月1日发表通电进行宣传和解释：为巩固革命战线，灭绝反动派借口起见，特于6月28日自动停止纠察队武装，请政府保护，以示拥戴之诚意。此后望我中央政府切实指导工人运动，使群众有政策遵行，革命有巩固基础。尤望严查一切反动派，加以惩办。

7月2日，湖北全省总工会在汉口血花世界总理纪念堂召开十四次代表大会，向忠发向与会代表报告了解散工人纠察队的原因及经过。同日，总工会发表了《告工友书》和《告军士同志书》，进行宣传解释。

武汉工人纠察队交枪事件是大革命后期一起重要事件。对于这起事件的性质评价，学术界至今未能取得一致意见。

“文化大革命”期间，林彪、江青集团不顾历史事实，混淆视听，将武汉工人纠察队交枪事件，说成是刘少奇的过错。诬蔑刘少奇窃据湖北全省总工会秘书长职务，破坏工人运动，解散工人纠察队，并将“叛徒”“内奸”“工贼”的罪名强加在他的头上。

1980年2月29日，中共十一届五中全会为刘少奇平反。大会通过的《决议》指出：当时以陈独秀为首的中共中央屈服于武汉政府的压力，为维护国共合作和所谓兵工团结，决定自动解散工人纠察队武装。这个错误是陈独秀推行右倾机会主义所造成，主要责任在中央的领导。

---

① 《星火燎原》选编之一，解放军出版社2009年版，第52页。

二十七

国共两党分道扬镳，“捉拿向忠发”的标语铺天盖地。八七会议对陈独秀的指责，增加了向忠发的政治资本。他没有出席八七会议，却全票当选中央政治局委员。

对于陈独秀的妥协退让政策，党内干部越来越不满意。7 月 12 日，在共产国际代表的支持下，中共中央进行改组，陈独秀离开总书记岗位，张国焘、李维汉、周恩来、李立三、张太雷五人组成临时常委会。与此同时，中央调整了湖北省委领导成员，罗亦农任省委书记。

临时中央政治局采取了一系列应付突然事变的处置措施：暴露身份的重要干部立即转移，调离湖北，执行其他任务；没有暴露身份的干部，隐蔽下来继续工作；在国民政府中担任职务的同志，退出国民政府。

根据中央指示，向忠发以生病为由，辞去国民党武汉市政府委员一职，并立即转入地下，设置秘密办公地点。湖北全省总工会公开事宜，由汉阳钢铁厂工会委员长黄五一负责办理。

7 月 15 日，汪精卫控制的武汉国民政府悍然举行“分共”会议，标志着第一次国共合作全面破裂，轰轰烈烈的大革命宣告失败。从此，白色恐怖由武汉扩展到湖北全省。

风云突变，关于湖北全省总工会的流言蜚语不胫而走，许多人束手无策。为消除广大工友的疑虑，激励大家的斗志，向忠发、许白昊联名刊登启事，连续登载在《汉口民国日报》上：

近日外间谣传谓鄙人等卷款潜逃，总工会亦已改组云，实属不值一笑。鄙人等系属工人阶级，与湖北工人同生死共患难六七年，于兹，在吴佩孚压迫之下尚誓死为工人利益奋斗均遭拘押，在此国民政府首都之下，总工会如改组须经过正当手续，依照本会章程及代表大会决议，召集全省工人代表大会决议施行，任何人不能逾越此种手续。鄙人等每日均照常在总工会工作，凡我全湖北工友，务望勿轻听谣言，致中反动派诡计为要。恐未周知，特此启示。①

政治局势复杂，情况瞬息万变。为挽救中国革命，临时中央政治局义无反顾，决定以中共掌握和影响的部分国民革命军为基本力量，在南昌武装暴动。为分散武汉国民政府的注意力，配合南昌起义，临时中央政治局同时决定武汉工人举行总同盟罢工，同国民党反动派进行顽强抗争。

但当新上任的湖北省委书记罗亦农把这一决定告诉向忠发时，向忠发很不赞同。自工人纠察队自动解散之后，工人领袖逃避一空。多天召集不起各产业负责人会议，别说群众示威，就连动弹都无可能了。②

罗亦农即便舌干唇焦，也没能做通向忠发的工作。在俄国顾问的帮助下，向忠发被转移到法租界一栋洋房里。美其名曰对他进行安全保护，实际上是防止其对正在组织发动的武汉总同盟罢工产生负面影响。

尽管向忠发不同意中央这一决定，但武汉工人同盟总罢工依旧在艰难地进行。中共湖北省委紧锣密鼓地部署这一行动计划时，反动当局侦悉了这一消息，并在武汉三镇开始戒严，加紧防范。

8 月 2 日，武汉工人总同盟罢工如期爆发，参加罢工的人数在七万以上，没有达到设想的规模，汉阳兵工厂成为这次罢工的重点。

汉阳兵工厂一向组织严密，工作基础较好。汪精卫宣布“分共”后，第三十五军当日进驻该厂，封闭工会场所，大肆逮捕或开除工人。8 月 2 日清

① 《汉口民国日报》，1927 年 7 月 25—31 日。

② 《湖北革命历史文件汇集》甲三，1984 年内部出版，第 65 页。

晨，工人们如约前来厂区参加罢工时，荷枪实弹的军队闻讯而来。

工人们视死如归，听到罢工汽笛拉响之后，一齐拥向西厂门外。工会委员长胡锡泰站在三张桌子搭成的讲台上，慷慨激昂，发表罢工演说，斥责反动军队迫害工农，出卖国民革命。

军队架起机枪，包围了整个会场。工人们也不甘示弱，从厂内抬出准备好了的机枪，架在四周屋顶上，与军队对峙。

双方剑拔弩张，血案一触即发。

由于一批工人领袖有的被捕，有的出走，部分行业的罢工计划未能实现；已经罢工的行业在反动政府的高压之下，陆续复工。汉阳兵工厂势单力孤，难以持久，虽然付出了惨痛代价，两周之后仍被迫复工。

八二同盟总罢工失败了，国民政府变本加厉。在疯狂进行武力镇压的同时，国民党中央党部派张铁君以特派员身份接收湖北全省总工会，配合国民党党政军机关侦查、逮捕工人骨干，破坏工人组织，强迫各厂矿企业或行业工会进行登记，接受“整顿”和改组。

张铁君一上任，立即发出通告，历数湖北全省总工会和向忠发的“罪状”：

> 国民革命军入鄂之后，工人已得政治上之自由，宜如何休养生息，充实工人阶级之力量，参加国民革命与革命政府工作，以求工人之最后解放。乃工贼向忠发不此之图，以我工人群众为可欺，任意操纵，使湖北全省总工会与谋工人利益之旨相反，更与领导工人参加国民革命相违。近该工贼越弄越凶，意欲煽动武汉工人罢工，推其用心，非要推翻我革命政府，引蒋介石逆军西来，以尽屠杀我革命工人不止。该工贼对政府则为革命之叛逆，对于工人则为引蒋军屠杀之虎伥。幸我武汉革命工人不为所愚，该工贼所发之罢工命令完全无效。①

张铁君大骂向忠发为“工贼”，从此向忠发又多了一个绰名。

① 《汉口民国日报》，1927 年 8 月 8 日。

根据张铁君的请求，武汉国民政府中央工人部部长陈公博、湖北特别委员会委员孙科联名呈报国民党中央，要求将向忠发通缉捉拿：

窃查湖北全省总工会委员长向忠发，本属共产党徒，自共产党脱离本党后，该向忠发竟敢公然反对本党政府，假借湖北全省总工会名义，煽动罢工，密谋捣乱，厥其罪实无可逭。现据报告，该逆已经惧罪潜逃，湖北全省总工会已无人负责等语。公博等为保护工人利益，实施本党农工政策起见，特派张铁君前往接收，组织办理，庶几该省工会指导有人，革命基础日臻巩固。除令张铁君克日前往接收外，理合呈报钧会，察核办案。并请咨询国民政府，通缉在逃之向忠发，严加究办，以昭纪律云云。①

“活捉向忠发”的标语，贴满了武汉三镇。

面对国民政府的高压政策，武汉工人阶级在逆境中临危不惧，采取多种方式坚持战斗。他们冒着生命危险，一度夺回被国民党军队占领的省总工会机关，并攻破两处监狱，解救被监禁的共产党员、工会领袖和人民群众八百余人。

1928 年 1 月，湖北全省总工会第二次代表大会在汉口秘密召开，与会代表一致推选向忠发继任总工会委员长。

大革命时期武汉涌现出来的一批工人领袖，在后来的革命征途上，大都信念坚定，紧跟党走，前仆后继，流血牺牲。翻开湖北省总工会史料，我们可以看到一串串血染的姓名：

胡锡泰，汉阳兵工厂工会委员长，1927 年 8 月在八二同盟罢工中牺牲；

黄五一，汉阳钢铁厂工会委员长，湖北全省总工会执行委员，1928 年 1 月牺牲；

① 《汉口民国日报》，1927 年 8 月 8 日。

张计储，武汉码头总工会委员长，后任中共鄂西特委书记，1928 年牺牲；

陈春和，武汉工人代表会负责人，后任湖北省监察委员会书记，1929 年牺牲；

夏文法，武汉染织总工会委员长，后任中共湖北省委书记，1929 年 3 月就义；

法荣廷，大冶钢铁厂工会负责人，后任中共湖北省委常委，1929 年 3 月就义；

黄格谦，汉阳兵工厂工人纠察队大队长，1930 年因叛徒指捕牺牲；

祁松亭，武汉人力车工会委员长，后任中共武昌区委书记，1930 年牺牲；

……

向忠发是人所周知的共产党人，又被国民党方面通缉捉拿，在武汉目标太大，难以存身，随时都有生命危险。中共中央安排他南下，追赶南昌起义的队伍，可他犹豫不定，没有成行。后来，武汉的政治环境日趋恶劣，他就带着家眷离开武汉，潜伏在湖南乡下。

向忠发离开武汉后，临时中央政治局召开紧急会议，决定审查旧政策及旧指导机关，确定新的政策。紧急会议原定 7 月 28 日举行，因当时形势险恶，交通异常不便，时间十分紧迫，外地代表难以成行，因而延迟到 8 月 7 日。在汉的中共中央委员，中央监察委员，共青团中央、中央军委及湖南、湖北和上海党的负责人参加了这次会议。

在汉口俄租界三教街秘密召开的这次会议，史称八七会议。会议给思想混乱、组织涣散的中国共产党指明了方向，中国革命从此开始发生由大革命失败到土地革命兴起的历史性转变。

会议仅仅开了一天，主要有三项议程：一、共产国际代表罗明纳兹做党的过去错误及新的路线的报告；二、瞿秋白代表临时中央常委会做将来工作方针的报告；三、改组中央政治局。

会议清算了大革命后期陈独秀的右倾错误，确定了实行土地革命和武装反抗国民党反动派的总方针，并把发动农民举行秋收暴动作为党当时最主要的任务，号召党和人民群众继续战斗。

八七会议旧址

向忠发没有出席这次会议，但会议通过的告全党党员书上，写上了与向忠发有直接关系的几句话，指责陈独秀为总书记的中央“始终没有认真想到武装工农的问题，没有想着武装工农的必要，没有想着造成真正的革命军队”，“没有想尽方法取得武器以武装工人，它反而一遇见资产阶级方面的不满意，立即便自动的解除武装，解除汉口工人纠察队。为保存与小资产阶级联盟起见，中央便下令解散劳动童子团”。①

八七会议对陈独秀的指责，一定程度上肯定了向忠发的某些主张。

向忠发对国民党右派和党内右倾错误的斗争是坚决的，党中央认为在“大革命中的武汉时期，他成为湖北省几十万工人的惟一领袖，曾经在实际斗争中多次反抗过当时中央机会主义的领导”②，因此成为反右倾斗争的勇士。

会议改组了临时中央政治局，选举产生新的政治局组成人员。表决结果为：苏兆征、向忠发、瞿秋白、罗亦农、顾顺章、王荷波、李维汉、彭湃、任弼时九人当选政治局委员，邓中夏、周恩来、毛泽东、彭公达、张太雷、张国焘、李立三七人当选政治局候补委员。

向忠发在八七会议上全票当选中央政治局委员，表明其当时在党内有了相当的声望和广泛的影响。

---

① 《中共中央文件选集》(1927)，中央党校出版社 1983 年版，第 263—245 页。

② 《中共中央为反抗帝国主义国民党共同捕杀中国革命领袖向忠发同志告民众书》，1931 年 6 月 26 日。

第八章
国际红人

GUOJI HONGREN

向忠发在共产国际活动一年，负责处理中国事务，显示出独特的见解和组织才能。他善于从政治高度分析问题，把握大势，得到联共中央、共产国际和中国留学生的认可和好评。

中共六大在莫斯科召开，制定土地革命初期的大政方略。向忠发左右逢源，成为中共最高领导人。昔日的长江水手，能否驾驭中共这艘伤痕累累的红船驶向远方，全党寄予了深切厚望。

二十八

中国留学生集体示威，惊动了共产国际，斯大林震怒。工作组进驻校园，冲突愈演愈烈。向忠发出面调解，两次向共产国际提出处理建议，东大学潮顺利解决。

国内政局急转直下，中共中央机关陆续从武汉迁往上海。

上海工商业发达，既是中国共产党诞生之地，也是中国工人运动的重要策源地，革命力量和工作基础雄厚。同时，上海既有帝国主义统治的租界，也有国民党蒋介石统治的“华界”，华洋杂处，政出多门，人员复杂。中共中央机关设在这里，便于掩护秘密活动。

八七会议后，中共中央在组织发动武装暴动的同时，也在着手进行各地领导人的调整和党组织的恢复与重建。中央根据工作需要，将向忠发调往上海，继续从事工人运动。项英、许白昊、林育南等一批原在武汉地区从事工人运动的重要干部，也陆续来到上海。

向忠发在上海立足未稳，中共中央就收到共产国际的指示，要求组建“中国工农代表团”，参加苏联十月革命胜利十周年庆典。既然是组织工农代表团，自然由工农出身的中共负责人带队。中共中央经过考虑，决定由向忠发任团长，李震瀛任副团长，率队前往莫斯科庆贺。

临时中央政治局常委、中央组织部部长李维汉与向忠发谈话，宣布了中央的这一决定，并决定向忠发以中央政治局委员身份作为中共驻共产国际代表，负责与共产国际联系。李维汉同时委托向忠发到莫斯科后，对中国留苏学生的政治及学习状况进行考察，提出改进意见。

当时，中国共产党没有建立自己的党校，干部培训主要依靠苏联。中央交给向忠发这一任务，显然对留苏学生寄予了厚望。

1927 年 10 月 15 日，向忠发率领中国工农代表团乘坐苏联“安迪”号轮船，离开上海，随后在海参崴转乘前往莫斯科的列车，开始了近一年的外事活动。向忠发这次莫斯科之行，占尽先机，得天独厚，不仅开启了人生的崭新一页，同时把自己的政治生命推向了高潮。

苏联十月革命十周年庆典，隆重热烈，莫斯科红场举行了声势浩大的游行活动。向忠发与来自世界兄弟党的负责人站在观礼台上，看见整齐的队伍川流不息，口号声、呼喊声震天动地，频频挥手致意。当中国留学生方阵经过莫斯科红场检阅台时，向忠发情绪高昂，心潮澎湃，仿佛看到了中国革命的美好前景。

十月革命庆典活动之后，共产国际安排向忠发前往德国、比利时访问，向忠发的身影又出现在国际政治舞台上。1928 年 1 月，共产国际又通知向忠发，作为中国代表参加共产国际第九次执委扩大会议。

向忠发到达莫斯科时，正好碰上“东大学潮”。

东方大学，是联共中央为培养东部少数民族干部而建立的学校，同时兼

共产国际办公大楼

为东方各国共产党培训干部。中共早期一批著名的领导人罗亦农、彭述之、刘少奇、任弼时等，都曾在这里学习过。这所学校中国人最多，中国学生将近一半，其党组织原有一个独立支部，称为旅莫支部，直属中共中央，后来改由东方大学党委直接领导。

1926 年下半年开始，东方大学中国学生的成分有了很大改变，绝大部分学员来自国内斗争一线。尤其是蒋介石发动反革命政变后，中共中央意识到军事斗争的重要性，从叶挺独立师选送一批中共党员，后来又从武汉地区从事工运、农运、学运的同志中选派一批，来这里学习培训。

然而，学校没有考虑到学员成分的这种变化。在组建中国支部时，指定同一时期从欧洲转道而来的学生负责支部工作。这种做法，在人数较多的国内来的学生与人数较少的从欧洲转来的学生之间，造成某种人为隔阂。

旅莫支部认为大批来自国内的学生成分复杂，思想混乱，纪律涣散，个人主义倾向严重，制订了颇为“极端”的训练计划，强调开展党内批评，进行思想改造，甚至鼓励学生之间揭发批评、打“小报告”。

大革命失败前后，来自国内的二百多干部参加东方大学军事班培训。这些人工作经验丰富，更加注重实际。他们刚刚入校，就发现这里与中国革命实际脱节，不仅教学内容和教学方法无法适应现实情况，而且连中共中央八七会议和十一月扩大会议的决议都不能看到，内心隐隐不安。

不久，东方大学给中国学员制订了一个教育计划。这个计划一公布，就引起学员强烈不满。东方大学的中国学员情况各有不同，在党内有省一级的干部，也有基层支部的同志；在军队中有师团级指挥员，也有党员战士。他们从不同的角度评价教育计划，程度高的认为计划要求太低，程度低的一些人说法也不一，一致要求调整教学计划。[①]

东方大学校长、党代表、军事培训班班主任坚持执行这个计划，并召开中国学员大会，批评中国学生的议论和要求，说这个计划是联共中央批准的，指责中国学生的议论和要求是反党行为，甚至宣布要进行追查。

中国班党支部不仅不正确反映学生的意见，反而跟着学校给学生扣帽子，

---

① 张声明：《我所经历的革命岁月》，打印稿，第 12 页。

说这些意见是自由主义的表现，是小资产阶级的情绪，是不相信党的领导，是大革命失败后的动摇表现。而党支部负责人及其追随者，正是没有参加中国革命斗争的小资产阶级知识分子。

学员们听到这些指责，非常委屈，甚至觉得冤枉。他们中许多人在一线英勇斗争过，对“反党行为”和“追查”的说法想不通。少数人抓住学生的这种心理，大肆鼓动，增加了学生的反感情绪。于是，大家七嘴八舌，提出到共产国际去“请愿”，以证明自己的清白。

这种大规模的学生集体示威事件，社会反应和国际影响十分恶劣，在联共历史上绝无仅有。此事惊动了共产国际和联共中央，连斯大林也感到震惊。共产国际东方部一时束手无策，请向忠发出面调解。

参与请愿的学生张声明后来回忆：

> 向忠发见到中国学生便招手致意，问明情况后亲切地安慰我们，规劝我们先回学校，表示对我们提出的问题由国际调查解决。向忠发在学生中威信很高，大家听了他的话，就转身回校去了。①

由于此事非同小可，联共中央书记处很快成立了东方大学冲突调解委员会，联共中央宣传部负责人施坦为工作组组长，相关大学和当地区委负责人为成员，进驻东方大学。

工作组宣布听取学员意见，可当面谈，也可书面谈；书面意见可以是个人的，也可以是集体的。经过初步调查，工作组召开中国学生全体大会，看一看大家的情绪。

参加第一次中国学生大会的，包括全体学员、工作人员、支部负责人、翻译等，有三百多人。会议自由发言。可大会持续了一个下午，没有一人为旅莫支部辩护。

过了几天，工作组召开第二次中国学生大会，由施坦主持。他开始做了一些说明，随后宣读了解决东大学潮的方案及措施，并附带做了一些解释。

---

① 张声明：《我所经历的革命岁月》，打印稿，第13页。

他认为旅莫支部在东方大学党委领导之下，执行的路线是正确的，但在工作中有许多缺点和错误，应当改进。

施坦讲话完毕，要求大家考虑，然后进行表决。

然而，学员们听后，大为不满。主席团看到会场气氛不妙，有人从座位上站起来解释说：如果大家不同意工作组提出的方案，表决时可以表示，但工作组是联共中央派来的，不能反对，否则就是反对中央，如果不赞成，只能投怀疑或不同意票。

大家安静下来后，施坦宣布表决。

问到赞成的请举手时，东一个，西一个，不过二三十人。

问到反对的请举手时，有几个人举起手后，但马上放了下来。

问到怀疑的请举手时，大家几乎把手都举了起来。

施坦和主席团成员神色大变，当即宣布：既然大家对工作组方案不同意，工作组将重新研究，提出新的方案。

又过了几天，工作组召开第三次中国学生会议。与以往不同，工作组改变了工作方式，分片召开会议，一部分是东大本班两个年级的学生，一部分是军事班的全体学员。工作组宣读了解决学潮的修改方案后，不再讨论和表决，而是通知性质。

说是修改方案，可实质还是和从前一样，只不过增加了一条，宣布开除本班一名学生和军事班四名学生。

被列入开除名单的五位学生李侠公、朱代杰、鲁易、马员生、童庸生，资历较老，威望较高，有的在这次学潮中出头露面，有的在幕后出谋划策，他们站在大多数人一边，为旅莫支部所不容。在支部成员看来，让其继续留在学校，将难以继续工作。他们希望通过工作组之手，设法让其走开。

朱代杰、李侠公商量后，决定找向忠发提出要求，回国参加革命斗争。

马员生回忆：

向忠发说，他完全了解东大学潮的前后情况，我们必须离开东大，过错不在我们，工作组没有办法才这样干，目前不能让我们回国。他让我们等一下，他将和东方部商量，让我们转学，在苏联再学习一段时间。

并让我们暂回学校，不会有什么事。[①]

如何解决东方大学学潮，向忠发十分关切。1928 年 1 月 23 日，他给共产国际执委会书记处写了一封信，谈了自己的想法。

关于东方大学中国学员不满和骚动的原因，向忠发不同意某些人的看法，即东大学员中存在“无政府主义”和“取消主义情绪”。在他看来，主要是东大领导没有及时对学员们的一些情绪做出反应，不打算通过某些具体措施来改进教学工作，不打算通过建立党的积极分子核心来改进党的工作。既然如此，责任首先应在不重视教学工作和党务工作的领导人和支部委员会身上。

如何摆脱东方大学目前的状况呢？向忠发提出了五条建议：

1. 改善学校的领导，因为只有正确的和明确的领导，学校才能正常工作，才能把全部精力投入教育工作。

2. 要特别明确地提出改善党的领导，要更多地注意党的教育工作，要组织坚强的积极分子核心，并同他们一道进行强有力的工作。

3. 彻底改组军事训练班，把文化程度较高和有点军事经验的学员派到军事学校接受军事技术训练，把政治上强的学员派到一般的政治训练班去。

4. 开除学员的提议应予否决，因为促使他们游行示威不是某种意识和阴谋，而是一些客观条件。对于这种无意识的错误自然应该加以反对，但不是通过开除的办法，因为这意味着有意识地把他们列为反革命分子，要通过教育说服的方法，向他们说明上街游行这类错误，在联共作为执政党的情况下是不能容许的。

5. 把东方大学中国部合并到中山大学来，因为后者已经适应专门为中国同志工作，会更好地为中国学员服务，同时人员集中，教材集中，翻译力量集中。[②]

---

① 马员生：《旅苏纪事》，群众出版社 1987 年版，第 81 页。

② 《共产国际、联共（布）与中国革命档案资料丛书》第 7 卷，中央文献出版社 2002 年版，第 214—217 页。

由于工作组的方案不为大多数学员认同，中国学生分成两派，分歧越来越大，而且尖锐对立，党的纪律和教学纪律化为乌有，课程几乎不能进行，许多人陷入绝望。向忠发肩负考察中国留学生的职责，不能容忍这种状态持续下去。2 月 2 日，他再次给共产国际写信，建议立即做出决议，结束东方大学中国学生中的混乱局面。

向忠发在这封信中，着重谈了两点：

1. 支部负责人违背工作组的禁令，造成学员中不健康的情绪重新复萌，共产国际应立即发布指令，将这些人开除东大，并且不要把他们送往其他学校，因为他们还会闹事，要把他们遣送回国。

2. 校长舒米亚茨基，在冲突期间及其后，未能找到解决这一迫切问题的方式，甚至在工作组作出决定后未能使学生平静下来，应追究其领导责任。中国共产党派自己的同志到这里来，是为了受到革命觉悟和革命经验的锻炼，不是学习如何闹事，如何分裂。出现这种情况，领导人的任务就是要找到消除的措施，找到解决问题的方法。如果对这种状况不予认真注意，那是不能允许的。[①]

向忠发的建议，说理透彻，观点分明。

2 月 10 日，联共中央书记处听取情况汇报。向忠发在会上发言，再次阐述了处理东大学潮的意见。联共中央书记处在交换意见的基础上，几乎全部采纳了向忠发的建议，并修改了东方大学冲突调解委员会提交的决议草案。2 月 27 日，联共中央组织局落实书记处的意见，对东方大学负责人、中国部和军事训练班相关人员，提出了相应的组织处理措施。

张声明后来回忆：

东方大学校长免除职务，调为驻土耳其大使，我和大部分学员转到

---

① 《共产国际、联共（布）与中国革命档案资料丛书》第 7 卷，中央文献出版社 2002 年版，第 341—342 页。

中山大学，还有一部分学员转到炮兵、骑兵、工兵或其他学校。

东方大学学潮顺利解决，显示了向忠发的社会影响和处理实际问题的能力，得到联共中央、共产国际、中国留学生的一致认同和好评。

二十九

中央全力发动武装暴动，“左”倾情绪逐步滋长，党内怨声又起。共产国际召开会议，中国问题成为中心议题。向忠发指出党内存在的种种弊端，引起斯大林注意。

共产国际执委会第九次扩大会议上，中国问题成为中心议题。向忠发被指定作为中国代表出席会议。

中国问题成为会议的中心议题，与中国党内的斗争策略密不可分。八七会议之后，共产党人全力领导武装起义，实现斗争方式转变。然而，中共中央并没有认识到中国革命形势已经转入低潮，不顾各地的主客观条件，盲目地要求一些地区举行武装暴动，党内“左”倾情绪逐步滋长起来。

这种“左”倾情绪，与共产国际的指导密切相关。

鲍罗廷在大革命后期指导中国革命犯了严重错误，难以完成新的历史条件下的艰巨任务，斯大林派来了新的全权代表罗明纳兹。罗明纳兹来华后，要求中共中央派遣大批干部到各地去组织暴动，土地革命成为全党的统一行动。

向忠发在共产国际活动期间，中央临时政治局于1927年11月9日在上海召开扩大会议。按当时文件的说法，这次会议就是“不但要指出中国革命的性质与前途，指出今后的斗争策略，并且要指出根本上重建我们的党，强健我们的党，彻底肃清本位主义，严厉整顿政治纪律”。①

会议虽然由临时中央负责人瞿秋白主持，实际上由共产国际代表罗明纳兹一手操办，主要通过了三个决议案：

《中国现状与共产党的任务决议案》——认为中国革命潮流是不断高涨，革命性质是“无间断的革命”，革命任务是在中心城市搞武装暴动。

《最近组织问题的重要任务决议案》——突出“党的改造”，其核心是要“将工农分子的新干部替换非无产阶级的知识分子之干部”。

《政治纪律决议案》——对各地武装暴动所遭受的失败和挫折不做具体分析，处罚了一批党的领导机关和领导干部，尤其对南昌起义和秋收起义负责人周恩来、谭平山、毛泽东等予以不同的政治纪律处分。

中共中央十一月扩大会议决定，当前革命活动的中心是组织广州起义。广州起义的方案确定下来后，罗明纳兹满怀信心地前往莫斯科，出席联共第十五次代表大会。共产国际另一代表坐镇广州全权指挥。

联共中央和共产国际对广州起义寄予了很大的希望。广州起义发动之际，正值联共举行第十五次代表大会。共产国际政治书记处第一书记布哈林乐观地指出：中国革命不仅没有死亡，而且可能出现一种新情况，即我们完全有可能正处在中国革命新高潮的前夕。②

1927年12月11日凌晨，在张太雷、叶挺、叶剑英、杨殷等人领导下，广州起义爆发。经过几小时激战，起义军占领广州绝大部分市区，随即成立了以苏兆征为主席的广州苏维埃政府。

广州起义的消息传到苏联，罗明纳兹在联共第十五次代表大会上慷慨激昂，认为广州起义是“中国革命新高潮的起点”，共产国际指导中国革命的政策必须是立即组织武装起义，打倒反动的国民党政权，建立革命的苏维埃政权。

---

① 《中共中央文件选集》第3卷，中央党校出版社1983年版，第437页。

② 袁南生：《斯大林毛泽东与蒋介石》，湖南人民出版社1999年版，第406页。

然而，由于国共两党力量悬殊，尽管起义领导者和参与者前仆后继，顽强战斗，广州起义仅仅坚持了三天，还是失败了。许多人血洒街头，英勇献身。

广州起义，不仅使共产国际和中共中央总暴动的策略遭受严重挫折，而且成为影响中苏关系的重要事件。

国民党当局在镇压广州起义的同时，搜捕了苏联驻广州总领事馆，馆内所有苏联和中国工作人员被捕，苏联驻广州副领事多人被杀。蒋介石宣布撤销苏联在国民党区域的领事馆和商务代办处，驱逐一切苏联人员出境。

与此同时，从11月中旬到12月中旬，中共中央临时政治局扩大会议的精神开始在各地贯彻执行。一些地区出现强迫工人罢工、农民暴动和盲目烧杀等情况，使党在这些地区一度严重脱离群众。农村的武装起义只有少数取得一定的胜利，多数没有成功，或者根本没有发动起来。武汉、长沙、上海等大城市中少数工人和积极分子举行的罢工，很快被镇压下去。[①]

中国国内严重的白色恐怖，说明中国革命已进入低潮。承不承认中国革命处于低潮？是仍然号召举行城市武装起义夺取政权，还是争取群众，积蓄力量？共产国际和中国党内存在着激烈的争论。

这场争论，始于联共十五大，到共产国际执委会第九次会议前夕仍在继续。向忠发后来报告：在共产国际执委第九次全会关于中国问题预备会上，在会议正式开会后组成的中国委员会上，经过了很长久、很热烈的争论。有极右的意见，亦有极“左”的意见。

极右意见认为，中国革命遭到极大的失败，一切群众组织和党的组织都已遭到破坏，党与群众发生了裂口。广州暴动是军事冒险，使中国革命到了背城借一的局面。我们现在只有把过去犯错误的党组织一概都不要，重新再来过。

向忠发认为这种主张必然导致改良主义和反对武装暴动，反对苏维埃。对于这种极右意见，在这次国际会议上，没有什么人敢于附和。

极“左”意见认为，中国革命从客观内容、任务、动力来看，都已非无

① 《中国共产党历史》第一卷（上册），中共党史出版社2002年版，第318页。

产阶级的民主革命，已到了无产阶级社会主义革命。中国革命是不断性革命，现时革命力量不断上涨，反革命力量在不断下降。这种意见实际上是罗明纳兹的主张，与 11 月扩大会议决议的内容相一致。

向忠发说，在共产国际执委第九次全会关于中国问题预备会议上，许多人附和这种主张。

斯大林参加了这场辩论，当然他不是辩论者，而是仲裁者。这场争论的结果之一，便是罗明纳兹失宠，米夫崛起。

罗明纳兹认为，中国的资产阶级是历史上不成熟的早产儿，只要他一投入反革命阵营，就会分化瓦解，不再是一支统一的力量了。他甚至认为，国民党叛变革命以后，不再作为一个政党存在了。

斯大林听到这里，插话问道："资产阶级剩下什么？"

罗明纳兹回答："资产阶级只剩下个别的资产者。"

这个回答引起台下一片笑声。

罗明纳兹随即改口："剩下一些资产阶级集团。"

既然资产阶级如此软弱，不能代表一种政治力量，罗明纳兹认为中国革命的性质不是资产阶级民主革命，而是工农反帝反封建反对资产阶级的社会主义革命。

罗明纳兹的观点引起部分人的反对，代表人物便是中山大学校长米夫。

米夫认为：中国大革命失败后，原有的社会矛盾一个也没有解决，中国革命的性质仍然应该是资产阶级民主革命。

米夫的观点基本上代表了联共中央的观点，得到了斯大林、布哈林的支持，向忠发也深表赞同。

在共产国际执委第九次全会进行中，苏联代表团斯大林、布哈林和中国代表团向忠发、李震瀛联合起草了《共产国际关于中国问题的议决案》（草案），这个草案是在会议的最后一天，即 1928 年 2 月 25 日才获得通过。①

《共产国际关于中国问题的议决案》，原副标题为"1928 年 2 月 25 日共产国际执行委员会通过苏联及中国共产党代表团斯大林、布哈林、向忠发、

---

① 《党史资料丛刊》，1981 年第 4 辑。

李震瀛所提出之草案”（见 1928 年 7 月 25 日出版的《布尔什维克》第 24 期），国内的文件汇编把该议决案的副标题改为“1928 年 2 月 25 日通过苏联及中国共产党代表团斯大林、布哈林等所提出之草案”。

议决案指出：目前中国革命所处的阶段是资产阶级民主革命阶段，把革命看作是“不断革命”这一倾向，其错误与托洛茨基 1905 年所犯的错误相似。决议认为资产阶级民主革命的“第一个浪潮已经过去了”，目前还没有出现全国范围的群众革命运动的新高潮。然而许多征兆表明，工农革命正在走向这种新高潮。

议决案既批评了中共的“左”倾冒险主义错误，也充分肯定了广州起义，认为“广州起义应当被看作中国工人的极其伟大的英雄主义的范例”。

向忠发与斯大林、布哈林一起讨论中国问题，表现出相当的才干，极大地提高了向忠发在联共和共产国际领导人心目中的分量。会议期间，向忠发于 2 月 11 日和 15 日连书两信给共产国际与联共中央，指出中国党内存在的问题。

向忠发认为中共中央 11 月会议关于省级以下领导成员存在非无产阶级倾向的说法，是完全正确的，即我们党的领导成员大都是些小资产阶级知识分子，而他们“仅仅受着最初一时期革命高潮的冲动，并未经过马克思列宁主义理论的锻炼，并不知道国际无产阶级运动的经验，并且是站在工人贫民的阶级斗争之外的。他们不但没有能改造成彻底的无产阶级革命家，反而将自己政治上的不坚定、不彻底、不坚决的态度，不善于组织的习性，以及其他种种非无产阶级的小资产阶级革命者所持的习性、习气、成见、幻想带到中国共产党里来”①。

值得注意的是，向忠发同时认为，中央决议并没有指出这种情况同样存在于中共中央领导机关内部。他向共产国际透露：政治局委员蔡和森与前任顺直省委书记彭述之存在严重争论，蔡和森和罗亦农与瞿秋白有矛盾，政治局委员周恩来不仅思想上右倾而且政治上不那么坚定，长江局负责人之一的陈乔年擅自改组长江局各级组织，原政治局委员谭平山公开与党分裂，原党

① 《共产国际、联共（布）与中国革命档案资料丛书》第 7 卷，中央文献出版社 2002 年版，第 313—314 页。

的总书记陈独秀正在与谭平山合流。

向忠发说，类似这样不服从中央领导的动摇分子还可举出许多。他断言，中国党近来的种种失败，多半都是由于这些领导者的无能，因此“对他们必须采取相应的措施”。

中共高层存在的这些矛盾和问题，自然引起斯大林和布哈林的重视，因为这是他们所担心的。2 月 21 日，斯大林、布哈林再次听取中国委员会讨论，向忠发在报告中花了相当的篇幅，批评当时的中共中央。他认为当前中国党内的最大问题是：一、存在着动摇不定的机会主义领导者；二、带有小资产阶级色彩的党的高级领导人互相之间争夺权力。

向忠发强调，解决这些问题的最主要方法，就是建立工人阶级的领导并巩固它。但他不主张采取过激的组织措施，而是主张“鞭笞这样的党，但不要大张旗鼓”①。

向忠发文化程度不高，但分析问题的能力较强，也能提出破解问题的一套办法，且语言表达能力相当出色，三言两语就能说到人的心坎上。尤其是关于建立工人阶级的领导并巩固它的观点，虽然共产国际一再强调，但出自中国共产党人之口，更能引起斯大林的关注。

共产国际第九次执委会议关于中国问题的决议，一个月之后传到中国国内。临时中央政治局常委开会讨论，一致拥护这一决定，许多人做了自我批评。会后，中央发出第四十四号通告，命令各地停止不切实际的武装暴动。

瞿秋白推行的“左”倾盲动错误，至此基本结束。

---

① 郑刚：《红色纪要》，西苑出版社 2000 年版，第 181 页。

三十

向忠发抓住“江浙同乡会”不放，四处点火，穷追猛打，引发一场政治风波。王明上纲上线，呐喊助威。“江浙同乡会”莫衷一是，最后不了了之。

向忠发率中国工农代表团已经完成使命，准备返回国内，可共产国际政治书记处候补书记罗佐夫斯基执意挽留。罗佐夫斯基与向忠发一年前在武汉相识，互有好感。他认为中国共产党和中华全国总工会处在严重时局包围之中，中国工农代表团应当继续留在莫斯科，并要求向忠发出席即将召开的赤色职工国际第四次代表大会。

3月初，中华全国总工会委员长苏兆征来到莫斯科，并带来中共中央指示：苏兆征和向忠发同为中共驻共产国际代表。

苏兆征也是一位地地道道的工人领袖，当时声望比向忠发高，党内地位比向忠发高。可苏兆征身体欠佳，为人低调，言行木讷，虽然参与外事活动和签署文件时，名字排在向忠发之前，实际上是向忠发在发挥主导作用。

中共驻共产国际代表一般由党内重要负责人担任，主要任务是传达共产国际指示，研究制定有关政策，参与重大外事活动，处理中共国际事务。中共六大后，这一组织机构扩充为中共驻共产国际代表团，一直到1943年5月共产国际宣布解散。

就在这时，中山大学“江浙同乡会”若隐若现，引发一场政治风波。

国共合作初期，革命浪潮急剧高涨。苏联政府和共产国际为帮助中国革命培养人才，在莫斯科创办了中山大学，以纪念孙中山建立的历史功绩。起初，学生成分十分复杂，既有国民党党员，也有中共党员和青年团员，既有国民党高官的子弟，也有来自各省的热血青年。国共两党分裂后，国民党籍的学员被遣送回国，留下的和新来的学员，都经过了中共组织的严格挑选。

莫斯科中山大学，是政治明星的摇篮。中共历史上著名的“二十八个半”布尔什维克，就诞生于这所学校。

两个月前，向忠发在中山大学访问时，听说中国学生中有一个“江浙同乡会”，就曾向共产国际东方部反映过此事。

3 月 24 日，苏联情报机构（即后来的克格勃）的米利斯负责调查后，提出一份书面材料。他认为“江浙同乡会”查实者至少有二十二人，该组织有集中的指导，有中央委员会，经常开代表会议，各个学校都有他们组织的支部，他们是要夺取在苏联境内的中国学生的指导权，帮助中共机会主义领袖陈独秀、谭平山等，并已与国民党右派发生了关系。

据此，向忠发断言：“江浙同乡会”确实存在，中山大学是大本营。

向忠发再次到中山大学演讲，大发宏论：

> 江浙同乡会是反党小组织，今后的出路不外乎三条：一是公开的反革命，投向蒋介石屠杀工农；二是走向小资产阶级阵营，反对共产党；三是留在党内，捣乱破坏。他强调必须消灭其组织，对其领袖和中心人物要严厉制裁，甚至要枪毙其中的一些人。①

作为中共驻共产国际代表，向忠发的话在当时有很重的分量。此言一出，江浙籍学生人人自危，诚惶诚恐。

事实上，苏联情报机关所有关于“江浙同乡会”的材料，都是根据一个“储金互助会”的传言演绎推理而来的。被人认为是这一组织首领的蒋经国、卢贻松，上书米夫和共产国际东方部进行申辩，认为有人兴风作浪。

---

① 汪云生：《二十九个人的历史》，昆仑出版社 1999 年版，第 41 页。

然而，向忠发讲话后，不仅在中山大学内部，几乎所有与中山大学有联系的同志中，迅速掀起了一场揭发检举“江浙同乡会”的运动。与“储金互助会”相关的人，很快沉不住气了，越来越多的人主动出来解释或交代事情的经过。

当时被打成“江浙同乡会”骨干分子的、后来的著名经济学家孙冶方，1980年给中央纪律检查委员会和中央组织部写信，说明了“江浙同乡会”的来由：

> 在我们同期毕业的同学中，除了回国工作的以外，大部分分到别的学校学习，极少数的人留校工作，我和云泽（乌兰夫）以及后来成为托派分子的綦树功被派到东方大学当翻译。继续学习的学生只发给津贴，有些到军校学习的，按红军士兵待遇，津贴特别少。我们做翻译工作的拿工资，有近百卢布，生活较好。因此在暑假开学前，有几个去初级军校的同学提出，在星期天敲我的竹杠，叫我买肉买菜做中国饭吃。这天除约好几位军校同学外，董亦湘也来了，军事学院的陈启礼、左权也来了，挤了一屋子的人，把同房间的乌兰夫同志都挤了出去。正当我们热热闹闹地做饭时，中大学生公社主任王长熙从窗外经过，听到里面说话的都是江浙人。因此回校后同别人讲起，某些人聚集在某人房间呱啦呱啦讲得很热闹，像开“江浙同乡会”（其实其中陈启礼、左权两同志是湖南人）似的。这话传到中大支部局中国同志那里，便添油加醋，说成董亦湘等在我房间里成立了“江浙同乡会”。①

莫斯科步、炮两校学生胡世杰、朱茂榛、郭景纯、周策、刘仁寿等人，当时上书中共代表团并转中山大学调查委员会，说明的确是他们提议成立“储金互助会”的。原因很简单，他们听说今后每月只有两个半卢布左右的生活费，自然就想到请学校中“感情较好的同志帮助我们改善生活”，因为据说他们的月薪分别在一百卢布和六十卢布以上。

在当时，如果有这样的秘密组织存在，是党的纪律不允许的。不论那些明里暗里被指为“反革命”的学生怎样解释和争辩，处境却越来越险恶了。

---

① 曹仲彬、戴茂林：《莫斯科中山大学与王明》，黑龙江人民出版社1988年版，第113页。

4月中旬，中山大学校长、共产国际东方部负责人米夫召集有中共代表向忠发、苏联军委和苏联情报机关代表参加的联席会议，再度听取调查取证的情况汇报。

苏联情报机关代表提出了一个十二人的名单，包括蒋经国、卢贻松、陈启礼、左权、尤赤、胡世杰、刘仁寿、郭景纯、朱茂榛、周策、张师、甘青山，肯定这十二名军校学生是“江浙同乡会”的骨干。

联席会议正式决定：一、开除蒋经国等十二人的党籍和团籍，其中蒋经国、刘仁寿、朱茂榛和周策四名首要分子交苏联情报机关拘押审查。二、共产国际东方部与中共代表团联名写信给有关学校党委，请其对“江浙同乡会”骨干进行审查。

会议通过了向忠发提出的一项决议，该决议成文出自王明之手。王明是向忠发的俄文翻译，不仅陪同向忠发出席各种重要会议，担任翻译工作，而且在解决“江浙同乡会”问题上扮演着重要角色。决议称：

> 在苏联有一反党的小组织存在，其成员为军校与中国留学生中的青年团同志和党员。该组织虽带有表面上工会的名义，但毫无疑义的含有政治上的性质。参加该组织的分子未表现很明显的政治目的，但倾向于拥护中共以前的机会主义的指导。该组织现已吸收那些最动摇的少共团员和党员加入其内，甚至不拒绝与右派国民党员发生直接的关系。用党的纯粹教育性质的方法，对于该组织已用尽了。这些同志未曾利用党部给他们的可能，以公开承认自己的错误，停止活动，解散组织，……因此本会认为必须经过相当的机关，采用组织上与法律上的办法，以达肃清此组织之目的。委任米夫和米利斯二同志起草一详细信致中国学生所在学校的党部，同时委任米夫同志与相当机关发生关系，采取相当办法以肃清该组织。

这是“江浙同乡会”事件发生以来，共产国际、中共代表团和苏联有关部门正式提出的第一次处理意见和为事件定性的决议。由于会议明确认为“江浙同乡会”是一个秘密的、反党性质的小组织，因此对它所采取的处置方法，不仅仅是党纪上的，而且还准备动用专政机关给以制裁。

会议结束不久，米夫感觉到会议的决议不尽成熟。他亲自查阅了一些证据，发现在众多被认为确凿的证据中，没有一件可以直接证明这个组织事实上的存在，随后又专门就此询问米利斯是否找到了“江浙同乡会”的章程或者其他文件。

米利斯说，炮兵学校学生孙发立及王长熙看见朱茂榛那里藏着一个秘密同乡会的“党纲”，内有很多条文。另外也有中山大学的同学看到同乡会的会员轮流抄写一个同乡会的“工作计划”。

根据米利斯提供的线索，米夫亲自布置调查此事，原来“工作计划”是1926 年支部委员会的工作计划。米夫深感困惑，把处理“江浙同乡会”的事暂时放到了一边。

火是向忠发点起来的，如今米夫忽然住手，向忠发岂肯罢休？于是，他以中共代表团的名义要求米夫实行决议，并致书联共中央和共产国际东方部，详细说明“江浙同乡会”的反党性质和严重危害，要求立即解决这一问题。

向忠发要求米夫彻查中山大学学生派别的历史及其现在的联系，以便进一步获取该组织的核心机密，同时指令王明等人务必以中山大学为突破口，查出更可靠的材料，促使米夫迅速解决问题。①

然而，中共六大即将在莫斯科召开，米夫和中山大学的许多学生都要集中精力筹备会议，清查“江浙同乡会”的工作不得不停顿下来。米夫甚至宣布：清查“江浙同乡会”的工作在中山大学已经结束了！

6 月 26 日，在中山大学党务报告会上，米夫提到“江浙同乡会”，称清查“江浙同乡会”并不是学校党支部的责任，它是共产国际的事情，而共产国际东方部已经就此得出结论，即：“江浙同乡会”是一小组织，是有危险的，我们必须破坏这种小组织；对同乡会的领袖必须加以组织上的处罚；对被影响的同志，我们应当加以解释，不加以处罚。

米夫声称：‘江浙同乡会’的“组织已经解散了，本校没有他们的会员”，不能说中山大学是“江浙同乡会”的大本营，甚至“在我们的学校内，

---

① 杨奎松：《江浙同乡会事件始末》，《近代史研究》1994 年第 4 期。

我们不能说有‘江浙同乡会’的基础，因此我们学校里用不着很急地解决这个问题”。他明确要求中国学生停止关于这个问题的争吵，迅速停止互相猜疑和揭发检举，务必着手改善同志关系。

米夫的讲话当即引起一些学生的异议。有人甚至大声喊道：“是不是这个问题已经解决了，对这些反党分子不再追查了?”

米夫当场回答：“‘江浙同乡会’问题已解决了，这个组织已不存在了，他们的首领在军事学校和列宁学院，可是已经开除了。在中山大学没有首领，没有组织，不过有少数同志曾受了一点影响，所以对于中山大学的这部分同志仅仅采取教育方法，不再用处罚。”

“忠发同志曾说‘江浙同乡会’的大本营在中山大学，难道忠发同志说谎吗?”有人提出这样的问题。

米夫回答：“向同志的话我没有听到，我想他不是这样说的。他一定是说“江浙同乡会”的首领是中山大学过去的学生。至于中山大学，没有它的首领，并非它的大本营。”

米夫本来就对“江浙同乡会”组织将信将疑，在几个月揭发检举毫无实质性进展的情况下，他认为不可能找到这个组织，即使真的存在这样一个组织，也无法给它戴上反党或反革命的帽子。否则，必然要在长期存在派别纷争的中国学生中间，引起难以想象的混乱。

作为校长，米夫已注意到问题的严重性，决定迅速平息这一事件在中国学生中间引起的风波。他在一份材料中写道：目前的清查已经“破坏了许多同志的关系及相互信任，因此发生了许多相互猜忌及无根据的谣言，甚至有人要求枪毙‘互助会’的参加者”，等等。

“江浙同乡会”闹得沸沸扬扬，毫无疑问是向忠发一手促成的。米夫点火之后又熄火，也没有挡住向忠发必欲追查到底的决心。

中共六大后，向忠发即将回国主持工作，特地委托参加共产国际六大的中共代表团处理“江浙同乡会”。这时中共代表团书记为周恩来，主要负责人有瞿秋白、苏兆征和张国焘。

向忠发交代的任务，中共代表团不敢怠慢。根据中共代表团的建议，联共中央监察委员会、苏联情报机关等部门通过调查，发现“江浙同乡会”及其嫌疑者定案的种种证据，很难完全成立，否定了这一事件。对于苏方的这一决定，中共代表团不能接受。然而，中方要想单方面继续追查下去，或是坚持对上百名有嫌疑的学生进行处罚，显而易见是不大可能的。

于是，联共苏联情报机关中央政治局派出代表，组织联共苏联情报机关中央监委、苏联情报机关和中共代表团联席会议，建议中共代表团停止利用此前的有关材料，放弃追查“江浙同乡会”的一切努力，不要就此事件做出公开结论，以免恶化中国学生之间已经极不正常的关系。

张国焘回忆说：“我们曾将这件事交由周恩来处理。周恩来调查的结果，觉得所谓的江浙同乡会事实上并不存在。因此，这个小组织的案子就不了了之。”①

“江浙同乡会”一案错综复杂，几十年来众说纷纭，莫衷一是。

三十一

斯大林会见中共中央领导人，为中共六大定下主题。向忠发被视为无产阶级的象征，威望与日俱增，成为中央政治局主席。新的中央在惊涛骇浪中能否力挽狂澜，全党翘首以待。

1928 年夏天，中共六大在异国他乡的莫斯科郊区举行。这是中国共产党从大革命失败到土地革命兴起的历史转折关头，召开的一次具有重大历史意

① 张国焘：《我的回忆》（下），东方出版社 1998 年版，第 94 页。

义的会议，也是中共在国外召开的唯一一次全国代表大会。

联共中央、共产国际在中共六大召开的过程中，自始至终发挥着关键作用。六大的准备及重要决议的制定，都是在联共中央和共产国际的领导和直接参与下进行的。

大革命失败后，中国共产党人高举武装斗争的大旗，相继组织发动了南昌起义、秋收起义、广州起义，由于指导思想上的偏激，由于敌强我弱，起义接连受挫。如何正确估计形势，正确认识当时的社会性质，党内存在认识上的严重分歧和争论，迫切需要统一意志。

中共六大就是在这样的背景下召开的，经过了近一年的酝酿准备。

1927 年八七会议时，以瞿秋白为首的临时中央政治局就决定要召开六大，制定党在新时期的路线、方针、政策。由于国内政治环境险恶，一直没有合适的地点。1928 年 2 月 13 日，中共中央得知共产国际、少共国际和赤色职工国际都将在莫斯科举行会议，中共要派代表参加，特致电共产国际批准中共六大在苏联召开，并请斯大林和布哈林出席大会指导。

共产国际同意了中共中央的这一请求，一面通知中共中央推选出席会议的代表，一面进行六大的准备工作。在莫斯科从事国际活动的向忠发，参加了中共六大的筹备和相关文件的起草。

从这年 5 月份开始，各地代表陆续起程，前往令人向往的红色国度。到 6 月中旬，多数代表历尽艰辛，陆续到达莫斯科。

六大召开在即，关于国内政治形势和革命性质这两个重大问题，虽然共产国际第九次执委会做出了回答，但党内仍在争论不休。有人认为中国革命高潮正在到来；而另一些人争辩说，革命正处于低潮；还有人在两者间折中调和，眼下看不到高潮，但可以看到“一些泡沫”。

六大召开的前几天，斯大林在莫斯科市区一幢大楼里会见中共中央领导人瞿秋白、周恩来、蔡和森、李立三、张国焘、项英、向忠发等人，有针对性地做了一次谈话。

蒋介石叛变革命后，中国革命的性质是什么？仍然是反帝反封建的资产阶级民主革命，还是反对资产阶级的无产阶级革命？当时，中国共产党人对这个问题的看法相当混乱。

斯大林说，决定革命性质的是革命任务，不是革命动力。中国反帝反封建的任务没有完成，中国革命的性质仍然是资产阶级民主革命。

那么，当时中国革命的形势究竟是高潮还是低潮？中国共产党人对这个问题的看法也不一致。

斯大林指出：中国革命形势现在还是退潮而不是高潮，但正在走向高潮，处在两个高潮之间。

李立三当场就不赞同斯大林的观点，说中国革命还是处在高潮，因为中国国内还存在工人和农民斗争。

斯大林听后，用红笔在纸上画了两个高峰后指出：在低潮时也会出现几朵浪花的。接着，斯大林指示中国共产党人要争取群众，准备暴动，但不是今天就暴动，要反对盲动主义倾向。

斯大林为中共六大定下了基调，定下了主题。

此后，斯大林又委托共产国际负责人布哈林召开了一个由二十一人参加的政治谈话会，要求每个与会者就当前的形势、过去的经验教训、今后的方针任务发表意见。这实际上是中共六大前的一次预备会，进一步交流思想，统一认识。

在这次谈话会上，布哈林有意推崇向忠发。

向忠发自谦地说，自己离开中国很久，对很多实际情况缺乏了解；对于党的理论知之不多，缺少马克思主义的力。接着，他又很有理论色彩地分析说，中国共产党机会主义的产生，最主要的是小资产阶级的社会基础。中央的错误要批评，但不能站在个人立场上，更不能不顾事实，把所有问题说成是中央的。

向忠发这样与众不同的分析与态度，得到布哈林的赞赏，也得到会议代表的称赞。布哈林当时就说：向忠发水平高。

6 月 17 日，共产国际审定会议日程安排时，布哈林明确指定向忠发为大会开幕式和闭幕式的主持人；周恩来担任大会秘书长，负责大会的组织工作。

出席中共六大的代表共一百四十二人，其中有表决权的八十四人，代表全国四万多名党员。莫斯科中山大学的中国留学生代表参与会务，列席会议。

会场设在莫斯科南郊四十公里的一座山庄，这所过去属于贵族地主的庄园，虽已陈旧，但仍可看出一些富丽堂皇的痕迹。主体建筑有三层，大会秘书处设在底层，负责发放文件，保管会议记录；二楼是装饰豪华的客厅，可容纳百余人，会议就在这里举行；三楼是顶楼，是代表们居住的地方。

中共六大会址原貌

中共六大会址之所以设在莫斯科近郊，是因为这里是苏联情报机关的保密区，外人根本无法进入，安全性和保密性都非常理想。出于安全和保密考虑，参加会议的每个代表都有自己的编号，从报到之日起，他们不再使用自己的名字。会上发言要叫号，记录也标明是几号发言，甚至领取物品、分配住处、安排交通，都以号为序。

向忠发被推选为六大主席团成员，代表资格是：湖北代表，中央委员。

6 月 18 日下午，中共六大开幕。主席台上是一张蒙着白布的长桌，代表们全都坐在台下的板凳上。向忠发主持会议，备受瞩目。

自蒋介石叛变革命后，国内政治环境十分恶劣。中共早期的许多优秀党员，为了实现崇高的理想英勇奋斗，流血献身，包括向忠发十分熟悉的许白昊、罗亦农、赵世炎、陈延年等人。

许白昊于 1928 年 2 月在上海召集各工会负责人会议时，因叛徒告密被英租界巡捕逮捕，后被国民党当局杀害于淞沪警备司令部。

向忠发首先提议全体起立，为死难的战友默哀。

有人回忆，当向忠发宣布这一提议后，代表们想到被国民党杀害的战友，想到一幕幕惨不忍睹的悲剧，热泪盈眶，泣声一片。①

从六大开始，中共后来的历次全国代表大会开幕式，几乎都要对自己的优秀儿女和政治领袖表示追念和哀思，这一惯例沿袭至今。

中共六大持续了二十多天，重点讨论布哈林做的《世界革命形势与中共的任务》和瞿秋白代表中央委员会所做的政治报告。会议气氛活跃，代表们各抒己见，畅所欲言。

会议期间，张国焘和瞿秋白多次发生争论。

能言善辩的张国焘，就一系列问题发表政治见解，不放过任何一个可以指责瞿秋白的机会。瞿秋白也不示弱，对张国焘的诘难进行反击。两人的争论有时竟达到短兵相接的程度，直接影响其他代表的情绪，以致大家在一些问题上不能冷静地接受别人的意见。

周恩来曾这样描述说：

> 在六大会议上是有“山头”倾向的，不能完全平心静气地讨论问题，特别是与自己有关的问题，把反对机会主义与盲动主义当成人身攻击。那时机会主义的代表是张国焘，盲动主义的代表是瞿秋白，两人争论不休。②

为了使瞿秋白和张国焘保持冷静，布哈林不得不严厉制止：“就你们两个大知识分子在吵架，再吵就把工人干部提拔起来，代替你们。”

米夫出面调解，张国焘则表示：“只要瞿秋白能纠正错误，合作当无问题。”

米夫问：“这种合作是否带有勉强性质？”

张国焘指着桌上的一个瓷茶杯说：“就像这个茶杯，被打成几片，虽然可以补起来，究竟不如没有补的那么自然，也希望以后再不会有人将它打碎。”

---

① 李蓉：《中共六大轶事》，人民出版社 2010 年版，第 132 页。

② 《周恩来选集》上卷，人民出版社 1984 年版，第 181 页。

米夫说："共产党的组织，毕竟不好比作一个茶杯，因为它是有机的东西。共产国际自信有力量领导中国同志，改正错误，并使他们团结合作，只要你答应，我就可以向共产国际报告我们中间已获得谅解。"

张国焘认为米夫的话带有强制意味，表示尊重共产国际的裁处。①

向忠发是大会的主持人，也是职工运动委员会、湖北运动委员会的召集人和政治、军事、组织、妇女、苏维埃运动、财政审查、湖南问题、广州暴动等委员会的成员，并向大会做职工运动和讨论结论的报告。

当时，向忠发被视为无产阶级的象征，威望与日俱增。他有时摆出一副严厉的面孔，高声责骂这个或那个同志；有时语言诙谐，趣味横生。在分组讨论发言时，他首先说"大工贼"要开口讲话了，博得满堂大笑。

当时，党内有相当一部分人认为：陈独秀犯过右倾错误，瞿秋白犯过"左"的错误，他们都使中国革命遭受惨重失败和严重挫折，而中国革命要取得胜利，必须由工人干部领导才行。

向忠发在斯大林和共产国际面前，树立了一个既敢于反对右倾错误，又敢于反对"左"倾错误领导的工人阶级领袖形象。布哈林强调指出：向忠发同志，他不是知识分子，是个工人；不是机会主义者，是个革命者。②

7 月 10 日上午，根据主席团和各省代表团书记会议提出的候选名单，大会选举新一届中央委员。这份候选名单上上下下，反反复复，听取了各方面的意见，经过了几轮会商，向忠发毫无疑义地顺利当选新一届中央委员。

中共六大经过二十四天的充分争论，对一系列中国革命的根本问题做出了回答，基本上统一了全党的思想。7 月 21 日，大会举行闭幕式。在庄严的《国际歌》声中，向忠发宣布闭幕式开始并致闭幕词。他指出：

> 中国共产党第六次大会在国际直接指导之下，把过去的经验和教训作了总结，在总结的基础上产生了正确的策略和方针。大会给我们的两大任务是：对外战胜帝国主义、军阀、资产阶级、地主豪绅等一切反动势力；对内打倒过去的机会主义、盲动主义和一切不好的倾向。全党要

---

① 张国焘：《我的回忆》（下），东方出版社 1998 年版，第 83 页。

② 布哈林：《中国共产党第六次全国代表大会上关于政治报告的结论》。

提高我们的勇气，振刷我们的精神，高举着列宁的旗帜，紧拿着列宁的武器，战胜一切敌人，完成中国革命和世界革命。

7月19日，六届中央一次会议选举新一届中央领导人，出席会议的中央委员和候补中央委员二十三人。此举关系到中国革命事业的前途和兴衰，关系到这次大会确定的政治路线能否顺利实施，关系到能否建立团结、巩固和有力量的领导机关，意义重大，非同寻常，布哈林、米夫亲临指导。会议推选向忠发为主席主持会议，布哈林首先讲话。

布哈林强调：今天最主要的中心问题是选举中央政治局和政治局常委。我们在大会上一致通过了政治决议，决定了策略路线的改变，即从直接暴动改变到准备暴动，改变到夺取群众、组织群众。要执行大会的决议，先决条件是要有团结、巩固和统一的党中央。没有指导力量——中央机关的统一，要下层组织和群众统一是不可能的。过去，有的同志有右的机会主义错误，有的犯了“左”倾盲动主义错误，国际代表鲍罗廷、罗易、罗明纳兹等也要负责。对于犯过错误的同志，只要拥护大会决定的政治路线，有一定的政治经验，仍可以选入政治局。只有将党的力量集中统一起来，才能担负起夺取群众、组织群众、准备新的革命高潮的任务。

会议决定中央政治局委员由十四人组成，正式委员七人，候补委员七人。具体人选，经过酝酿，选举结果如下：

正式委员7人：苏兆征（22票）、项英（22票）、周恩来（21票）、向忠发（21票）、瞿秋白（16票）、蔡和森（16票）、张国焘（10票）。

候补委员7人：关向应（22票）、李立三（22票）、罗登贤（18票）、彭湃（17票）、杨殷（17票）、卢福坦（14票）、徐锡根（14票）。

当选中央政治局常委的是：

正式委员：向忠发、周恩来、苏兆征、项英、蔡和森。

候补委员：李立三、杨殷、徐锡根。

7 月 20 日，中央政治局召开第一次会议，确定政治局委员分工和工作机构设置及其领导成员，结果如下：

中央政治局主席兼中央常委主席：向忠发
中央秘书长兼中央组织部长：周恩来
中央宣传部长：蔡和森
中央军事部长：杨　殷
中央工委书记：苏兆征
中央农委书记：李立三
中央妇委书记：张金保
驻共产国际代表：瞿秋白　张国焘

中共六大制定的政治路线基本上是正确的，但六大选出的中央领导集体能否带领全党拨正航向，乘风破浪，人们拭目以待。

第九章
锋芒毕露

FENGMANGBILU

向忠发走马上任之际，党内刚刚经历两次严重的挫折与失败，组织体系遍体鳞伤，涣散状况触目惊心。他雄心勃勃，迎难而上，首先紧锣密鼓地健全、充实省级组织领导机构。

在非常困难的环境中，通过与外部敌人的压迫和反动思想坚决斗争，通过与党内各种不健康的错误倾向艰苦较量，党的能量和群众基础初步得到积聚和巩固，政治上、组织上开始步入一致的轨道。

三十二

顺直省委三次改组，仍然混乱不堪。向忠发指出：此事不好好解决，新中央的生命就要断送一半。他断言蔡和森为顺直纠纷的祸害根源，决定取消其政治局常委资格。

经过一个月的长途跋涉，向忠发与新一届中央政治局成员蔡和森、李立三、徐锡根先期回到上海，9月2日履新就职。

等待向忠发的是十分难堪的局面、一个又一个棘手的难题。

大革命失败后，各地党组织遭到严重摧残；“左”倾盲动主义不顾一切地蛮干，党的组织又遭受重大损失。接二连三的挫折，使不少党员对中央和省委失去信任，对上级指示随意谩骂，拒不执行；组织内部发生许多无原则的派别纠纷，涣散状态惊人，许多人我行我素、各行其是。

向忠发说，这些问题不首先解决，党的工作很难前进一步。[①]

从这时起到年底，中央政治局多次召开常委会，讨论广西、河南、安徽、湖北、湖南、江苏、江西、广东、浙江、山西、云南、福建、四川、满洲、山东、陕西、顺直等省委的组织问题，对这些地方党组织的改建、重建、充实，做出切实可行的指导。[②]

---

① 《党史天地》，1998年第4期，第32页。

② 《中国共产党历史》第一卷（上册），中共党史出版社2011年1月第2版，第267页。

9月6日，向忠发主持政治局常委会议，李维汉代表留守中央报告工作并移交中央职权，顺直问题移交给新的中央处理。

顺直问题是六大期间留守中央悬而未决的疑难问题，经历了相当长的时间积累。1928年2月15日，向忠发在莫斯科就中共党内“分裂”问题致共产国际执委会的信中就提到，彭述之与蔡和森有冲突。

向忠发在上海

顺直指的是北平（曾名顺天府）和河北（曾名直隶省），而中共顺直省委的工作范围比这要大得多，包括原中共中央北方局所领导的河北、山西、北平、天津、察哈尔、绥远、热河、河南北部及陕北广大地区。

大革命时期，这里有以李大钊为书记的中共北方区委，建立起十多个地委和两个特别区委，有过骄人的工作业绩。大革命失败后，特别是李大钊等人被奉系军阀张作霖杀害后，中共北方组织失去领导中枢，工作陷于半停顿状态。

1927年5月，中共中央决定在天津秘密建立顺直省委，由第五届中央委员彭述之为书记，管辖范围与原来的北方区委相同。彭述之主持顺直省委工作期间，政治上坚持陈独秀的右倾错误，放弃对群众斗争的领导；组织上实行家长式统治，发展个人意气争执和党内派别纠纷，引起党内进一步混乱。

顺直问题由此产生，从此纠纷不断。中央三度改组，结果都不令人满意。

八七会议后，中共中央派蔡和森、王荷波组建中共中央北方局，并全权解决顺直纠纷。9月，蔡和森、王荷波召开北方局扩大会议及顺直活动分子会议，改组顺直省委。彭述之不再担任省委书记，但保留省委委员职务。

新的省委根据八七会议精神，把开展土地革命，组织工农暴动，夺取反动政权作为工作的总方针，党内情绪日渐活跃起来。可省委第一次改组不久，工作再度受挫。新的省委对革命处于低潮的形势认识不足，盲目发动玉田暴动，两名省委常委在暴动中身亡，一批重要干部被捕入狱，党在北方历尽艰难保存下来的一点儿力量，又遭受严重损失。

有人对这次改组不满，于是省委召集相关人员开会，进行说服解释，结果被叛徒告密，王荷波和与会者数十人被捕并遭杀害。到1927年底，顺直地区的党员人数一下锐减近半。

许多党员一时看不到出路，相互抱怨，相互指责，相互攻击，北方党组织更加涣散。中共中央决定撤销北方局，顺直省委改由中央直接领导，并派蔡和森为中央巡视员，指导顺直省委工作。

1928年1月，蔡和森再次主持顺直省委改组会议，批评并纠正工作中的右倾错误，改组党的领导机关，推举工人出身但政治水平很低的王藻文为省委书记，将彭述之开除出省委。会议在批判党内机会主义错误时，过分否定过去的工作，过分集中批判彭述之个人，既没有坚持正确的政治路线，又缺乏必要的组织程序，最终导致发生组织上的重大错误。①

蔡和森与彭述之都是中共早期的重要领导人，党内公认的理论大家。彭述之紧随陈独秀的右倾错误，蔡和森强烈反对陈独秀的政治主张。两人不仅政治观点对立，而且有深厚的个人恩怨。蔡和森与向警予原是一对著名的革命夫妻，党内称为红色经典，被人誉为"向蔡同盟"。然而，这桩美满的婚姻因为彭述之的介入而破裂。

蔡和森意气用事，彭述之据理抗争。省委第二次改组后，彭述之跑到上海告状，中央命令蔡和森停止巡视工作，返回上海与彭述之对质。蔡和森认为省委改组不久，有许多遗留问题要处理，不能立即离开，向中央写了详细的书面报告，并派人送交中央。

中央审查了顺直省委关于彭述之错误事实的报告，改变了原来的态度，认为蔡和森改组省委是正当的，并要彭述之书面回答十个问题。对此，彭述之做了详细的答复，全面否定蔡和森及顺直省委所反映的问题，并对蔡和森在北方局及顺直的工作提出许多批评。②

3月27日，中央召开政治局会议，蔡和森与彭述之当面对质。会议首先听取蔡和森的巡视报告，然后根据蔡和森、顺直省委的报告及彭述之的答辩，

---

① 《党史天地》，1998年第4期，第32页。

② 李永春：《蔡和森年谱》，湘潭大学出版社2008年版，第298页。

再次讨论彭述之的问题。中央政治局做出决议：彭述之对于机会主义错误没有明确认识，而且有继续这些错误政见之倾向，开除其中央委员职务。

对于顺直错综复杂的党内纠纷，当时在莫斯科的向忠发早有所闻。

为彻底解决顺直问题，中共中央派刘少奇以中央委员身份前去指导，旋又决定其参加省委。6 月，继续北伐的国民党军队先后占领北京和天津，一些党员对国民党仍抱有幻想，甚至提出停止反对国民党的宣传，省委在讨论这个问题时发生争论，可还是有些党员投奔到国民党方面去了。

此时中共六大在莫斯科召开，留守中央成立“中央处理顺直问题特派员机构”，指派陈潭秋、刘少奇、韩连会为特派员，代行省委职权。为便于掩护和工作，当时从三人的名字中各取一字，合为“潭少连”，作为省委代号。

7 月下旬，陈潭秋、刘少奇、韩连会在天津举行顺直省委扩大会议。各地代表一致要求改组省委，于是扩大会议决定改组省委，组成以韩连会为书记的七人常委会。会议通过的《政治纪律决议案》指出：蔡和森以中央代表名义指导错误，在顺直发生了极坏的结果，妨害顺直工作至为巨大，应依政治纪律予以处分，特向中央提出建议。

六大后组建的中央领导机关开始办公，顺直问题移交新的中央常委处理。向忠发说：“这个问题不能很快的得到正确解决，不独北方工作不能发展，并且全党涣散的精神都不能转变。”①

9 月 10 日，向忠发主持中央政治局第一次会议，陈潭秋、刘少奇列席。陈潭秋报告了巡视顺直党务的情况及七月扩大会议的经过，刘少奇汇报了顺直省委的工作，指出顺直省委存在不少问题，主要是：缺乏一条正确的政治路线指导；对机会主义认识不清，把个人互相攻击也称之为机会主义；党内极端民主化现象严重，个人不服从组织，下级组织不服从上级组织，中央和省委的威信被打破；经费支配不当，不少同志闹经济主义。

9 月 18 日，中央政治局继续讨论顺直问题，蔡和森做关于顺直工作的报告。他认为顺直省委第二次改组没有做出政治决议案，组织决议案虽有正确的地方，但基本精神是极端民主化，否认过去的一切；消极地反对机会主义，

---

① 《刘少奇传》，中央文献出版社 1998 年版，第 118 页。

未能树立省委的权威和提高群众对党的信仰；未能对机会主义下一个正确的定义，反对彭述之的机会主义带有个人意气，并表示大体同意刘少奇的意见。

根据陈潭秋、刘少奇、蔡和森的报告，向忠发又主持中央常委会详细讨论顺直工作，提出对蔡和森等人的处理意见，并提议由陈潭秋、刘少奇代表中央做一个顺直问题决议案，并发一个告顺直同志书。

10 月 4 日，中央政治局召开第二次会议，向忠发报告了常委会议对蔡和森等人的处分意见，请政治局追认。向忠发认为蔡和森主持顺直省委第二次改组会以倒彭为中心，成为顺直纠纷的祸害根源，顺直党的错误大部分应由蔡和森负责，公布其错误，令其退出政治局。

向忠发指出："此事不好好解决，新中央的生命就要断送一半。"①

会议经过讨论决定：开除蔡和森中央政治局委员及常委资格，仍在宣传部工作，李立三接替蔡和森任中央政治局常委、中央宣传部部长；开除原顺直省委书记王藻文中央委员资格，留党察看六个月，调离顺直省委。

共产国际远东局接到中共中央处理蔡和森的材料，对中央政治局的这一决定十分吃惊。他们在给斯大林的报告中说：这个决定（是中央非常小范围的组成人员做出的，因为这时党的著名工作人员中只有向忠发、李立三、蔡和森回到了中国）违犯了代表大会的基本组织路线，因为这条路线是要保证中国党为数众多的派别在党的六大的统一政治路线基础上进行合作。

向忠发派陈潭秋、刘少奇再次到顺直巡视。原省委书记王藻文不满中央对他的处分，始而反对省委，继而叛党投敌。京东唐山、乐亭、玉田、遵化等地党组织负责人认为，7 月召开的省委扩大会议是"不合组织的"，不承认新的省委，拒绝巡视员的指导，并扣留巡视员派去送信的同志，强迫索要巡视员住处，并声言要结果中央巡视员。他们派代表到天津请愿，并自行组成"京东护党请愿团"赴中央控告，为扳倒中央巡视员四处奔走。

对于顺直党内矛盾的严重发展，陈潭秋、刘少奇认为省委"能力薄弱"，"信仰完全失去"，已无法工作，他们以中央巡视员与中央委员会名义发出通告，宣布顺直省委停止职权，建议中央组织特别委员会处理顺直党内矛盾，

---

① 李永春：《蔡和森年谱》，湘潭大学出版社 2008 年版，第 320 页。

在中央特别委员会未到顺直之前，一切工作由陈潭秋、刘少奇、韩连会三人直接处理。

"潭少连"发出的布告，多是批评指责，不但不能平息纷争，反而更加促成顺直党内的混乱与分裂，顺直问题发展到非常严重的地步。

向忠发不同意陈潭秋、刘少奇、韩连会解决纠纷的办法，认为顺直问题不是快刀斩乱麻能解决的，而是要积极地把党的新政策、新精神、新的工作方法传达到下层组织中去，实际上对巡视员的工作方法提出了批评，而三位巡视员均不接受中央恢复顺直省委职权的决定。

11 月 9 日，六大选出的中央负责人陆续回国，政治局又一次讨论顺直省委领导间产生严重分歧、各级组织涣散、派别纠纷不已的问题。李立三提出发展工人斗争、打击小资产阶级意识的意见，甚至主张在顺直党内开展"两条路线斗争"。

"不应该是两条路线"，"主要还是政治说服"，回国后第一次参加政治局会议的周恩来不同意李立三的主张，指出："顺直残留的斗争直到现在，主要是缺少政治指导，这点中央要特别注意。我觉得中央委员会有一人去一下才好。"①

会议不同意停止省委职权。

中央坚定不移，一再强调恢复顺直省委职权，而三位巡视员直抒己见，要求中央改变决定。陈潭秋往返于上海与天津之间，向中央报告："恢复省委职权在事实上绝无可能，而且只是更增加纠纷，主张由中央直接改组省委常委会。"11 月下旬，刘少奇也回到上海，再次陈述不同意恢复省委职权的理由。

11 月 27 日，向忠发主持政治局会议，再次讨论顺直问题。向忠发认为中央解决顺直问题的路线是正确的，但方法有不足之处；陈潭秋、刘少奇在巡视顺直工作中有取消主义的观念，工作方式上有命令主义的错误，对此提出了批评；他认为周恩来政治说服的观点符合自己的心意，决定派周恩来去顺直解决问题。②

---

① 《周恩来传》，中央文献出版社 1989 年版，第 183 页。

② 《刘少奇传》，中央文献出版社 1998 年版，第 125 页。

周恩来肩负中央赋予的重任，从上海到达天津，经与刘少奇长久详细地讨论，又经由刘少奇与陈潭秋辩论，统一了大家的思想。顺直省委再次召开扩大会议，重新改组省委常委会，韩连会仍任省委书记，陈潭秋参加常委。会议用教育的方法，开展党内讨论，提高党员觉悟，党的组织开始巩固和统一起来。

顺直纠纷一波三折，最终尘埃落定。

三十三

江苏地位举足轻重，向忠发提出中央兼江苏省委，两者的矛盾由此发展到公开对抗。向忠发极不情愿地放弃原来的主张，固执地说："并不是伍豪（周恩来）说服了我。"

中共六大强调，把工人干部提拔到主要领导岗位上来。向忠发主持中央工作后，全力贯彻这条组织路线。围绕江苏省委的领导问题，中共中央与江苏省委发生了争执，甚至走向对抗。

当时江苏省委的工作范围，包括中国的经济中心上海，国民党统治的政治中心南京，还有一大批重要的工业城市，产业工人数量占全国三分之一，中共中央机关也设在上海。无论党员人数，还是党的指导机关健全程度，江苏省委在国民党统治区内都居第一，举足轻重。

六大之前，项英任江苏省委书记；六大期间，李富春代理省委书记。

向忠发十分重视江苏的地位，并把上海看作是领导全党工作的基地。在研究江苏省委书记人选时，他认为知识分子出身的李富春不再适合担任这样重要的职务，决定派中央政治局候补委员罗登贤任江苏省委书记。

罗登贤，广东顺德人，中国工人运动的著名领袖。广州起义爆发时，率领工人赤卫队在前线英勇作战。后留在广州坚持秘密斗争，被国民党当局逮捕，经组织营救出狱。中共第六次全国代表大会在莫斯科召开前，罗登贤被调往上海，与李维汉、任弼时一道，主持留守中央的日常工作。在中共六大上，罗登贤当选为中央政治局候补委员。

江苏省委虽然同意中央的组织路线，但反对罗登贤任省委书记。他们认为罗登贤是广东人，对江苏情况不熟悉，语言不通，工作难以开展，提出由本省工人出身的政治局候补委员徐锡根任省委书记。

江苏省委的意见反映到中央后，向忠发要求省委再做讨论。在李富春的主持下，江苏省委召开常委专题会议，并请向忠发出席。何孟雄认为江苏省委并无政治上的错误，向忠发关于江苏省委没有组织路线的说法是不对的，要求中央在处理江苏问题时照顾客观事实，方能使同志安心工作。

由于李富春、何孟雄和省委常委一致反对，向忠发只得暂时放弃罗登贤为省委书记的方案，但也没有任命徐锡根任省委书记，省委原班人马继续工作。

然而，问题并没有根本解决。

向忠发于 11 月 20 日主持中央政治局会议，决定成立两个委员会，加强对江苏工作的指导：一个由周恩来、李维汉、康生组成，巡视上海党的工作；一个由项英、罗登贤、王克全组成，巡视上海工运。

江苏全省有党员一万一千多人，党团组织和群众组织在大革命失败后遭到国民党的严重破坏，在思想上、组织上和斗争策略等方面存在不少问题。李维汉对上海七个区委及下属的支部进行了巡视，每巡视一个地方，写出一份综合报告呈送中央。后来他在回忆中写道：

> 一部分党员和工人的消极和恐怖情绪仍然严重存在，不少党支部还没有恢复和建立，即使恢复和建立起来的，也还比较涣散，不能发挥战斗堡垒作用。有的区委组织不健全，缺乏集体领导，工作作风也不够深

入。不注意领导同群众切身利益有关的日常经济斗争，不善于进行艰苦细致的工作。存在这些问题的主要原因，一是国民党的白色恐怖严重；二是“左”倾盲动主义虽然受到批评，但并未完全克服。我已觉察到这些问题，感到要改变这种状况，就应该正确贯彻“六大”制定的总路线，大力争取群众，注意发动日常小的经济斗争，逐步提高工人的觉悟和斗争情绪，提高党团员的工作主动性。[①]

就在这时，上海法商电车、电灯、自来水公司工人吴同根惨遭法国士兵杀戮，工人正在酝酿组织罢工。向忠发对此十分重视，想通过这次罢工行动推动江苏地区的工作，并对此进行专门研究，决定集中中央及江苏党、团、工会的力量来指挥这次斗争，成立以李富春为主席的江苏省行动委员会。

12 月 3 日，上海法电工人举行罢工，要求资本家承认工会，改善待遇，缩短工时。向忠发派李立三、项英和罗登贤参加江苏省委、上海总工会和法南区委的领导工作。可这些举措，引起江苏省委的强烈不满，他们认为“简直中央可以代替省委”。

法商电车公司工人罢工、电车停驶

这场罢工虽然坚持了二十五天，但最终因帝国主义和国民党反动派的欺骗、镇压以及工贼的破坏、党的力量薄弱等诸多原因，没有取得最后胜利。向忠发认为这次罢工失败的主要原因是组织领导不力，更加感到需要加强和充实江苏省委和上海各区委的领导力量。

① 李维汉：《回忆与研究》，中共党史资料出版社 1986 年版，第 277 页。

1929年1月3日，中央政治局又专题研究江苏问题，向忠发正式提出中央兼江苏省委。他说，江苏的同志过去是很努力的，但还不够，工作仍未建立起来。中央兼省委后，一是可以取得在江苏工作的实际经验，对全国工作的指导更切合实际；二是可从原江苏省委中抽出一批干部去加强上海各区委的力量，使上海成为一个很好的模范。

对向忠发的意见，与会多数人表示赞同，唯有政治局常委项英提出异议。项英认为，中央本身的工作尚不能很好地应付，如果中央只注意江苏的工作，便不能更好地注意其他各省的工作，就会顾此失彼。①

项英发言后，向忠发很不高兴，说道："我们受了六次大会的委托，工作几个月有多少成绩？深感组织上是一个问题，的确感到工作方式之错误。我们每天都在喊中心工作，全中国的政治中心是上海，中央兼江苏省委可给一般同志以很好的影响，同时群众的情绪能很好地反映到中央来。"

向忠发听不进项英的意见，当面指责项英对江苏的问题有感情色彩，认为江苏的工作要有起色，中央兼省委才是唯一的办法。

政治局会议形成两种意见：一种意见同意撤销江苏省委，由中央兼省委；一种意见主张中央不兼省委，抽一部分人员加强省委，省委部分人员到上海各区委加强工作。

两种意见相持不下，会议决定组织"特别委员会"，由向忠发任主席，专门研究这个问题，制订一个特别的精密计划。"特别委员会"在向忠发的主持下，做出了中央兼江苏省委的决定。

中央兼省委的决定，当时并没有向下传达，可小道消息很快传到了江苏省委。1月6日，江苏省委开会讨论，李富春、何孟雄、王克全、马玉夫对此均感不满，反应十分强烈。他们认为中央对江苏不信任，随即决定函告中央，要求中央将决定兼省委及组织特别委员会的理由正式书面通知江苏省委，由省委讨论后将意见报告中央。随后，江苏省委立即召开上海各区委书记会议，传达省委与中央纠纷的经过，公开表示不能同意中央兼省委的决定。②

---

① 《党史研究资料》，1990年第3期，第19页。

② 《李富春传》，中央文献出版社2001年版，第79页。

就在此时，去天津解决顺直问题的周恩来回到上海，从李维汉处得知这件事后，立即找向忠发谈话，表示“这个问题要慎重考虑，我是不同意的”，并建议政治局重新讨论。

1 月 13 日，在中央政治局会议上，周恩来认为中央兼省委是行不通的，着重谈了四点理由：

> 1. 妨碍中央的政治领导；
>
> 2. 中央深入群众，不是每一个斗争都要去指导，这样反得不出中心，反不能提纲挈领；
>
> 3. 兼省委会妨碍中央本身的工作，事实上过去对各省工作的指导已经不很深入，同时常委会完全不注意中央本身的事务工作也是不可能的；
>
> 4. 秘密工作问题，这是一个很严重的问题，如中央发生问题，对中国革命的影响是非常大的。

周恩来分析了江苏的工作状况，提出解决江苏省委的办法是加强区委，改组省委。尽管周恩来的理由比较充分，向忠发仍坚持中央兼省委是较好的办法。于是，政治局再次决定由向忠发、周恩来、项英、李立三重新组织“特别委员会”，研究解决此事。

就在向忠发召集特别委员会重新研究江苏问题时，团中央向向忠发书面报告：江苏省委已召开各区委书记联席会议，表示无论中央怎样决定，省委将一概拒绝。此外，团中央的报告提到，会议还涉及党的第六次大会中的派别问题及许多非事实的传说。

向忠发认为中央兼省委原为组织问题，现在已经变成政治问题了。1 月 14 日，政治局召开紧急会议，向忠发特别强调：“我可以放弃自己的主张，并不是伍豪（周恩来）说服了我。”

这次会议，一方面正式通过中央不兼省委的决议，另一方面也批评了江苏省委违反组织纪律的错误。

1 月 16 日，向忠发、周恩来、项英参加江苏省委会议，宣布了中央的决定，并向省委提出三点书面意见：

1. 省委如认为同志间这种传说与臆造为非共产党员的行为，应立即负责与中央站在正确的路线上，一致起来作组织上的纠正；

2. 省委未曾向中央提议有何种不同意见的讨论，便率先向下级党部作反中央的宣传和报告，显然是非组织的行动；

3. 省委这种不按组织路线的活动，应立即停止为是。

向忠发对江苏省委的做法十分恼火，决定停止江苏省委的职权与工作，命令各种组织，如济难会、工委、农委、军委、团中央等，不与江苏省委发生关系。江苏省委针锋相对，拒绝中央巡视员到各区巡视，并通知所属各级党部搬家，封锁消息，不让中央知道新的联络地址。

中央和江苏省委的矛盾，发展到公开对抗。

1 月 20 日，中央召集江苏省委会议，并分头出席上海各区会议。经中央多次说服教育，江苏省委的态度开始有了转变：承认未经中央允许向各区讨论第六次代表大会决议案；未与中央讨论而向各区发表省委对中央工作的意见，引起目前江苏党的纠纷；省委确有超越组织的错误，接受中央的指示，承认错误，承担责任，并予以坚决纠正。

在此基础上，向忠发于 1 月 24 日主持中央政治局会议，决定解散江苏省委，组织新的省委。政治局候补委员罗登贤任书记，政治局候补委员彭湃任农委书记兼军委书记，李维汉任组织部长，徐锡根任职工运动委员会书记，康生任秘书长。同时，中央给江苏省委原部分成员以警告处分，李富春调法南区委工作，何孟雄调沪东区委工作。

至此，向忠发改造江苏省委的最初主张，基本得到实现。

后来，中共中央在给共产国际的报告中指出，江苏问题不是党内的偶然现象，仍是许多客观原因形成的总和。首先是革命失败的反映；其次是党的无产阶级基础太薄弱；最后是因为党内一般政治水平太低，党内过去完全没有健全的支部生活。这三个最主要的客观原因，足以使党内时常发生许多非政治的无原则的纠纷，“江苏问题”便是其中的一个。

“江苏问题”的出现，暴露了当时党内存在的一些弱点和问题，此次纠纷的解决，初步扭转了党内存在的严重涣散和无组织纪律状态，并使全党受到了教育，党的工作走上了较为正常的轨道。

三十四

朱毛红军内争激烈，毛泽东离开领导岗位。向忠发指定周恩来、李立三、陈毅专题研究，表明中央立场。在中央精神指引下，红四军又开始“风卷红旗如画”的辉煌征程。

六大前后，中国共产党领导的武装斗争正处在探索阶段。国民党各派军阀之间的内战尚未爆发，可以集中力量对工农红军进行“清剿”。红军的发展处在一个异常艰难的低潮时刻。

红军是武装暴动的产物，是革命斗争的先锋，在全党工作中的位置显得越来越重要。为加强对红军的领导，中共中央设立了军事部，政治局候补委员杨殷为部长，政治局常委周恩来分管这项工作。

在井冈山诞生的中国工农红军第四军，由南昌起义余部、湘赣边界秋收起义部队和湘南暴动农军组成，是当时众多红军队伍中人数最多、实力最强的一支武装力量，朱德任军长，毛泽东为党代表。

1929 年 2 月 2 日，中央政治局召开会议，听取军事部长杨殷关于朱毛红军为粉碎湘赣两省国民党军“会剿”，撤出井冈山而遭到强敌尾追的报告，随后讨论了红四军的行动方针。当时，共产国际认为中国红军只能分散存在，如果集中容易被敌人消灭，并且会妨害老百姓的利益，要求高级干部离开红军。于是，多数与会者主张红四军应该分散游击，朱德、毛泽东应当离开队伍，以减少敌人的目标。①

在此之前，中共中央几次派人给朱毛红军送信，一直没有回音。中共中央对红四军的状况缺乏具体了解，十分焦急。2月6日，中央政治局召开常委会议，继续讨论朱毛红军。向忠发要求中央军事部派人继续寻找，并由周恩来代表中央起草一封指示信。

2月7日，中央发出《中央给润之（毛泽东）玉阶（朱德）两同志并转湘赣边特委信》。信中指出，朱毛两同志在目前有离开部队的必要：一方面朱毛两同志离开部队不仅不会有更大的损失，且更便于部队分编计划的进行，因为朱毛两同志留在部队中目标既大，徒惹敌人更多的注意，给分编造成更多不便；一方面朱毛两同志来到中央后，更可将一年来万余武装群众斗争的宝贵经验，贡献到全国以至整个革命。

这封信写出几天后，红四军主力到达江西瑞金以北的大柏地，诱歼追敌一个旅，扭转了被动局面，在这里站住了脚跟。4月3日，红四军前委收到中央两个月前发来的指示，随后进行讨论。

“不切实际的指挥，会把这支部队葬送掉。”毛泽东气呼呼地说，“我不离开，拿轿子抬我也不走！”会后，毛泽东以前委名义给中央复信，对中央指示信提出不同意见：中央对客观形势及主观力量的估量，都太悲观了。并表示不同意朱毛离开部队。中央若因别项需朱毛二人改换工作，望及时派得力人来。

随着客观形势的发展，中共中央的认识也在发生改变。4月4日，中央政治局常委进一步讨论红四军问题，当时还没有收到红四军的报告，但中央已不再坚持朱毛离开红四军。会议认为，如若朱毛一时不能到中央，希望前委派一得力同志到中央报告工作，参与讨论。

在此之前，向忠发代表中央起草了给朱德、毛泽东的指示信，政治局常委对此进行了讨论。周恩来发言说：朱毛出来的问题，原则上是如此，但根据现在的实际情况要写得活一些；红四军的行动方向问题，说的呆板了一些，

---

① 《朱德年谱》，中央文献出版社2006年版，第135页。

不要困守到一个地方。[①]

中央与红四军前委的分歧暂时平息，可红四军内部纷争趋向激烈。

5 月上旬，中央派遣从苏联学习回国的刘安恭参加红四军的领导工作，被红四军前委任命为军政治部主任、临时军委书记。刘安恭到任后主持临时军委会议，确定前委、军委的职权范围，决定前委只讨论军事行动，不管他事，实际上是限制前委权力，扩大军委权限。

5 月底，毛泽东在福建永定湖雷主持召开红四军前委会议，就党对军队的领导问题进行讨论，焦点是红四军内是否仍要设立军委。一种意见认为，既名红四军，就要有军委，对毛泽东领导的前委提出批评，指责前委管得太多，权力太集中，是“书记专政”“家长制”，得到朱德的首肯。另一种意见则认为，当前前委的工作重心仍在军队，军队指挥需要集中而敏捷，由于战斗频繁和部队经常转移，由前委直接领导和指挥更有利于作战，因此不必设立军委，批评在前委之下、纵委之上成立军委，实际上是“分权主义”。毛泽东支持后者。

意见未能统一，前委又于 6 月 8 日在白砂召开扩大会议。毛泽东的“军委应该撤销，集中权力于前委”的主张遭到刘安恭的极力反对。陈毅建议撤销刘安恭军委书记和政治部主任职务，改任其为第二纵队司令员，得到大部分前委成员的支持。会议对前委之下要不要设军委进行举手表决。总共四十一票中，三十六票表示不设，五票表示要设，红四军前委集体通过了取消红四军军委的决定。

可这一决定并没有消除红四军内部的分歧，争论反而更加公开和激烈。毛泽东给会议交了一份书面意见，认为前委、军委分权，前委不好放手工作，但责任又要承担，陷于不生不死状态，表示“我不能担负这种不生不死的责任，请马上调换书记，让我离开前委”。[②]

朱德在党以什么方式领导红四军的问题上发表意见：党应该经过无产阶级组织的各种机关（苏维埃）起核心作用，去管理一切；极端拥护一切工作归支部的原则，可红四军在原则上坚持得不够，成为一切工作集中于前委，

---

① 《周恩来年谱》，中央文献出版社 1998 年版，第 161 页。

② 《朱德年谱》，中央文献出版社 2006 年版，第 148 页。

前委对外代替群众机关，对内代替各级支部；党员在党内要严格执行纪律，自由要受到纪律的限制，只有赞成执行铁的纪律，方能培养全数党员对党的训练和信仰奋斗有所依归。

当天晚上，第一纵队司令员林彪给毛泽东写了一封信，表示全力支持，希望他不要离开：“你今天提出你个人要离开前委的意见，我非常不赞成。”“党里要有错误的思想发生，你应该毅然决然去纠正，不要以不管事了事。”①

6 月 14 日，毛泽东以给林彪复信的形式写了一篇 7600 字的文章。在毛泽东给林彪复信的第二天，朱德也给林彪写了一封信，把在白砂会议上表达过的观点展开进行论述。

毛泽东和朱德给林彪的信，很快刊登在红四军《前委通讯》第三期上，全军将士都能读到，一目了然。红军领导人之间的分歧本来已经小道消息满天飞，《前委通讯》公开刊登后，上上下下更是沸沸扬扬。

大敌压境，必须尽快结束党内争论，统一思想，团结一致，共同对敌。6 月 22 日，红四军在龙岩城内召开第七次党的代表大会，主持会议的陈毅号召“大家来争论”，会场气氛紧张激烈。大会最后改选前委，中共中央指定的书记毛泽东落选，陈毅当选前委书记。毛泽东被迫离开红四军主要领导岗位，到闽西休养并指导地方工作。

会议对朱、毛争论做了总结。决议案说：朱同志怪毛同志使军队停摆，说毛同志不听调动，毛同志说朱同志与党争权，含有互相攻击的意味，是最要不得的。朱、毛两同志在党内外负责重要工作，不能因某种政策与意见不同，互相怀疑，互相猜忌，又不提出批评交由党解决，以致造成这次党内严重的争论，给党以不好的影响。会议认为，毛泽东是前委书记，对争论应多负些责任，给予党内“严重警告”处分，给予朱德“书面警告”处分。

随后，陈毅将红四军的争论和七大情况，写信报告了中央。

中共中央收到红四军的材料后，于 8 月 13 日由向忠发主持召开政治局会议，讨论红四军七大文件及朱德与毛泽东的意见分歧。

政治局认为：红四军七大决议案有些是正确的，有些是不正确的。前委

---

① 《毛泽东传》（1893—1949），中央文献出版社 1996 年版，第 209 页。

同志号召“大家来争论”是错误的，并指出“红军采取比较的‘集权制’，党的书记多负责‘绝对不是家长制’，如果每一件事都要拿到支部去讨论，去解决，这是极端民主化的主张”。会议决定，红四军派一两名得力同志赴上海向中央报告情况后，再做整个答复。

红四军七大结束了，可问题并没有真正解决，反而更加严峻。在出击闽中和冒进东江中，红四军连吃败仗，议论又起，军心涣散。许多人甚至提出离开部队到地方工作，红四军陷入严重的危机之中。

陈毅去了上海，前委代书记朱德于9月下旬在上杭召开红四军八大，想借此整顿部队，加强建设，以利工作和战斗。但八大只是“无组织状态地开了三天”，对一切问题仍“毫无结果”。

朱德和许多同志一样，认识到毛泽东坚持政治原则的可贵，红四军的的确确离不开毛泽东，确立政治上的领导中心离不开毛泽东。会议期间，许多支部提议请毛泽东回来重新主持前委工作，朱德当即表示同意和支持，并写信请毛泽东回来复职和出席红四军八大。

毛泽东回信说：“我平生精密考察事情，严正督促工作，这是陈毅主义的眼中钉，陈毅要我作‘八边美人，四方讨好’，我办不到；红四军党内是非不解决，我不能随便回来；再者身体不好，就不参加会了。”①

1929年8月下旬，陈毅秘密来到上海，通过地下交通找到中央政治局常委兼秘书长李立三，就红四军情况和内部分歧做了概要汇报。李立三认为陈毅所谈情况和所提问题十分重要，告诉陈毅：中央政治局要召开专门会议听取汇报和讨论决定，请陈毅等候会议通知。

8月29日，向忠发主持召开中央政治局会议，周恩来、李立三、项英、关向应出席。陈毅全面介绍了红四军的历史和部队的具体情况，坦诚地汇报了红四军七大后党内的意见分歧，以及自己的个人意见。

向忠发问陈毅：“你说实话，毛泽东如何？”

陈毅不假思索地回答：“我不如他。我陈毅两次代替毛泽东干前委书记，两次都放任下面搞极端民主化，说明我管不了这一坨哟。”

---

① 《毛泽东传》（1893—1949），中央文献出版社1996年版，第212页。

向忠发下意识地点了点头。

周恩来对陈毅说：“一个党一个军队都需要自己的核心人物。如果现在要选择红四军这样一支全国有影响的红军的领导人，毛泽东当然是最好的人选。”

鉴于红四军的经验和问题极为重要，向忠发决定由周恩来、李立三和陈毅三人组成一个委员会，研究红四军问题，代中央拟出对红四军工作的指示，交中央政治局讨论。三人委员会经过将近一个月的时间，多次研究红四军建设及其内部分歧的各方面情况，最后形成统一意见，这就是中央对红四军的“九月来信”。

“九月来信”对红四军内部的争论表明了中央的立场，指出党的一切权力集中于前委机关，绝不动摇，明确支持毛泽东的正确领导，并要求前委恢复朱德、毛泽东在群众中的威信，毛泽东“仍应为前委书记”；肯定了“工农武装割据”的思想，对红四军的建设提出了系统的意见，要求红军努力实现所负的任务。

红四军第九次代表大会决议案（1949 年版）

陈毅把中央的指示带回到根据地后，三次用快马给毛泽东送信，汇报中央“九月来信”精神，并写上：“七大没有开好，我犯了错误。中央认为你的领导是正确的。匹军同志盼你早日归队，就任前委书记。这是中央的意思，也是我和玉阶（朱德）以及前委的希冀。”

毛泽东接纳了陈毅的爽直和大将风度，不久欣然给中央写报告说：“我病已好，遵照中央指示，在前委工作。”又说，“四军党内的团结，在中央正确领导之下，完全不成问题了。”①

红四军渡过危机，再次焕发出新的活力，开始“风卷红旗如画”的辉煌征程。在毛泽东、朱德指挥下，红四军主力扩大战果，长期被分割的赣南和

① 《周恩来传》，中央文献出版社 1989 年版，第 196 页。

闽西两块根据地连成了一片，形成以瑞金为中心的中央根据地，为建立中华苏维埃共和国奠定了坚实的基础。

三十五

陈独秀及其追随者，公然打出党内反对派的旗帜，形成有组织的派别活动，造成党内思想混乱。向忠发毫不含糊，在共产国际支持下，将一批党内干部开除出党。

1929 年 6 月下旬，六届二中全会在上海秘密召开。向忠发代表中央政治局做工作报告，对近一年的工作进行总结和评价，对今后的工作提出任务和要求。

会议形成的《关于中央政治局工作报告的决议》指出：

> 中央政治局的确在非常困难的环境中，很艰苦的很坚决的与党外的敌人压迫和反动思想斗争，与党内的各种不正确的倾向斗争，致现在全党在政治上组织上才都有了进一步的巩固，表现的成绩是党的政治影响在群众中扩大，领导群众斗争的力量有相当的进展，党与群众的关系已在开始恢复，党的削弱趋势已渐趋稳定，党员质量有相当改进，党内错误倾向有相当克服，党内逐渐走向一致的道路。[①]

---

① 《中共中央文件选集》（5），中央党校出版社 1983 年版，第 195 页。

这样的评述是符合当时的客观实际的。

会议决定：中央政治局主席一职改称中共中央总书记。

六届二中全会召开前后，党内发生了一场原则性的争论。中国共产党的创始人陈独秀逐渐接受了“托派”观点，一步一步地走到党的对立面。

中国“托派”的最初来源，是直接受到托洛茨基及托洛茨基主义影响的少数中国留苏学生。他们中间的一些人于1927年底至1929年先后回到国内，宣传托洛茨基关于中国革命的观点。虽然托洛茨基对大革命后期蒋介石、汪精卫两个集团阶级实质的认识，对他们将要叛变革命的判断，对斯大林在指导中国革命中的错误的批评，有些是正确的或基本正确的，但托洛茨基对大革命失败后的中国社会性质、革命性质、阶级关系和战略策略的认识，则是错误的。

托洛茨基认为，斯大林应对中国大革命的失败负责。这一观点，得到陈独秀的认同，这是陈独秀参加中国“托派”的重要原因。

陈独秀被停职离开总书记的岗位后，回到了上海。他一面按照中央要求，在党的刊物上发表文章，揭露国民党的黑暗统治；一面反省大革命失败的教训，关注当前形势和党的路线、策略。对大革命的失败，陈独秀并不认为自己没有责任，但他认为在许多问题上共产国际的指导是错误的，自己是被迫执行的，共产国际应负主要责任。因此，他对共产国际把大革命过程中的错误和大革命失败的责任都推到自己身上的行为十分不满。

1929年春，当陈独秀、彭述之看到托洛茨基论述中国革命的文件时，引起思想上的共鸣。经过一段时间思考，他们开始接受“托派”关于中国革命的理论和策略，并开始在党内组织“左派反对派”。

当陈独秀与从苏联回国的“托派”刚开始接触时，中共中央就有觉察。向忠发在六届二中全会报告中有针对性地指出：

> 托洛茨基反对派的活动，近已侵入中国党内，它在目前中国党内理论水平低微与历史纠纷尚有残余的条件下，很有可能与党内一般落后的、消极的、离开工作、不满意指导机关的党员相结合，以助长党内小组织

倾向与派别观念的暂时发展，而形成中国的反对派。

向忠发的预见，很快得到验证。

不久，陈独秀公然打出“托派”旗帜，反对党的六大路线，提出了同党对立的主张。这是党的纪律不允许的，有人主张应予坚决制裁。为慎重起见，7 月 12 日，向忠发、周恩来与陈独秀进行了一次谈话。①

向忠发希望陈独秀顾全大局，以党的事业为重。

陈独秀冷笑道：“托洛茨基同志认为共产党应当退出国民党的建议，我看非常正确，若是斯大林听了他的话，中国大革命就不会是失败的结局。大革命失败的根本原因就在于执行了国际的机会主义政策，以统一战线政策代替了无产阶级独立领导革命的政策，步步投降资产阶级，毁灭了中共组织上政治上的独立性，这是共产国际对于中国革命的根本政策之错误。”

对于陈独秀的观点，向忠发不敢认同，立即反驳道：“独秀同志，你这个说法未免偏激。众所周知，中国的大革命正是因为有了共产国际的倡议和支持，才实现了国共合作，建立了各革命阶级反帝反封建的统一战线，从而有力地推动了大革命的深入开展，我们的党也才能从三大时只有几百名党员迅速发展到五大时拥有近六万党员。否定共产国际在大革命中的作用，是不公正的。”

周恩来接过话茬：“独秀同志，你对八七会议于你个人的评价有意见，我们理解，但千万不要因为有点情绪，看到托洛茨基在大革命失败责任问题上为你开脱，就接受他的思想，这是条走不通的路。你在大革命失败时说过，中国革命应该由中国人来领导。托洛茨基同样是不了解中国革命实际情况的外国人。凭着一时感情用事，会走入歧途的。”

陈独秀仍固执己见。

向忠发理论水平不高，听了这些抽象的理论，虽然十分反感，但又无力反驳。于是很不耐烦，直截了当地说：“独秀同志，今天我们来不是听你高谈阔论，是代表中央与你谈话的，真诚希望你回到党的立场上来。如果要争论，

① 穆欣：《隐蔽战线统帅周恩来》，中国青年出版社 2002 年版，第 256—257 页。

希望你能去莫斯科，向共产国际全面阐述你的理论和观点。”

陈独秀冷冷地说道：“谢谢关照，我知道该怎么做。”

随后，陈独秀多次向中央写信，阐述自己的政治见解。他认为大革命失败后，中国进入反革命势力全盛的时代，民主革命已经过去，社会主义革命的条件尚未成熟，在没有改革局势的现阶段，无产阶级只能进行以召集“国民会议”为总的政治口号的合法运动，实际上否定了党所领导的武装斗争，

陈独秀在中央答复之前，将这些信件经彭述之等人在党内散发，鼓动一些人起来反对党的路线，并且秘密进行小组织活动。共产国际远东局代表和向忠发再一次约陈独秀谈话，批评他不应该轻率地发表和中央不同的意见，引起党内争论。

1929 年 8 月 13 日，中共中央发出《第四十四号通告——关于中国党内反对派问题》，号召全党开展反对“托派”的斗争，在思想上、理论上驳斥“托派”的谬论，并决定将“托派”骨干分子一律清除出党，对一般分子进行教育和挽救。[①]

陈独秀指责这是“用专横态度来掩护错误”，并在 9 月自行组织“托派”小组织“中国共产党左派反对派”，公开扯起党内反对派的旗帜。在他的指挥下，一部分政治上不得意的干部分头活动，一面对上海本地的党员和外地来上海的党员进行宣传，一面把原来的“陈独秀派”和新影响下的人编成小组，学习和讨论托洛茨基对于中国革命问题的主张。在党的支部会议上，他们就中国革命的根本问题同江苏省委进行辩论，有的支部甚至宣布与党组织脱离关系。

9 月 10 日，恽代英和彭述之还在江苏省委会议上发生争论，彭述之为陈独秀和自己的“托派”活动公开辩护。

陈独秀及其追随者公开挑战，造成党内思想混乱。10 月 6 日，中共中央致函陈独秀，向他发出书面警告，指出：

党在组织原则上不容许有两个路线同时存在，尤其不容许有少数同

① 《中国共产党历史》第一卷（上册），中共党史出版社 2011 年 1 月第 2 版，第 272 页。

志与党对立，破坏党的组织系统。而你在政治上已采取与党对立的错误路线；你与同你意见相同的人，在上海党的下层有超越组织的活动。你必须站在党的利益上立即停止这种活动。中央决定你在党的政治路线之下，在中央担任编辑工作，限定你一周内作篇反对反对派的文章。并编入中央直属支部参加党的活动。

陈独秀对中央的警告置若罔闻，10 月 10 日发出“抗议”：

你们拿开除党籍的话来威吓我，阻止我发表意见。我现在正式告诉你们：在你们，绝对没有理由可以开除发表政治意见的任何同志；在我，只知道为马克思列宁主义的真理，为全无产阶级的革命利益，结合下层的革命群众和机会主义的上层领导机关奋斗而不计其他！

若用这样的方法无理由地开除同志，如果由此造成党的分裂，是应该由你们负责的！①

陈独秀与党的关系已经发展到政治上和组织上的对抗，矛盾已无法调和。10 月 15 日，向忠发主持中央政治局会议，做出如下决定：

1. 各级党部如果发现了托派小组织必须马上解散，对于参加的同志须予以组织上的制裁；

2. 经过讨论以后，仍然固执他的取消主义的思想，不执行党的策略，不服从决议的，应毫不犹豫地开除出党；

3. 独秀同志必须立即服从中央的决议，接受中央的警告，在党的路线之下工作，停止一切反党的宣传与活动。

中共中央做出这一决定后，江苏省委最先反应，决议将陈独秀的主要追随者彭述之、汪泽楷、马玉夫和蔡振德开除出党。江苏省委在上报这个决议

① 朱洪：《陈独秀传》，安徽人民出版社 2003 年版，第 315 页。

时，同时请求中央开除陈独秀的党籍。

得知江苏省委的决议后，陈独秀与彭述之联名致信中央，认为中央对托派小组织活动的警告、指责是滥用威权，钳制党员对于政治问题公开讨论。他们认为对于政治意见不同的党员，中央无理由地阻止其发表意见，并且超越党的组织路线即不征求支部的意见，不顾支部的异议，悍然由上级机关任意开除和中央政治意见不同的党员，是掩饰自己完全破产的政治路线，以保全领导机关少数人的威信。他们表示，真正的布尔什维克是不怕开除党籍的。

此时，陈独秀和彭述之没有任何忌讳，公然亮出“反对派”身份，并宣称：

> 你们说我们是反对派；不错，我们是反对派，我们的党此时正需要反对派，而且正需要勇敢的对革命对党负责的反对派，坚决的不和机会主义、冒险主义威吓手段欺骗手段腐败官僚的领导机关同流合污。为了革命的利益，为了阶级的利益，为了党的利益，绝不计及自己个人的利益，尽量的发表正确言论，使马克思列宁主义布尔什维克主义在中国有一线之延，使全党党员及全无产阶级的群众不至对党完全失望！

这封信，被视为陈独秀与中央的“绝交书”。

中共中央与陈独秀的斗争，得到了共产国际远东局的支持。远在莫斯科的米夫给中共中央撑腰，在给远东局的信中说：

> 据我们得到的消息，在中国，托洛茨基分子加强了活动。关于这个问题我们请求提供更详细的通报，以便我们能够在你们同他们进行思想上和组织上斗争时，向你们提供相应的帮助。

10 月 26 日，共产国际执委会致信中共中央，明确提出：

> 党应当执行无情的斗争，反对陈独秀的取消主义的政纲；党应当肃清自己的队伍，去掉暗藏的托洛茨基派和取消派。

有了共产国际的支持，向忠发更加理直气壮。

于是，中共中央向各级党部和全体党员发出一封公开信，对“托派”进行严厉谴责，指出其错误是“明显地阻挠党向敌人的斗争，站在完全与共产国际和党的六次大会以及中央现在所执行的正确路线相反地位，积极的进行破坏党的一致和分裂党的活动，以公开的攻击现在的党是卖阶级的无耻语句以献媚敌人，以极端民主化来鼓动同志反对上级指导机关之指导讨论党的政策，提出与六次大会完全相反的路线”。中央认为，“这完全是破坏党的组织原则与党的纪律的行动。对于这些行动的同志公开警告他还不接受与改悔，党应坚决地予以组织上之最高原则的制裁，以巩固党的一致，决不能有半点动摇”。

被开除党籍后的陈独秀

11 月 15 日，向忠发主持中央政治局会议，决定开除陈独秀党籍，并批准江苏省委开除彭述之、汪泽楷、马玉夫、蔡振德四人党籍。

从此，中共中央彻底割断了与陈独秀组织上的联系。

第十章
幕后推手

MUHOU TUISHOU

经过近两年的苦心经营，中国革命逐步走上复兴之路，尤其是武装力量有了较大发展，建立起数块农村根据地。在国内政治环境出现明显变化之际，向忠发急功近利，“立三路线”由此产生。

“立三路线”的核心，是要通过一省数省的发动，夺取全国政权。在“立三路线”形成过程中，向忠发是始作俑者和幕后推手，其言行较李立三有过之而无不及。共产国际丢车保帅，将此错误冠名为“立三路线”。

三十六

向忠发本想通过远东局帮助，提高工作水平，可双方很快产生分歧。向忠发说："如果中国党犯错误，远东局可以纠正；同样，如果远东局犯错误，我们也要与之斗争。"

中共六大后，应中共中央和向忠发的要求，共产国际远东局由海参崴迁往上海，成为派驻中国的常设秘密机构。

远东局的职责与以往有很大的不同，实行集体工作和集体负责。他们不再负有明确的领导责任，主要起上传下达的联络作用。远东局不参加中共中央政治局和常委会议，重大事项由中共中央负责人会前或会后同他们商议。

向忠发本想通过远东局帮助自己，提高工作水平，可双方很快发生许多意见分歧，甚至引发激烈争论。

1929 年 4 月，中共中央在讨论国内形势和党的路线时，向忠发认为党内最重大的危险是右的倾向，党的路线应主要是同这种倾向做斗争。远东局不同意，认为在中国党内左右倾一样危险，党的路线应同这两种倾向做斗争。当时，向忠发用党内生活的各种事实来证明自己的观点，特别强调了客观条件。经过四次激烈争论，远东局同意了中共中央的指导思想："右倾是最大的风险。"但还是补充了一句："左倾同样是危险的。"

六届二中全会期间，中共中央在讨论农村游击战争问题时指出，农民和

共产国际远东局工作人员

地主之间的关系更加紧张了。由于农民争取进行土地革命的斗争不断深入，特别是由于地主阶级的武装组织（民团和保卫团）日益加强，农村的日常斗争很容易演变成武装冲突，游击战争可能变成农村的重要斗争形式之一，因此党的策略应该是坚定地领导自发的暴动和发展游击战争。远东局认为，目前游击战争必然失败，党在农村的任务应该是争取广大群众，应该劝导群众不要进行这种不能取胜的游击战争。

中共中央坚决反对这种观点，并指出：只有在坚决领导自发斗争和游击战的情况下，党才能争取广大群众并把他们组织起来。在对待游击战态度上的任何摇摆，最后一定会导致取消农村的一切斗争。缺乏领导游击战的勇气定会导致缺乏领导一切斗争的勇气，最后导致完全放弃农民的信念。

经过两次激烈辩论，远东局接受了这个观点。

第三次分歧出现在 1929 年 10 月。陈独秀与取消派开始活跃的时候，中央认为这是党内的重大问题，号召全党坚决反对。可远东局发出了不同声音，认为中央过高估计了取消派。不久取消派更加活跃，少数受到取消派欺骗的基层组织表现出动摇，中共中央做出了动员全党反对取消派的决议，远东局却认为中共中央反应过度。双方经过争辩，决定远东局与陈独秀进行一次谈话，可陈独秀公开反对中共中央和共产国际路线，毫不掩饰其派别活动。为此，中共中央决定开除陈独秀的党籍。当中共中央向远东局报告这个决议时，远东局说："中央开除陈独秀太不谨慎从事了。"①

双方在许多问题上意见不一，严重影响了工作的开展。

1929 年 11 月，远东局不与中共中央商量，仅仅根据共产国际执委会"反右倾、反调和、反取消派"的精神，通过一个决议案，断言中共中央这是在三个问题上犯了右倾错误，即富农问题、赤色工会问题、与国民党广西省政府主席俞作柏的关系问题。

远东局认为，富农是资产阶级性的，要坚决反对，主张一定要把反对资产阶级富农写上党纲。中共中央认为，将带封建性的、地主性的富农与资产阶级性的富农分开来看，这不是中国的事实，许多富农兼有这两种性质。

在此之前，刚刚掌握广西军政大权的俞作柏、李明瑞酝酿反对蒋介石，寻求同中国共产党建立联系。中共中央派邓小平前往广西，同俞作柏、李明瑞接洽，领导当地党的工作，准备武装起义。后来，邓小平在此基础上发动左右江起义，建立了红七军和红八军。远东局认为中共中央这是在勾结军阀。

远东局的观点，有些是正确的，有些明显不妥。

向忠发得知这个决议后大为恼火。因为在此之前，他多次提出反右倾的观点，并宣称：中共六大强调的反对盲动主义的任务已经完结，中国党的盲动主义客观上已经失去基础，现在面临的任务是"如何消灭右倾危险了"。②

早在 1929 年 1 月底，李立三代表中央起草过一篇通告，说明当前政治形势与党的主要任务，公开提出一个观点，即南京政府代表民族资产阶级，而美国因为与英日两国有矛盾，正在极力支持南京政府保持和平与稳定，因此中国资产阶级的统治正趋于暂时稳定，军阀战争不会马上到来，在这种情况下，党必须把如何战胜改良主义的问题放在当前重要的位置上。

向忠发表示异议，当即宣称：李立三的说法有很大的毛病，美国同样是帝国主义，不能说它与英、日有什么区别，中国资产阶级虽然有稳定的企图，却绝没有稳定的可能，即使暂时的稳定也不可能。然而，因其他领导人基本赞同，向忠发不得不批准下发这个通告，但内心深处并不服气。

---

① 《共产国际、联共（布）与中国革命档案资料丛书》第 8 卷，中央文献出版社 2002 年版，第 335—339 页。

② 《共产国际、联共(布)与中国革命档案资料丛书》第 8 卷，中央文献出版社 2002 年版，第 332 页。

李立三发表演讲

两个月后，共产国际对中共党内的这种观点提出了明确的批评，向忠发大翻其案，批评李立三过高估计美帝国主义和中国的民族资产阶级，“是右倾的危险”，并且声称中国同志在政治分析上普遍存在一种缺点，往往因为统治阶级修了一条马路，就对统治阶级做过高的估计，他认为改良主义很厉害。

向忠发要求警惕党内右倾危险，甚至说“左”倾盲动倾向已经不复存在。此举本来可以成为一种政治资本，可远东局忽略了中共中央反右倾的基本路线和工作实绩，指责中共中央左得不够，向忠发当然不能接受。

远东局的决议最终要送交共产国际审阅，这势必影响共产国际对向忠发主持中央工作以来的整体评价。1929 年 12 月 6 日，向忠发主持中央政治局会议，讨论远东局决议。向忠发愤愤不平：“我非常反对远东局的工作方式，它特别注意许多小的问题，不注重在政治上的指导，专门吹毛求疵地来指责中央。”①

向忠发认为，如果接受这个决议，不仅会损害中央的威信，而且会在客观上助长各种错误倾向。党的路线政策和工作部署都是正确的，反而是远东局有一条“一贯的右倾路线”。

当天晚上，向忠发同远东局会谈，要求远东局召开专门会议，纠正其决议中有关中国部分的基本精神，同时对过去的许多争论做出最后的明确结论，

---

① 《周恩来传》，中央文献出版社 1989 年版，第 213 页。

并吸收中共负责人参加。

12 月 10 日，第一次联席会议召开。远东局建议由其工作人员奥斯藤提出声明，然后由一位中国同志做出答复。向忠发当即反对："中共中央是集体领导，这个问题应该大家来谈。"

远东局负责人罗伯特同意另外举行一次会议。

中央政治局派向忠发、周恩来、李立三参加讨论，可远东局拒绝中共中央提出的纠正决议相关内容的要求，并且说："这一决议是对国际的，给中国党看是礼貌。"他们抓住项英在政治局会议上提到的"国际不了解中国的实际情况"这句话大做文章，要求中共中央解除项英的职务。①

远东局把注意力放在中共中央的错误上，并且说中共中央不承认错误。双方谈得很僵，没有达成任何谅解。

两次会议不行，12 月 17 日举行第三次联席会议。

经过一番舌战，向忠发代表中共中央进行总结："听了同志们的所有发言，我没有从中找到对核心问题的答复。"他认为，在农民问题和赤色工会问题上，中共中央已经接受了远东局的批评，并做出了各类决议，"但是你们在答复中说，我们没有接受你们的批评，并且你们没有对我们的问题作出任何答复。这是很危险的"。至于俞作柏，"你们提到的情况不是事实。我们是布尔什维克，必须实事求是地执行指示。我们要求远东局纠正这种做法"。在陈独秀问题上，向忠发指出："我们不能接受你们的意见，相反，应该反对你们的意见。"并同意把这个问题提交共产国际解决。

向忠发明确告诉远东局："以后，如果中国党犯错误，远东局可以给以纠正；同样，如果远东局犯错误，我们也要与之做斗争。"

远东局不仅没有接受中共中央的建议，没有同意修改决议，甚至没有答复向忠发提出的重要问题，而是找出几个零星的小问题攻击中共中央，讨论没有取得任何结果。

12 月 24 日，中共中央政治局召开特别会议。中央领导人群情激愤，指责远东局不实事求是，奉行"调和主义"。

---

① 《周恩来传》，中央文献出版社 1989 年版，第 213 页。

向忠发气愤地说："远东局从它的工作一开始，毫无疑问就有右的倾向，所以这个问题必须由共产国际来解决。"他认为远东局从根本上忽略了中共旨在反对右倾的基本路线和实际工作，在陈独秀问题上"犹豫不决，摇摆不定"。建议派一名同志去共产国际详细汇报工作，要求"必须进行有力争论"。

谈到和远东局今后的关系，向忠发提醒说：既然远东局有这种"调和主义"的路线，出现新的还是不承认的错误是完全不可避免的。在同他们工作时，应该注意出现新的错误的可能性。

根据会议讨论，中共中央政治局做出如下决议：

1. 给共产国际执委会发电报，要求重新讨论和修改远东局的决议；
2. 在收到共产国际的最后决定之前，保留以前与远东局的所有关系；
3. 立即派人去共产国际，报告一年来中央的工作和现在的策略方针。①

随后，向忠发上书共产国际，对远东局的指责进行辩解，并于 1930 年 2 月派周恩来专程赴莫斯科汇报，尤其是中共中央同右倾做斗争的情况。

向忠发这一状没有告赢。共产国际认为，罗伯特和远东局的方针基本上是正确的，同时也承认中共中央政治局的方针总的来说是正确的。远东局和中共中央之间不能令人满意的相互关系，在一定程度上是由于中国同志不能完全正确地对待远东局所做的，也是对中国领导人某些错误应该做的必要批评的结果，并要求中共中央竭尽全力同远东局建立正常关系。

向忠发对共产国际的最后裁决，在组织原则上表示服从。但由于坚信远东局的指责无中生有，所以单凭共产国际姗姗来迟的一纸电文就想完全平息向忠发等中共领导人心中的怨气，是不可能的。

---

① 《共产国际、联共(布)与中国革命档案资料丛书》第 8 卷，中央文献出版社 2002 年版，第 344 页。

三十七

国民党内部爆发中原大战，向忠发断定中国革命会跃进式发展。中央决议既遭到远东局的明确反对，也遭到党内强烈抨击。向忠发一边向共产国际解释，一边对党内反对者纪律制裁。

党的六大确立了“争取群众，巩固基础，促进革命高潮到来”的工作方针。那么，新的革命高潮什么时候到来呢？六大没有做出明确的回答，当时也难以做出这样的回答。

这个问题一直萦绕在向忠发的脑海中。

起初，向忠发的头脑还是比较清醒的，把争取群众、巩固组织作为全党工作的重点。经过近两年的苦心经营，全国的党员数量由六大时的四万余人增加到十二万人，革命运动逐步走向复兴，尤其是武装力量有了显著的发展，红军主力和地方武装发展到十万人，建立起数块有一定规模的农村根据地。但在国内政治气候发生明显变化之时，急于促进革命高潮到来的向忠发，开始把持不住方向了。

1930 年 5 月，国民党统治集团的内部矛盾进一步激化，蒋介石、李宗仁、冯玉祥、阎锡山之间因自身利益不能妥协，爆发中原大战。为应付这场战争，各方不遗余力，投入百万兵力，长江流域国民党军兵力空虚。这种形势为革命力量的发展提供了难得的契机。

向忠发认为，中国革命将会有一个跃进式的发展。

无论是向忠发，还是中共中央其他领导人，这时几乎都毫不怀疑，革命一旦爆发，就会像决堤的洪水一样，一往无前，势不可挡，直到最后胜利。李立三甚至断定，中国已经成了帝国主义矛盾最尖锐而统治最薄弱的地方。也就是说，中国已经取代了过去俄国的位置。正是从这个逻辑出发，他明确得出结论说：中国革命一旦爆发，帝国主义必然要以全力来镇压，势必促成西方无产阶级和东方殖民地革命的爆发。

尽管在构造宏伟蓝图方面，向忠发的想象不如李立三，但在过高估计革命力量方面，向忠发“从不后人”。

当李立三含糊其辞地说“革命高潮一天一天接近来到我们面前”之时，向忠发直截了当地声称：如果明天有几万人上街，就可说是革命高潮到了。

当李立三主张要在文件上肯定存在着革命发展不平衡的情况，以免下级发生“左”倾时，向忠发则明确主张取消“斗争发展不平衡”一句，事实上到处都有胜利的可能。

当李立三强调现在实际上只是农村存在明显的革命高潮时，向忠发表示绝对不同意：这样说足以使一般同志观念动摇，将革命分作两个东西，忽略城市无产阶级领导，只简单看见了几个枪杆子、赤卫队。中国革命早已不是李自成、张献忠和洪秀全的时代，如果特别看重农村，那和洪秀全时代有何区别？必须指出，农村与城市不是两个东西。由于无产阶级斗争之兴起并正在发挥领导作用，因此城市斗争更尖锐。

在向忠发的鼓励和推动下，“立三路线”开始形成。

6 月 11 日，向忠发主持中央政治局会议，根据李立三起草的报告，通过了《目前政治任务的决议——新的革命高潮与一省或几省首先胜利》，对革命形势做了错误估计。

决议强调：总的形势表明，中国新的革命高潮已经逼近到我们面前了，有极大可能转变成为全国革命的胜利；中国革命一爆发，就会掀起全世界的大革命；中国革命将会在这一最后决战中取得完全胜利。

在对革命形势所做的这种错误估量的基础上，决议认为在革命急剧发展的现在，党不只是要注意到夺取广大群众，以促进这一革命巨潮更快地爆发，尤其要注意到革命巨潮爆发时，组织全国武装暴动夺取政权的任务。决议机械地搬用俄国十月革命的经验，认为只要在产业区域或政治中心突然爆发一个伟大的工人斗争，就可以立即通过武装起义实现一省或几省的首先胜利，建立全国性的革命政权，进而夺取全国所有省区的胜利。

决议虽然承认在农村中组织红军是必要的，但认为红军的任务“是与主要城市的武装暴动配合，夺取政权，建立全国革命政权”。因此“过去的游击战术”，“必须根本的改变过来”，并要求红军集中组织，统一指挥，实现大规模进攻战。

这个决议的通过，标志着“立三路线”在党内取得统治地位。

中共中央的决议要共产国际批准后才能生效。13 日，李立三与远东局负责人罗伯特在约定地点秘密会面。罗伯特看到这个决议后表示怀疑：对中国革命形势发展的估计是否太过乐观？另外，“在一省几省首先胜利”，即是“建立苏维埃根据地”，这二者究竟有多大区别？

罗伯特向李立三当面提出两个问题：第一，共产国际正在讨论中国问题。中共中央仅根据一个工作人员的报告便做出这一决议，将来出现问题如何办？第二，中共中央政治局很弱，周恩来、瞿秋白不在，向忠发、关向应都病了，你们通过这一决议，将来政治局内部产生不同的意见，如何办？[①]

罗伯特不同意下发这个决议。

向忠发知道后，抱怨远东局总是拿些鸡毛蒜皮的小事故意刁难，声称对于这种纯粹“强奸式的批评，我们不能接受”。

政治局在进一步讨论了罗伯特的意见后，又派李立三与项英代表中共中央再度与罗伯特秘密会面。李立三当场声明：

> 中共中央并非不想等待国际决议到来，可是目前客观的要求不允许我们等待。我们要对国际负责，同时更要对革命负责。如果中央看到革命形势的发展，不决定一个路线，就是对革命不负责任。

---

① 《周恩来传》，中央文献出版社 1989 年版，第 215 页。

罗伯特态度也十分强硬，正式提交了一封信给中共中央政治局，说明远东局对新决议的意见，同时明确表示：这个决议只能算作一个草案，绝对不能下发，否则李立三要承担一切责任。

19 日，在得知远东局的正式意见后，政治局内的气氛变得激烈起来。项英宣称：这个决议无论如何必须发下去。远东局的指导是无原则的，妨碍中国党工作。向忠发则尖锐地表示：说什么这个决议只能是草案，简直是开玩笑！立三的答复非常正确，我们对国际负责，同时要对革命负责。对远东局的这种态度，一定要来一个政治上的抗议，太软弱是不好的。

李立三与项英未能说服远东局，向忠发亲自披挂上阵。

6 月 21 日，向忠发以中共中央政治局名义写信给远东局，指责远东局不同意中央发表决议是要使党中央的政治工作停顿下来，并提出严肃的政治抗议。他认为远东局想方设法把这一决议和共产国际的讨论联系起来，实际上就意味着破坏共产国际对中国党的信任。向忠发指出：搁置发表这一决议，意味着把对中国革命的领导置于不顾。并强硬表示：中央为对革命负责、对无产阶级负责、对国际负责，已经决定即刻发出这一决议。

向忠发对罗伯特毫不客气，大举挞伐：罗伯特同志一贯执行右倾方针，他在远东局的工作确实妨碍了中国党对革命的领导，也束缚了中国党和远东局之间的关系，要求远东局解除罗伯特的工作。

25 日，向忠发又给远在莫斯科的周恩来写信并致电共产国际，大谈革命形势如何高涨，夺取全国政权的方针如何正确，批评远东局负责人罗伯特搞得中央烦不胜烦。信中强硬地表示：谁不同意立即发布中共中央的决议，谁就是把中共中央置于对革命犯罪的地位，就是阻挠中国革命。罗伯特力图把中国革命的力量集中到一个或几个省，这不仅是主张地区割据的观点，而且是彻头彻尾的右倾机会主义路线，中共中央坚决要求共产国际立即召回罗伯特。

政治局的这个决议，既遭到远东局的明确反对，也遭到党内强烈抵制。在一次党的会议上，李立三说工人要大干，不要小干，只要有领导，一呼百应，罢工就起来了，沪东区委书记何孟雄当即站起来表示反对。何孟雄在党的会议上多次提出反对意见，为此一直遭受打击。

中宣部秘书王明看到这份决议后，主动找向忠发交换意见，对李立三的说法提出强烈批评。

为统一思想认识，向忠发决定召开中央机关工作人员会议。

王明曾是莫斯科中山大学的学生领袖，在党内有理论新秀之称。还在中央决议形成之前，他就找到刚从苏联回国不久的博古、王稼祥、何子述三人交谈，认为李立三有许多说法不对头。王明认为向忠发理论上懂得不多，项英对一些提法是犹豫的，要求大家都去向中央反映，以引起中央的重视。

听说中央要召集政治讨论会，讨论贯彻新决议，王明等人又会集一处，商量办法。这次，王明等人知道了远东局的态度，底气更足了，准备与李立三在理论上较量一番。

7 月 9 日当天，李立三发表主题讲话之后，王明按照预定的计划抢先发难，着重从理论上论述李立三报告中存在的问题。

王稼祥紧接着发言，尖锐批评李立三不了解帝国主义发展不平衡这一规律，看不到苏联单独维持胜利十多年之久这一事实。

何子述肯定中央总的路线是正确的，但批评李立三关于中国革命可以掀动世界革命的说法夸大其词。

王明等人的发言，引起与会者的强烈反感，当时就有五六个人发言表示反对。向忠发的秘书、与王明同在中山大学学习过的潘问友甚至直截了当批评王明的发言是“反中央的”。

二十五个与会者，两种观点截然对立。

向忠发虽然对这些理论纷争不感兴趣，但绝对不能容忍王明等一群留苏学生与李立三唱对台戏，因为李立三的意见，就是他本人的意见。为此，向忠发当场宣布：撤销王明中宣部秘书职务。

在最后做结论时，向忠发批评说，王明不了解中国革命的胜利要比十月革命在俄国的胜利影响更大，有了一个苏联已使帝国主义难以招架，何况再来一个中国？因此，中国革命胜利，帝国主义必然下死命进攻。中国革命掀动世界革命是必然的。王明等人完全无视中央决议，站在另一条路线上来反对中央路线是非常错误的。并指出，在临近夺取政权阶段，一切均转入军事化，党的决议即是命令，谁也不能表示反对。

向忠发本想以理服人，实则在以势压人。

向忠发做总结时，何子述当时就软了下来，声明并不反对中央路线。王明表示服从中央决议，绝不发表个人意见，对于中国革命与世界革命关系这一点，他将保留意见到党的第七次代表大会时再提出。

第二天，即7月10日，王明写信给中共中央，说明“在政治讨论会上与立三同志的争论”，并声明保留个人意见，坚决执行上级决议，是布尔什维克的民主集中制的基本原则之一。

王明等人还在固执己见，向忠发十分不满，并说要召集这几个人谈话，承认错误便罢，否则采取组织措施。随后，向忠发和项英召集王明等人谈话，向忠发当场把王明痛骂了一顿，并要求王明、博古、王稼祥、何子述四人限期声明承认错误，服从中央。

王明并不服气，坚持要闹到莫斯科去。博古看出事态严重，主张先保留党籍，以待时机。经过劝说，王明这才同意写声明书，承认错误。声明书递上去后，向忠发认为四人没有真正认识错误，坚持要给四人纪律处分。

向忠发说到做到，几天后又和邓中夏把四人召去谈话，正式宣布中央的处理决定：王明留党察看六个月，其他三人严重警告。

扫平了党内障碍，中共中央制定了以武汉为中心的全国中心城市起义和集中全国红军攻打中心城市的冒险计划，重点部署了南京、上海、武汉等城市的暴动准备，同时规定：红三军团切断武（汉）长（沙）铁路，进逼武汉；红一军团进取南昌、九江，以切断长江防线，掩护武汉的胜利；红二军团、红一军相互配合威逼武汉；红七军进攻柳州、桂林和广州。

根据中央和军委指示，各地红军立即开始军事行动。

三十八

彭德怀率领红三军团占领长沙，中央政治局热血沸腾。共产国际认为中共不具备夺取政权的实力，指责暴动路线脱离实际。向忠发得意忘形，与共产国际公开叫板。

向忠发得意忘形，夺取全国胜利的勇气与日俱增。

7月16日，向忠发不顾远东局的反对，致电共产国际主席团：中共中央已经决定，以武汉暴动为首发，同时实行南京兵暴、上海总同盟罢工，一举夺取全国政权，建立中国苏维埃，要求共产国际动员各国支部支持中国革命，特别是联共的积极支持，并派大批政治军事人才前来加紧指导。

就在这时，彭德怀率领红三军团乘敌后方空虚，攻占湖南省会长沙，并宣布建立湖南省苏维埃政府。这是一次非常辉煌的进攻性战役，也是十年土地革命时期红军唯一一次攻下省会城市，引起国内外巨大震动。

长期以来，这一重大历史事件被认为是“立三路线的标本”，“盲动主义的典型”，成为党史教学和研究中不可触及的“禁区”，予以全盘否定。著名党史专家石仲泉说：

过去将这次攻打长沙看作是贯彻“立三路线”的典型，是不公允的。尽管打长沙是根据“立三路线”的要求而采取的军事行动，但是不能将它与“立三路线”等同起来。那时有极佳战机，能唾手可得而不得，就

红军攻下长沙后群众集会情景

如毛泽东所说，是蠢猪逻辑。红三军团连克岳阳和长沙，没有重大伤亡，且战果赫赫，震动全国，大壮红军声威，创造了红军史上以少胜多、以弱胜强的辉煌战绩，且是10年土地革命时期红军攻克省会的唯一战例，绝对不能指责。正如不能否定百团大战一样，也不能否定红三军团攻打长沙。①

红三军团占领长沙，给向忠发等中共中央领导人以巨大信心，他们确信夺取全国政权的革命高潮已经到来，中央的工作部署是正确的。

为此，向忠发特地在中央机关刊物《红旗》上发表社论：

占领长沙的意义是非常伟大的，他表示整个中国革命势力的发展已经到了更高的一个阶段，已经首先在湖南一省内推翻国民党的统治，已经将夺取武汉与成立全国苏维埃政府的任务，提到了中国革命群众面前，成为今天的第一个议事日程。同时，占领长沙的事变，证明了中国共产党过去一切策略路线的正确，他不但根本宣布陈独秀派机会主义之完全破产，并且给予一切右倾路线与估量革命形势不足者一个严重的打击。②

① 《第二届湘鄂赣苏区论坛论文选》，湖北人民出版社2013年版，第3页。
② 《红旗日报》第125期。

向忠发进而发出号召：

> 尤其在上海、武汉、天津及全国各大城市中，必须很快的有反对帝国主义、国民党的政治总罢工，用全国一致的革命战绩以更扩大湖南苏维埃的胜利，促进全国革命高潮之迅速到来。

就在向忠发沉浸在欢庆长沙胜利的兴奋中时，远东局突然通知中共中央：

> 共产国际回电认为中共组织基础薄弱，缺乏广泛的工人群众支持，不具备夺取政权的实力，党现在的暴动路线是盲动和脱离实际的。

对于热血沸腾、准备大干一场的中共领导人来说，这一来电使他们有如受了当头一棒，万难接受。31日晚，向忠发不顾有病在身，与李立三一同约见远东局代表，详细解说当前急风暴雨般的革命形势，断定共产国际还不能很深地了解中国的实际情形，要求远东局立即去电说明。

第二天，即8月1日，中共中央政治局召开会议，李立三汇报了与远东局谈话的情况，再度强调共产国际还不完全了解中国的实际情形，客观形势已经成熟，这是绝对不成问题的，绝不能机械地执行共产国际的指示。“我们如果对党的路线发生动摇，我们虽然忠实于共产国际，但对中国革命却是犯罪。”

由于对革命形势的判断确信不疑，由于真诚地相信中国革命已到紧要关头，中共中央领导人几乎人人指责共产国际不了解中国革命的实际情况。与会者一致赞同李立三的看法，向忠发毫不含糊地表示：“我们应当向共产国际负责，但同时更要对中国革命负责。”

会议决定，党、团、工会领导机构合并，成立中央行动委员会，为全国暴动的最高领导机关；重新组织长江局，负责湖北、湖南、江西、河南、四川五省党的工作，成立长江局军事委员会，准备组织武汉暴动。

由于8月1日讨论共产国际指示占用太多时间，8月3日政治局继续开会，具体讨论和部署全国暴动，并决定派项英、刘伯承到武汉，项英任长江局行动委员会书记，刘伯承协助策动武汉暴动；曾中生任南京暴动总指挥，聂荣臻到镇江策动，成功后进攻南京，而后和攻打南昌、长沙的红军会师武汉。

李立三提议，武汉暴动后，不仅应在南方中心城市上海、南京、广州等地广泛组织暴动，而且要以红军六个军的兵力向北进攻，配合郑州、开封暴动，消灭冯玉祥的力量；同时在北京、天津、唐山等地暴动，消灭阎锡山的力量。与此同时，必须推动满洲暴动。满洲暴动起来了，日本帝国主义就会向苏联进攻。我们的战略就是要掀动国际无产阶级对帝国主义决战。

李立三还说："长沙事件发生后，帝国主义国家不知打了多少电报给它的中国代表，可共产国际一直到现在，还没有一个字给中国的代表，共产国际轻视了这一事变，并且对中国革命估量不足。掀动国际阶级决战，不仅是我们的战略，而且完全是客观形势的必然，我们必须如此准备。"

既然莫斯科看不出即将到来的胜利决战，李立三自主承担起指导世界革命的重任。他提出中国党应当负起责任，求得共产国际了解；苏联必须积极准备战争，将西伯利亚几十万中国工人武装起来，回国向敌人进攻；暴动一胜利，蒙古就应回归祖国，成为中国苏维埃联邦之一，出兵进攻北方。如果共产国际不同意，党亦必须根据实际与共产国际力争。

听了大家的发言，向忠发十分激动：

> 今天的讨论有极重要的意义，并且有世界的意义。……在今天证明我们不仅充分执行国际的路线，并给国际以很多的帮助。这决不是表功，而是事实。此次国际来电，证明国际的错误，如果中央机械的忠实执行国际的电报，不仅是机会主义，而且使党成为敌人奴隶的党。现在的形势，军阀的崩溃，已是到了可以时日计算，我们决不能放松客观形势，否则是革命的罪人。

向忠发认为：周恩来没有能够让共产国际切实了解中国革命的实际情况，

在政治上负有严重责任，暴露出右倾的危险。

中共中央只是共产国际的一个支部，在中共与共产国际关系的历史上，向忠发如此赤裸裸地公开批评共产国际，如此毫无顾忌地告诫莫斯科应当这样做或那样做，大概绝无仅有。

共产国际规定，中共中央政治局会议记录必须呈交远东局再转送莫斯科，以便他们及时掌握中共中央的动态。因此，当8月1日和3日的政治局会议记录交到远东局那里时，中共中央领导人对莫斯科那种“大逆不道”的批评，在他们中间引起轩然大波。

远东局对共产国际欣赏的总书记向忠发不敢大张挞伐，就把矛头直接指向李立三，声称李立三有反对共产国际的严重错误，并开始找团中央和总工会的干部搜集反对李立三的材料。

李立三的思想和言行本来就得到向忠发的大力支持，远东局想找李立三的麻烦，向忠发岂能袖手旁观？向忠发对远东局的这种做法十分不满，挺身而出，指责远东局挑拨中国党的纠纷，破坏中国党的统一和团结。

8月5日，向忠发给共产国际主席团发去署名电报，要求共产国际“重新讨论”此前指示，并认为“国际无从明了实际情况”，是因为中共未将最近几个月革命的迅猛发展形势向共产国际报告，所以再将现在革命猛烈发展的情形电告，请求共产国际批准中共中央的决定，并立刻动员各国支部猛烈扩大保护中国革命运动，“特别是予我们以实力的援助”。

同日，远东局致函全体中共中央委员、政治局委员和团中央书记，并越过中共中央向团中央直接递交信件，严肃指出：中国党有陷入冒险行为的危险，它有可能卷入反对共产国际的斗争。信中严厉警告中共中央，如果有什么需要尽快纠正的话，那绝不是共产国际的路线，而是李立三的这场反对共产国际的表演，因为这是拿中国革命当儿戏。

为消除分歧，寻求共识，远东局与向忠发、李立三等人于6日又举行一次会谈。可双方一见面，气氛就异常紧张。

向忠发一开始就咄咄逼人地发问：“远东局是否承认中共中央政治局的存在？”

罗伯特回答：“在没有得到改选通知以前，当然承认中共中央政治局的存在。”

向忠发接着问：“中共中央政治局是否在政治领导上已经破产？”

罗伯特称：“六大以来中共中央是执行国际路线的，但最近确有反共产国际的危险，如不纠正，则有政治上破产的可能。”

向忠发马上质问：“既然你们承认中共中央是执行共产国际路线的，为什么要越过中共中央挑动其他负责同志来反对？”

罗伯特答复：“中共中央关于南京、上海的暴动计划，有非常严重的问题，况且立三同志有反共产国际的煽动活动，远东局有权纠正中国党的危险倾向。”

罗伯特承认中共中央政治局的存在和领导作用，同时，强调中央政治局出现了反对共产国际的危险倾向，并指出：在共产国际新的指示到来之前，一切暴动计划必须推迟进行。

向忠发讥讽道：“多么惊人的矛盾！你们承认最近两年来党的路线是正确的，为什么你们又要威胁党的团结，把青年同志找去谈话并在谈话中表示反对党的路线呢？中共中央政治局坚决反对这样的做法。如果远东局认为中共中央政治局犯了严重错误，就应该终止其工作。”

罗伯特也毫不客气：“中共中央政治局任何重大而严肃的决定，只能同共产国际一起做出。要党的团结吗？不错，但也要同共产国际团结并接受它的领导。”

向忠发指出：“远东局的答复是十分严重的政治错误，是一个矛盾。你们承认党两年来的路线是正确的，而现在突然变成错误的了。我们赞同共产国际的路线，只是共产国际没有得到最近六个月来事态发展情况的消息，因此出现一些不大的策略分歧。远东局也未搞清楚最近半年来的事态发展。”

罗伯特坚持说：“我们的谴责没有矛盾。最近两年来中共中央的路线可能是正确的，而现在不正确了。”他认为中共中央和共产国际之间不是向忠发所说的“不大的策略分歧”，而是“不小的策略问题”，指责中共中央政治局竟把共产国际消息不灵作为论据，问题不在于存在分歧，而在于中共中央政治局试图决定世界革命的命运。

李立三紧接着发言："中国革命正以十分迅猛的速度在发展，应该注意不错过时机，利用一切机会。远东局认为中共中央政治局犯了严重错误，这种看法不对。如果中共中央政治局有自己的看法，它应该让共产国际知道。中共中央政治局不反对共产国际，只是想让共产国际知道事态的发展。"他还顺便提及，远东局"为什么在声明中，甚至在所有的场合，都只攻击李立三呢"？

远东局秘书杰克立即解释并威胁说："从李立三在政治局的讲话和在同远东局联席会议上的讲话中可以看出，政治局存在危险的倾向，试图把中国党和共产国际对立起来，这种倾向非常危险。共产国际将无情地同这样的手法做斗争，甚至可以开除任何削弱共产国际威信的人。"

向忠发勃然大怒，说道："这里没有你说话的资格！"

随后，向忠发大声喊叫，不让杰克继续发言。在翻译开始翻译之前，李立三给向忠发译了一句话，向忠发开始大声抗议，并警告杰克不要继续用这样的腔调讲话。

罗伯特急忙把杰克按了下去。

向忠发明确告诉罗伯特："我是以共产国际执行委员和中共中央总书记的身份来这里讨论工作的，不是来讨论这些无原则的争论的，更不是来听那些不负责同志的发言的"，"今天，或者远东局宣布解散中共中央政治局并解散中共中央，否则我们还是要继续执行我们的计划，直到我们被停止工作为止"。①

向忠发语气强硬，已经孤注一掷了。

在向忠发看来，远东局只是一个传达机构，并非指导机关，却总在枝节问题上制造麻烦，如今又提出中共中央反对共产国际，并专门挑出李立三来进行个人攻击，甚至挑动中国党的干部反对党的领导，实在难以忍受。向忠发明确表示，中共中央向来是集体领导，绝不能同意远东局把李立三与政治局分开来批评。他提出，既然远东局不信任李立三，今后向远东局报告工作的责任改由邓中夏来担任。

---

① 《共产国际、联共（布）与中国革命档案资料丛书》第9卷，中央文献出版社2002年版，第264—268页。

会议开到这种程度，只能草草收场。

8 月 7 日，向忠发给远东局写信，再次声明远东局的指责完全不符合实际情况，对远东局反对李立三的活动表示坚决抗议，指责远东局所引李立三 8 月 1 日和 8 月 3 日在政治局会上的讲话，完全是断章取义，全非原意。中共中央政治局坚决反对说中国党有以冒险代替革命领导与反共产国际危险倾向的结论，以及抛开政治局的集体指导指责政治局的个人，破坏政治局两年来一贯集体指导的精神。

向忠发要求远东局不要在枝节问题上纠缠不休，同时希望远东局派人参加中共中央政治局重要政治讨论会议，以便在目前工作紧张和困难的环境中，与中共中央共同负担起政治上的责任。

向忠发特别劝说远东局联名急电共产国际，请其重新讨论中共中央政治局提出的暴动计划。不等远东局做出答复，向忠发又于 8 月 8 日直接写信给斯大林，认为共产国际之所以不同意中共中央的暴动计划，是因为共产国际执委会对中国的实际状况了解得不够详细，没有收到关于中国革命飞速发展的详细报告。在详细介绍中国国内猛烈发展的政治形势之后，向忠发请求斯大林给予支持，并向联共中央提出："这一严重形势不只是中国革命的关键，而且对于世界革命都是十分重要的问题。"

斯大林还未答复，向忠发急不可待，发出对时局的宣言，号召全党准备全中国的武装暴动。同时，政治局明令红军反攻长沙，速战岳州，进逼武汉，攻取沙市与宜昌，拿下南昌与九江，武汉工人则须"举行伟大的暴动"。

三十九

中共中央开始转变策略，共产国际仍不满意。王明先声夺人，标榜自己是反“立三路线”的“英雄”，遭到向忠发严厉批评。党内宗派活动猖獗，工作陷于瘫痪，出现领导危机。

向忠发、李立三主持下的中共中央不听远东局的劝阻，四处发号施令。共产国际发来电报提出严厉批评，他们仍然置若罔闻。在此情况下，共产国际决定派在莫斯科的瞿秋白、周恩来立即回国，执行策略转变。

瞿秋白、周恩来回国之前，共产国际书记处讨论了中国革命的形势和任务，认为工人运动和农民运动的浪潮还没有汇合起来，还不能够保证有必需的力量去袭击帝国主义和国民党的统治，强调要把发展红军和扩大根据地作为党的首要任务。当时，莫斯科认为中共中央只是犯了冒险主义的错误。

周恩来先行回到国内，所见所闻是一连串残酷惨痛的事实。除苏区和红军遭受不同程度的损失外，白区举行的同盟总罢工和武装暴动几乎无一例外地失败了。在6月底以后的两个月里，十个省委机关被破坏，上海地区的党员人数由两千锐减到六百，天津地区的五百多名党员，只剩下几十人了。[①]

---

① 熊廷华：《王明的这一生》，湖北人民出版社2009年版，第101页。

中共六大后，共产党人辛辛苦苦积蓄起来的一点儿力量，如此轻易地被葬送了。周恩来痛心疾首，对向忠发、李立三提出尖锐批评。向、李二人骑虎难下，不仅不承认自己所犯下的历史性错误，反而提出疑问。经过周恩来两次耐心说理和具体分析，两人才开始有所醒悟。

8 月 22 日，中共中央政治局举行会议，周恩来传达共产国际的指示，着重强调建立并发展革命根据地的重要性，不仅没有否定向忠发、李立三制定的政治路线，甚至没有根本否定以武汉为中心的暴动部署。

接着，会议就周恩来的报告进行讨论。

李立三说："中央特别注意全国工作配合城市无产阶级进行武装准备，当然也没有放松苏维埃工作；国际指示特别要加紧苏维埃的巩固，红军集中，然后争取中心城市，这一着重点确是不同。我们如果仅注意弱点，而不利用优点，确是不妥当的，至少我个人过去是没有注意到这一点。"

政治局认为，共产国际不是根本反对武汉、南京暴动计划，而是要更积极地准备武装暴动。向忠发在做会议总结时指出："过去是误会。一切问题已经解决，坚决接受共产国际指示，改正过去的不足。"①

8 月 26 日，瞿秋白也回到了上海。

经过近一个月的酝酿准备，中共六届三中全会在上海召开。开幕那天，向忠发做中央政治局工作报告，周恩来做《传达国际决议的报告》。周恩来报告后，李立三做自我批评，瞿秋白做政治讨论结论。

中共六届三中全会虽然接受了共产国际的批评，但把问题看得不够严重，没有从思想上、理论上彻底清理"左"倾错误，对中国革命的长期性缺乏认识；强调红军依据军事政治环境，进而占领一个或者几个工业政治中心，湘鄂赣三省有首先胜利的可能；城市工人准备政治总同盟罢工，以至于武装暴动。向忠发仍然是中共中央总书记，李立三虽不再担任政治局常委，仍当选政治局委员。对于 8 月初与远东局大吵大闹和要求苏联出兵等问题，向忠发、李立三也只是简单地表示了一种歉疚之意。

会议把中共中央的错误归结为"个别的策略上的错误"，继续强调党内主

---

① 《周恩来传》，中央文献出版社 1989 年版，第 220 页。

要危险是右倾机会主义，并错误地批判了曾反对李立三的何孟雄。当远东局说明共产国际决定调李立三去莫斯科时，向忠发仍然表示反对，希望李立三留在上海继续帮助工作。直到共产国际来电坚持时，向忠发不得不表示同意，但仍要求李立三在两三个月后赶回国内。

对于三中全会，党内确实有人表示不满。王明因反对“立三路线”受了处分，这次会议不但没有褒奖他，连对他的处分也没有撤销，甚至还有人在会上点名批评他，因而牢骚满腹。远东局把他找去谈话，要他顾全大局。

然而，情况陡然出现变化。

共产国际对“立三路线”的错误有一个逐步认识的过程。在看到中共中央政治局8月初的会议记录后，共产国际对李立三提出的狂妄计划和冒犯共产国际尊严的话语大为震怒。他们认为李立三想把战争的祸水引向苏联，这是苏联十分忌讳的。

据此，共产国际上纲上线，认定中共中央不执行国际指示已不是一般的认识问题，而是对共产国际的藐视与分庭抗礼。“立三错误”不再是策略错误，而是路线错误，是与共产国际路线严重对立的，并批评中共六届三中全会抹杀了两条路线的原则区别，犯了“调和主义”错误。

共产国际立即致函中共中央，措辞严厉地指责中国党内形成了一条与共产国际对立的政治路线，并决定派共产国际东方部负责人米夫来华具体指导。

远离莫斯科的中共中央，对共产国际态度的急剧变化一无所知，可王明却早于中共中央知道了这封信的主要精神。当时，尚在莫斯科的一批留学生陆续回到上海，把主要精神首先告诉了王明。

王明等人有了底气，一面进行秘密策划，一面开始具体行动。

11月13日，王明和博古联名给政治局写信，在批评李立三的错误路线之后，指责三中全会没有充分揭露“立三路线”的本质，中共中央政治局没有采取必要的措施迅速传达国际路线。

第一封联名信发出四天，没有动静，王明、博古又向政治局发出第二封信，标榜自己早就指出了“立三路线”的错误事实，在工作中反对得勇敢和坚决。在信的最后，他们直截了当地向中央提出三点具体要求：

1. 公开宣布立三路线的实质，教育全党；

2. 在各种会议或党报上宣布他们与立三争论的真相，撤销对他们的处罚；

3. 禁止任何同志在任何会议上对他们的诬蔑和造谣。

如果说在第一封联名信中，王明和博古只是想抢在别人之前打出拥护国际路线、反对“立三路线”和“调和主义”的旗号，那么在第二封信中，他们已经开始把自己树成反对“立三路线”的“英雄”了。

王明、博古写第二封信时，党内明显出现与中央意见有分歧的两派势力，以在“立三路线”当政时期受到批评和压制的干部为主：一派以何孟雄为首，主要是上海地方党和工会组织系统的干部；另一派以王明为首，在上海的留苏回国学生几乎都站在了王明一边。

起初，向忠发并不怎么在意，就是在 11 月 16 日收到共产国际来信后，尽管感到事态有些严重，他仍没有给予重视。在第二天的中央宣传部会议上，向忠发认为留苏学生沈泽民的发言背离了三中全会决议，还把沈泽民批评了一通，紧接着又把王明痛骂了一顿。

11 月 18 日，中共中央政治局召开会议，讨论共产国际来信。向忠发认为这封来信意义重要，念完这封信之后，要求大家转入讨论。

瞿秋白首先发言，认为这封信最重要的是指出了李立三的错误，并没有说中央的整个路线是错误的，中央只是在三中全会前和会议期间没有明确而深刻地予以揭露，并没有表现出“调和主义”倾向。

“立三路线”登峰造极之时，项英负责指导武汉地区的城市暴动，对此有着切肤之痛和强烈感受。他不同意瞿秋白的看法，认为中央在三中全会期间对“左”倾错误有“调和主义”倾向。为了让大家更清楚地理解过去的错误，他建议由政治局做一关于过去事件的系统报告，为大家充分讨论和理解错误提供更大的帮助。

周恩来在讨论中提出三点看法：

第一，共产国际来信所包含的批评，十分深刻地指出了过去在路线上的摇摆不定，我们虽然也说过，李立三的这种理论会发展成为特殊的路线，但我们没有这样明确而深刻地指出这一点；

第二，共产国际来信只能在领导干部中间传达，不允许进行广泛的辩论，因为这种辩论会造成工作的停顿。同时，应该在全党的报刊上阐明过去发表的文章和文件中所含有的错误，以便作出思想上的修改和策略上的说明；

第三，召集那些已经知道共产国际来信的同志开一个会，号召他们站在巩固党和帮助中央领导的立场上开展自己的工作，不允许他们不经组织同意采取分裂党的方式。

根据大家的讨论，向忠发承认三中全会没有揭露李立三的路线错误，是一种调和态度，认为在目前的特殊环境下，这个问题不宜在党内扩大讨论，以免妨碍正在实行中的工作转变并造成党的分裂。向忠发决定：召开党和青年团全体会议，瞿秋白起草报告提纲；项英收集何孟雄的材料，周恩来做出结论；向忠发在会上发表讲话。①

政治局决定发布告全党同志书，坚决反对破坏党的小组织活动，以挫败王明等人向党的进攻。

可几天后，远东局得到莫斯科关于三中全会犯了调和错误的指示，形势变得更加复杂。何孟雄、李求实、罗章龙、陈郁等一批江苏省委、工会、军委方面的中层干部以及王明、沈泽民、陈昌浩、王稼祥、博古等一批留苏学生，一致要求改组中共中央政治局。有人要求召开七大重选中央，有人要求召开紧急会议，有人直接写信给共产国际主席团要求撤换政治局领导人。

周恩来认为过去对王明、何孟雄等人的处罚有失妥当，建议中央政治局重新讨论。向忠发不肯收回对他们的处分决定，更不能容忍王明等人对中央的态度，并且坚决反对地说：他们以前并没有站在正确的立场上。

12 月 8 日晚，周恩来与远东局再度商讨解决问题的办法。远东局认为：三中全会所犯调和错误是系统的，如果一味地想要部分肯定其正确成分，只

① 《共产国际、联共（布）与中国革命档案资料丛书》第 9 卷，中央文献出版社 2002 年版，第 455—463 页。

能使中共中央更加丧失威信。对于王明等人过去与李立三的争论，有机会的时候要肯定他们当时是对的。根据与他们谈话的情况，王明等人最不满的还是中央不信任他们。因此，只要他们肯帮助党，要适当分配给他们工作。

一方面有共产国际的压力，一方面有党内的宗派活动，中共中央处于非常困难的境地。中央政治局于 12 月 9 日做出决议：由现有中央委员与团中央委员共同举行紧急会议，通过新的政治决议案，公开纠正严重错误。至于对王明等人的处罚，同意在《党的生活》上公开宣布撤销。但在具体分配工作时，大家对这些搞小组织活动的行为仍旧很难谅解，决定对何孟雄必须处分，调王明到中央苏区去工作。

然而政治局的上述决定，几乎一夜之间不复存在。向忠发的政治生命开始出现重大逆转。

第十一章
一蹶不振

YIJUEBUZHEN

中共中央再次改组，面临分裂危险。政治格局风云多变，向忠发主动请辞，没有人表示同意。他虽然继续主持中央工作，却处处受制于人，从此不再锋芒外露了。

向忠发政治上遭受严重挫折，威信大不如前，但在一些重大问题上独具慧眼，坚持己见。随着党内新生力量的崛起，他逐渐被边缘化，政治上走向消沉，生活上开始腐化，埋下了人生旅程的重大隐患。

四十

共产国际代表秘密来华，奉命改组中共中央。向忠发提出辞去总书记职务，没有任何人赞同，瞿秋白第一个反对。王明乘势而起，成为党内举足轻重、炙手可热的风云人物。

1930年12月上旬，中山大学前校长、共产国际东方部实际负责人米夫，经过一番乔装打扮之后，冒着巨大风险，秘密来到上海。

共产国际代表米夫

对于中共中央8月初发生的公然对抗莫斯科的行为，共产国际十分不满。周恩来、瞿秋白带着莫斯科的旨意回到中国，竟然听之任之，三中全会甚至肯定中央路线与国际路线基本一致，没有进行任何实质性的改造。共产国际负责处理中国事务的米夫只好亲自出马了。

三中全会与二中全会相比，政治局成员几乎没有什么变化，除关向应由候补委员转为正式委员外，其他六人还如从前。张国焘在共产国际工作，周恩来、瞿秋白刚从莫斯科回来，所以应该对冒险错误负有重大责任的是向忠发、李立三、项英三人。莫斯科认为李立三是抗拒国际路线的急先锋，必须离开中国，接受共产国际的批评与审查。

莫斯科同时决定拿掉瞿秋白。这不仅仅因为瞿秋白在三中全会上犯了调和错误，还因为在“立三路线”时受到打击和在三中全会后受到压制的一部分党员干部中，有一批莫斯科寄予了厚望的留苏学生没能得到重用。

共产国际负责人曾明白无误地说：

> 在苏联许多学校有好几百中国同志在那里学习，他们之中有很好的同志，知道列宁主义的理论和实际。他们回去了，但是不能够作领导工作。我们以前不明白，而现在明白了，因为有一个小团体利益妨碍他们加入领导机关。费了很多力量和钱才能够把他们派回中国去，然而秋白或者立三不要他们作党的工作，这是无论如何不能够允许的。现在应该怎么办？应该发动一个公开的运动，反对立三主义和那一部分政治局。①

米夫此行，就是担负此任。

米夫心里明白，把瞿秋白赶下台，这容易办到，可把王明等留苏学生扶上台，就不那么容易了。他与政治局成员逐个谈话，吹捧王明是“国际路线的忠实代表”，是反“立三路线”和“‘调和路线’的英雄”，并说王明在中山大学就是一个天才的领导者。

在米夫的压力下，政治局撤销了对王明、博古、王稼祥、何子述四人的处分，并让这些留苏学生进入中央各部门，负责重要工作。沈泽民代理宣传部长，王明任组织部秘书，王稼祥编辑党报，博古进入共青团中央。

江苏省委在三中全会后改组为江南省委，是党在白区最重要的地方领导机构，管辖上海、江苏、浙江、安徽地区。原省委书记李维汉被视为“立三路线”的主要帮手，难以开展工作，省委班子正着手改组，米夫遂向中央政治局推荐王明担任江南省委书记一职。

关向应、周恩来等人表示赞同，并肯定“他反立三很久，尤其是对中国

---

① 周国全、郭德宏、李明三编著：《王明评传》，安徽人民出版社 1989 年版，第 109 页。

革命与世界革命及一省数省首先胜利等问题”有较正确的看法。

向忠发没有完全接受米夫的意见，而是推荐刘少奇为江南省委书记。此时，刘少奇正率中国工会代表团在苏联参加赤色职工国际第五次代表大会。向忠发提出，在刘少奇回国之前，暂由王明代理省委书记。

第二天，周恩来与远东局就紧急会议及江南省委书记人选等问题进行具体磋商。远东局对王明代理省委书记表示赞同，但对召开紧急会议解决问题的提议表示还需要研究。

12 月 29 日，远东局全体代表与中共领导人向忠发、周恩来、瞿秋白等人会面，商谈改组中央政治局。向忠发认为中央政治局有改选的必要，自己工作能力不够，同时对“立三路线”负有特别重大的责任，希望到下层去工作，并且自己身体不好，不能再担任总书记职务。

向忠发的请辞没有得到任何人的赞同，瞿秋白第一个反对，肯定向忠发自六大以来领导政治局做了很多工作。[①]

针对一些人要求立即停止中央政治局职权，由共产国际代表领导组织临时中央机关、速即召开紧急会议的意见，远东局通知中共中央：第一，紧急会议不足以表明三中全会犯有路线错误；第二，紧急会议没有足够的权力改组中央，应考虑召开六届四中全会。

在米夫和远东局为六届四中全会拟定改选的政治局委员名单上，李立三自然被删除了，瞿秋白作为“调和路线”的责任者也榜上无名，再一个被删除的是李维汉，唯有“立三路线”的最高领导人向忠发岿然不动。

在 30 日的政治局扩大会议上，远东局的意见没有引起任何异议。第一次参加政治局会议的王明还说了几句谦让的话。他认为自己工作能力不够，还应到群众中去学习。沈泽民也认为：从莫斯科回来的同志，不宜进入中央政治局。

一向对王明颇为反感的向忠发，这时也改变态度，说王明参加政治局不仅仅是因为反对过“立三路线”，而且是因为在理论上有进步与发展，工作上也显示出相当的经验，增加这样的同志有助于加强中央的指导力量。

当然，有类似看法的不止向忠发一人。

---

① 《武汉文史资料》，2002 年第 3 期，第 13 页。

1931 年 1 月 7 日，经过一番铺垫之后，六届四中全会在上海秘密举行。有的代表在会前几十分钟才接到通知，有的代表走进会场还不知道召开什么会议，有的被告之召开紧急会议，而进入会场后才知道是四中全会，还有一部分人根本就没有被通知到。

会议由向忠发主持，他说："今天召开的会议，是六届四中全会。"话音刚落，就有代表吃惊地睁大眼睛。

向忠发接着解释说："为安全起见，会议没有通知所有的中央委员和候补委员，因为中央最近召开了几次会议，发布了紧急通告，因此会议只开一天……"

韩连会首先站了起来："四中全会是非常重要的会议，有许多问题要在会上解决，大家连开什么会都不知道就匆忙宣布召开四中全会，这怎么行?"

王凤飞也提出疑问："这么重要的会议，无论如何一天不能解决问题。二中全会开了六天，三中全会开了五天，四中全会仅开一天，能解决什么问题?"

米夫见有人质疑，板着面孔站了起来："四中全会得到共产国际批准，无论多少问题，只要用共产国际的尺子去度量，一切矛盾都会解决。"

共产国际的高压，使风波暂时平息下来。于是，向忠发代表中央向会议提出主席团名单，经过表决，推举向忠发、徐锡根、罗登贤、任弼时、陈郁五人组成主席团，会议这才进入议题。

向忠发代表中央政治局做报告，然后大家进行讨论。

会议的最后一项议程是选举中央委员，改选中央政治局。这是与会者最为关心的议程，争论在最后达到了高潮。

周恩来宣读了远东局和中央政治局共同提议的人选名单：

1. 三中全会补选的中央委员应退出的是：李维汉、贺昌；

2. 新加入的中央委员有：韩连会、王尽仁、沈先定、黄苏、夏曦、王明、徐畏三、沈泽民、曾炳春；

3. 政治局应退出的分别是：李立三、瞿秋白、李维汉；

4. 新加入政治局的分别为：陈郁、卢福坦、王明、王克全、刘少奇。①

这份名单，是米夫在会前拟好并以远东局和政治局名义提出的，缺少必要的酝酿和讨论。周恩来曾建议，既然王明和其他几个持相似观点的人进入中央，是否也可以选取一些有不同意见的人加入，米夫没有同意。

罗章龙

名单一公布，大会又陡起风波。反对“立三路线”和“调和路线”的两派中，王明一派乘势而起，何孟雄、罗章龙一派则相形见绌。罗章龙愤愤不平，不满意只让三个人退出政治局，要求对政治局进行彻底改造，说它的大半成员是“立三路线”的执行者，瞿秋白、周恩来、李立三“均是不堪教育的”，向忠发、项英、关向应、邓中夏、贺昌、罗登贤“亦须离开领导机关，施以严重的处罚”。②

米夫直截了当地说：“向忠发是工人同志，决不能让他滚蛋，就连屁股也不用打。什么叫真正的反‘立三路线’，就是要吸引工人干部，提高他们的政治水平，教育训练他们到指导机关工作。”

然而还是有人不服气，另外提出一份政治局委员候选名单。

几方争论不休，会场秩序更乱。米夫制止了这种无原则的讨论，要求按照周恩来宣读的名单先行表决，然后再提议其他人选。

罗章龙当即质问：“哪些人有表决权？”

米夫不假思索地回答：“参加会议的人都有表决权。”

罗章龙听后，生气地说：“这不符合党的组织原则。”说完要拂袖退场，被人拉住。罗章龙怒气未消，另一与会者袁乃祥则拍案咆哮，被米夫勒令退出会场。

---

① 熊廷华：《王明的这一生》，湖北人民出版社2009年版，第122页。

② 《周恩来传》，中央文献出版社1989年版，第230页。

在米夫的控制下，会议对远东局的提议进行表决。结果二十票赞成，两票反对，通过了补选的中央委员名单；接着，又以二十一票的多数通过了补选的中央政治局委员名单；同时，撤销了李立三、瞿秋白、李维汉的政治局委员职务。

在决定瞿秋白等人退出后，有人提出周恩来也应退出政治局。

米夫说："恩来同志自然应该打他的屁股，但也不是要他滚蛋，而是在工作中纠正他，看他是否在工作中改正错误。"

米夫一番解释后，还是有人不同意，会议又对周恩来的去留进行单独表决。表决结果，周恩来继续留在政治局内。

远东局提议的名单获得通过，中央政治局委员为九人，他们是向忠发、周恩来、项英、张国焘、徐锡根、卢福坦、王明、陈郁、任弼时；候补委员为七人，分别是罗登贤、关向应、温裕成、毛泽东、刘少奇、顾顺章、王克全。

1 月 10 日，中央政治局会议决定，向忠发、周恩来、张国焘三人为政治局常委，王明为候补常委。虽然向忠发仍是党的总书记，但是由于有共产国际支持，且米夫驻中国指导，王明开始执掌中央大权。

王明顺利地进入中央政治局，但当选政治局常委经过了一番周折。

四中全会闭幕后的第二天，也就是 1 月 9 日，远东局召集向忠发、周恩来等人商谈分工。向忠发首先提议，为加强政治局的政治领导力量，使常委能够多注意一些政治问题，考虑以向忠发、任弼时、王明和张国焘为常委，因为党内对周恩来争议较多，宜由他代理江南省委书记，从事实际工作。

远东局明确表示了不同意见，提议分正式常委和候补常委，正式常委由向忠发、周恩来、徐锡根担任，候补常委可考虑王明、陈郁、张国焘三人。在第二天的政治局会议上，关于王明是否马上回中央工作，存在不同的意见。有人主张王明应当回中央做候补常委，而多数人认为王明仍应负责江南省委一个时期，等有合适人选时再考虑回中央工作。

根据大家的意见，向忠发提议，正式常委为向忠发、周恩来、张国焘，候补常委为陈郁、卢福坦、王明。对于政治局的这一决定，远东局表示赞同。但一周之后，中央发现徐锡根、陈郁等人卷入罗章龙一派的分裂活动之中，王明再度被提名，成为中央政治局常委了。

王明乘势而起，成为党内举足轻重的人物。

四十一

罗章龙成立反对四中全会代表团，明目张胆地争夺各地党组织的领导权。向忠发剖析自己对“立三路线”应负的政治责任，声望大不如前，从此不再争强好胜了。

何孟雄、罗章龙在四中全会上未能实现自己的心愿，十分不甘。1931 年 1 月 8 日，即四中全会闭幕后的第一天，何孟雄、徐锡根、王克全、陈郁等 16 人成立反对四中全会代表团，通过了罗章龙起草的报告大纲，明确提出：

> 四中全会的结果，政治上是调和主义的继续，我们认为不是国际路线，而是米夫曲解了国际路线，并且站在派别观念上制造派别，造成党的纠纷。
>
> 四中全会是助长立三路线调和主义的发展，是比三中全会更可耻的会议，实际上阻碍了国际路线的正确执行及反立三路线运动的进行，我们应站在国际正确路线领导之下立即推翻他的全部决议，向共产国际建议立即撤换负四中全会主要错误责任的米夫，并号召全党同志为召集自下而上的紧急会议而奋斗，要求国际的正确代表领导，成立临时中央主持全国紧急会议，解决党在政治上组织上的迫切问题。[①]

① 曹仲彬、戴茂林：《王明传》，吉林文史出版社 1991 年版，第 222 页。

罗章龙将由他主持起草的报告大纲和告同志书，铅印成小册子，通过所掌握的全国总工会系统散发到各省总工会。王克全准备成立第二江南省委，将这本册子散发得更为广泛，甚至连国民党军队的中共地下支部都发到了。

在反对四中全会代表团的鼓动下，全国总工会党团、江南省委外县委员会、苏维埃准备会工作人员、全国互济总会党团、上海工会联合会党团、沪中区委先后发表声明，公开反对四中全会。

罗章龙还指使其一批骨干，明目张胆地争夺各地党组织的领导权。王克全在江苏、韩连会在顺直、唐宏经在满洲、李震瀛在香港等地四处串联，鼓惑煽动，企图分裂中央。

王克全强占江南省委机关，纠集一伙人公然大吵大闹，逼迫省委秘书长刘晓交出文件、档案和公章，几乎要将省委机关暴露在敌人面前。

刘晓坚决抵制，其阴谋未能得逞。

1 月 13 日，米夫在上海英租界沪西花园洋房内，召集反对四中全会的二三十位代表开会。他一方面称赞王明的才干，说王明马列主义水平很高，是百分之百能执行共产国际路线的；另一方面又以共产国际的大帽子恐吓压服，并说四中全会是共产国际领导的，反对四中全会就是反对共产国际，应该受到处分。

党内思想混乱，小组织到处活动，情绪严重对立。这种状态在党的历史上从未有过，一些党员不知所措。当时白色恐怖下，共产党人正处在敌人的严密搜捕之中。一旦出现分裂，会给党的事业带来致命打击。

为巩固江南省委的领导地位，王明向中央要了一批干部，将上海各区区委书记做了一番调整，不服从的撤职调动，由这些人接任。陈昌浩到沪东区委，朱阿根到沪西区委，殷鉴到沪中区委，焦明之到闸北区委，夏采曦到法南区委。原来的区委书记或调任，或改任区委委员。

紧接着，王明召开江南省委扩大会议，明确宣布：上海党在贯彻四中全会精神时，首先要集中力量开展反右倾斗争。

王明说何孟雄是个老机会主义者，长期对党不满，有个人野心，与罗章龙同流合污，要提高警惕，进行坚决斗争；他认为何孟雄的活动是反组织的非法活动，已超出党内斗争范围，要求参加其活动的党员必须立即退出并检讨，否则一律开除出党。

不久，王明又召开第二次区委书记联系会议，通过拥护四中全会、反对何孟雄等人的决议。王明说，与何孟雄在一起的几个老资格的区委书记，对上海工作威胁最大，对这些人必须重点批评。他要求，在反对何孟雄的斗争中，最主要的是揭露何孟雄与罗章龙的同伙关系，这样才能切中要害。

同一天，王明主持江南省委常委会议。会上，宣传部长王克全不承认王明主持的江南省委，宣布另行组织“第二省委”，说向忠发、周恩来、项英、任弼时为“立三派”，甚至声称他们是“革命仇敌”。

王明要求王克全立即停止破坏党、分裂党的活动，向党承认错误。王克全一意孤行，置之不理。

会后，周恩来受米夫、王明之托，找罗章龙、王克全谈话。

罗章龙哼了一声，说道：“王明没罢你的官，你就做说客，和稀泥。”说罢，手一挥，“我不和你谈。”

王克全则满脸怒容，暴跳如雷，大骂周恩来没有党性，没有原则，是两面派。

周恩来严正警告：“何去何从，三五天之内向中央明确答复，否则，自绝于党。”说罢，转身而去。

在王明宗派的穷追猛打之下，何孟雄、林育南、李求实等人 1 月 17 日在上海东方旅社开会，商量对策，寻找出路。由于叛徒告密，公共租界老闸巡捕房的暗探乘林育南等人开会之际，化装成茶房先生进入房间，接着七八个便衣持枪而入，当场逮捕了八位共产党人。同天晚上，何孟雄也在天津路上的中山旅社被捕。

不久，何孟雄、林育南、李求实等二十六人被集体枪杀。

罗章龙、王克全的分裂活动不但没有收敛，反而变本加厉。共产国际和中共中央多次义正词严地予以警告，他们置若罔闻，在分裂党的泥淖里越陷越深，在错误的道路上越走越远。

1 月 20 日，中共中央政治局专门审查了全国总工会党团会议和王明代表江南省委起草的报告。列席会议的博古气愤地指出：罗章龙、徐锡根、王克全是党内小组织的主要领导者，中央政治局应立即解散全国总工会党团。

向忠发、周恩来责问组织“江南第二省委”的王克全，以下谈话记录反映了当时的情景：

> 周恩来：你要回答组织第二省委的问题。
> 王克全：这不是组织第二省委。
> 周恩来：江苏（南）省委是谁？
> 向忠发：江苏（南）省委改造了。
> 王克全：不承认这一改造。
> 周恩来：你是否承认政治局？
> 王克全：我不承认。
> 周恩来：你来做什么？
> 王克全：我是四中全会的政治局委员。
> 周恩来：你又不承认，你要来参加做什么？你服从多数决议没有？
> 王克全：我不同意，不服从。①

中央政治局经过激烈争论，决定解散全国总工会党团，责令王克全停止“江南第二省委活动”，并向中央写出书面声明。罗章龙、王克全等人对中央决定不予理睬，甚至拒绝参加中央通知的会议。1 月 27 日，中共中央政治局决定，开除罗章龙的党籍，受到这种处分的还有王克全、王凤飞、韩连会等数十人。

罗章龙等人被开除党籍后，成立“中央非常委员会”，与四中全会产生的中共中央对抗。罗章龙是非常委员会的幕后操纵者，但不是主要负责人。关于组织“中央非常委员会”一事，他后来做过这样的解释：因为我们都是受过处分、被开除党籍的人。从前革命工作停顿，大家很着急，为了把工作进行下去，才成立中央非常委员会。

对于这段历史，罗章龙一直拒不认错。1979 年，他与李维汉谈过一次。李维汉回忆：

---

① 《任弼时传》，中央文献出版社 1996 年版，第 223 页。

他说在四中全会上，他们是反对王明宗派主义的，是反对米夫的。我说：你们搞第二党是实实在在的。当时如果只是反对王明的宗派主义，那是对的。但我们党是共产国际的一个支部，四中全会的召开是经过共产国际批准的，其结果又为共产国际所承认，因此从组织原则上来说，召开四中全会是合法的。你们对四中全会不满，另外建议召开紧急会议是可以的，但你们单独搞会场开会，组织“中央非常委员会”，成立“第二省委”、“第二区委”、“第二工会党团”等组织，则是不对的。可是他却认为这不是分裂党。①

在中央的打击下，许多人发表声明，退出“中央非常委员会”。张金保接任这一组织负责人时，采取断然措施，宣布解散了这一组织。

这场斗争以何孟雄等人被捕牺牲、罗章龙等几十人分裂党被开除而告终，可包括上海在内的城市工作及工会工作严重受损。加之米夫在中国继续停留，党内重大问题由他决定，中共中央威信远不如前，向忠发再也不像原来那样争强好胜、雄心勃勃了。

1 月 24 日，向忠发在《实话》刊物上发表文章《如何反对立三路线》。文章分三个部分，即：反立三路线应有的立场；反对反立三路线斗争中一切不正确的倾向；深刻认识自己的错误，肃清党内反国际倾向。

向忠发认为：

党要在思想上组织上及工作中进行反立三路线的斗争，尤其是敌人加紧向革命进攻的紧要关头，在实际工作中来执行转变，是反立三路线的中心任务。每个党员必须站在党和革命利益之上来领导这一斗争，绝对防止一切无原则的派别观念，不然就会使党在群众中的威信不可避免的低落下去，成为资产阶级奸细的工具。

在第二部分，向忠发指出了过去反“立三路线”的三种错误倾向：

① 李维汉：《回忆与研究》，中共党史资料出版社 1986 年版，第 329 页。

第一，极端民主化，破坏了党内最低限度的民主集中制原则和党的纪律；第二，没有把反立三路线的斗争与实际工作联系起来，放弃了群众斗争的领导；第三，曲解国际路线走向取消主义，对中国革命消极失望。以上这些不正确倾向，都是妨碍党内斗争正确发展的，都可以引导党走入非常状态的，对于这些倾向应当不调和的加以反对，尤其是对曲解国际路线的人，须给以无情打击。

最后，向忠发要求每一个曾经犯过错误的同志，本着自我批评的精神，深刻认识并揭发自己在工作中的错误，并着重剖析了自己对“立三路线”形成应负的政治上的责任。他说：立三同志在会议上提出过的一切冒险政策的意见与办法，都是最后得到他的同意与赞成而通过的。自己对某些问题虽有不同意见，然都未曾坚决反对，结果是同意了立三的意见，给了他执行的保障。

如讨论南京暴动的时候，我曾站在南京党与群众基础过于微弱的观点上，对他提出的意见，曾表示过怀疑，然被他那种夸大的狂热所迷惑，反而认为南京政府之推翻，是可以转移反动统治的政治中心，更加充实了他的主张之根源。又如对鄂东北第一军向外发展的问题，我曾主张肃清赤区内反动势力，然后有后方的向外发展的意见，然而结果仍是同意了他那种不要后方的主张。在组织武汉暴动问题上，我更没有看清我们主观力量的薄弱以及革命的不平衡形势，而有武汉暴动已经不能以日期计算，而应当以时刻来计算的更“左”的说法。当我成了立三路线的拥护者和执行者以后，对于一些比较正确的意见，都被我视为是右倾，给了一些无情的批评。这些事实都是给了立三有力的保障，是帮助了他那一贯的系统路线的形成与统治着党，这都是在政治上我所应负的责任。

同时，在对待国际代表的态度上，我确实也同样是犯了不尊重的严重错误。6 月 11 日的政治决议案，当时国际代表指出是有反国际路线的错误而坚决反对我们发布，但我们没有尊重他们的要求，仍然发出而演成了反国际路线最主要的历史文件。三中全会时国际代表更郑重指出立三的思想有反国际倾向，与国际路线有原则上的不同，并且要求在决议案中明确的公开的揭发立三的错误，当时我也是反对提出的一个，并且在我的报告中对立三的错误提都没有提，这就演成了对立三路线调和主义的错误。①

向忠发在回顾党的历史后得出结论：中国共产党在历史上就有过不尊重国际指示的教训，每次不服从国际指示都引导中国革命走向挫折与失败。中国共产党虽然聚集了十年的斗争经验，但在理论和经验上都还幼稚。只有坚决执行国际的一切指示，才能保障中国革命的胜利前途。

当年向忠发在报刊上发表的文章、起草的文件和报告，应该说大多出自秘书之手，但基本观点和内容得到了向忠发的认可和肯定。上面这些话是否发自向忠发的内心，我们不得而知。但他从此对国际代表确实毕恭毕敬，甚至对王明也开始谦让三分了。

四十二

中央工作重点转向苏区，谁有威望担任中华苏维埃临时中央政府“开国元首”？向忠发似乎顺理成章。可他出人意料，提议毛泽东担任苏区中央政府主席。

根据共产国际的指示，六届四中全会决定，全党的工作重点转向苏区。在此前后，中国共产党领导的红军和苏区有了很大发展。位于赣南的中

① 《实话》，1931 年 1 月 24 日。

央根据地粉碎了国民党军队组织的第一次大规模“围剿”，取得歼敌近两个师的重大胜利，军民欢欣鼓舞。赣东北根据地在方志敏领导下，击溃国民党军四个师三万兵力，正准备对付国民党军队组织的第二次进攻。湘鄂西根据地在洪湖周边开辟大片地区，武装斗争如火如荼。鄂豫皖根据地的红一军在双桥镇战役中，活捉国民党军第三十四师师长岳维峻及以下官兵五千人，取得空前大捷。

为巩固和发展全国苏区，中共中央审时度势，决定加强苏区的领导力量，在中央根据地设立中央局，在鄂豫皖和湘鄂西根据地设立中央分局。

关于各根据地主要负责人人选，远东局经过慎重考虑，拿出了一个初步方案。中央根据地主体在江西，即将从莫斯科回国的张国焘是江西人，远东局建议张国焘出任中央根据地中央局书记。周恩来的夫人邓颖超祖籍河南光山，光山是大别山根据地的重要组成部分，远东局建议周恩来夫妇前往大别山工作，周恩来任鄂豫皖根据地分局书记。

对此，向忠发表示极力反对。他认为张国焘在中共六大后一直留在莫斯科，对国内工作不太熟悉，同时与江西苏区的毛泽东过去在一些问题上有矛盾，两人都是党内元老，个性均锋芒外露，因此难于合作。在苏区工作刚刚走上正轨之际，派张国焘担任中央局书记，对整个工作不利。

远东局虽然坚持认为张国焘与毛泽东之间不会产生严重问题，最终还是同意了向忠发的意见，暂留张国焘在中央熟悉工作。①

张国焘是六届四中全会选出的常委之一，于 1931 年 1 月下旬从莫斯科回到上海，在参与中央对罗章龙分裂活动的处理后，被向忠发派往天津，解决顺直省委出现的问题。

不久前，罗章龙派人到河北、北平、天津一带活动，成立顺直省委紧急会议筹备处，进行分裂活动。在北方工作的许多同志虽然对四中全会颇有怀疑，但坚决反对罗章龙分裂党，认为这是原则错误，要求中央尽快派人解决。

1931 年 2 月初，张国焘率中共代表团一到达天津，立即就有人向张国焘提问：“四中全会是不是完全为米夫派所控制？周恩来是不是成为了米夫的傀

---

① 《炎黄春秋》，1996 年第 5 期。

儡？何孟雄等人被捕是不是米夫派人告密？你这次回国，有何良策挽救党的危机？”①

张国焘经过耐心的说服和解释，宣布取消顺直省委紧急会议筹备处，停止省委职权。原省委书记受到严厉批评后被免职。新成立的临时省委根据中央决议，果断采取处置措施，扭转了党内的混乱局面。

顺直党的工作又出现新的气象。

张国焘天津之行，感动了向忠发。向忠发后来对张国焘说：“我从前骂你是机会主义者，现在才知道你对党有这么大的贡献，因而我相信你真实地执行了共产国际的正确路线。”②

张国焘去天津后，中央政治局几次与远东局研究，认为加强苏区和红军的工作、改变城市斗争的方式是关系全党的两件大事。2 月 13 日，向忠发主持政治局会议，对此进行了认真讨论。

中央根据地第一次反“围剿”胜利后，项英到达江西苏区，在宁都县小布镇宣布成立中共苏区中央局。即将走苏区的任弼时在会上建议：中央苏区任务重，过去分配的力量不足，最好派一位常委去，王稼祥也必须去，以利加强理论指导。

向忠发早就考虑让周恩来出任苏区中央局书记，只是因为事务较多，周恩来没有起身前往。向忠发这次明确表示：周恩来任苏区中央局书记，两个月后出发，目前由项英代理书记。

周恩来表示准备去苏区，但不能马上成行。

会议讨论了苏区中央局、鄂豫皖中央分局、湘鄂西中央分局组成人员，并决定：项英、任弼时、毛泽东、王稼祥为苏区中央局常委，沈泽民为鄂豫皖中央分局书记，夏曦为湘鄂西中央分局书记。

随着各根据地的巩固和扩大，建立全国统一的苏维埃中央政府提上了重要的议事日程。此前，中央进行了精心准备，向忠发也参与了具体指导。

早在 1930 年 2 月 4 日，中共中央根据各苏区和红军不断扩大的情况，发布第六十八号通告，决定召开全国苏维埃区域代表大会，筹建全国苏维埃

① 张国焘：《我的回忆》（下），东方出版社 1998 年版，第 168 页。

② 姚金果、苏杭：《张国焘传》（下），陕西人民出版社 2000 年版，第 169 页。

政府。

5 月 20 日至 23 日，中共中央和中华全国总工会在上海召开全国苏维埃区域代表大会，讨论红军组织和苏区建设等问题。会议指出，创立全国革命政权已成为当前的中心问题，并确定成立了“苏维埃代表大会准备委员会”。

8 月 25 日，向忠发在《红旗日报》上发表《为建立全中国中央苏维埃政权而斗争》的社论：

> 在全国范围内，我们已经有了不少的苏维埃区域，在湘、鄂、赣、闽、粤、皖各省，我们已经有了二百余县的苏维埃政权，数百万有组织的农民武装，三十万以上的红军。并且苏维埃与红军的发展，已经明显的是任何暴力所不能阻止的趋势。不但如此，现在我们已经有汇合工人及兵士的暴动，以夺取经济政治中心的可能。我们现在的弱点就是还没有集中的最高的政权组织，不能有更明显的对抗全国国民党政权的意义。正因为如此，所以现在全国苏维埃政权及整个革命群众面前的任务，必须加紧的巩固与扩大自己的基础，必须更迅速地组织全国苏维埃政府。
>
> 虽然苏维埃在现在还没有取得全国范围内的土地，还没有取得整个的某一重要省区，但目前形势已经指明，不仅客观上有了组织中央苏维埃政权的必要，并且已经完全有了组织的可能。在中央政权组成之后，他必然能以统一全国的苏维埃区域，指挥整个红军的发展，成为工农群众争取全国苏维埃政权的根据地。[①]

9 月 12 日，全国苏维埃中央准备委员会全体会议在上海召开，决定将中央准备委员会移至赤色区域，选出中央准备委员会委员二十五人，向忠发、项英、毛泽东等九人为该委员会常委。为筹备召开全国苏维埃代表大会，远东局起草了一系列法规文件，交由这次会议一并讨论。

苏区委员会原由任弼时、沈泽民、刘峻山三人组成，这次会议决定增加周恩来和王明两人，负责讨论远东局起草的五个文件稿，并对苏区军委和共

---

① 《红旗日报》第 11 号，1930 年 8 月 25 日。

和国临时政府委员名单提出方案。

1931年2月20日，中央政治局继续开会，确定苏维埃共和国中央临时政府组成人员。周恩来代表苏区委员会向政治局提出了二十九人的中央执委候选名单，他们是：向忠发、周恩来、张国焘、毛泽东、项英、任弼时、卢福坦、朱德、邓发、王稼祥、方志敏、孔荷宠、贺龙、沈泽民、黄平、陈郁、罗登贤、夏曦、刘少奇、屈登高、段德昌、周逸群、邝继勋、何叔衡、周以栗、胡均鹤、卢德光、徐特立、阮啸仙。[①]

大家对这份建议名单并没表示异议，可谁来当这个政府的“开国元首”，各持己见，难以定论。

中华苏维埃共和国即将宣告成立，这是中国历史上开天辟地的大事。共和国的诞生，标志着全国各苏区工农真正翻身当家做主人，它的“开国元首”，自然应是由真正代表人民利益、受到广大群众普遍尊敬和爱戴的共产党人来担任。

这个道理，与会者非常清楚。因此，大家十分认真、慎重地讨论这个问题，并出现了不同意见。

会议一开始，就有人提议向忠发担任中华苏维埃共和国临时中央政府主席，毛泽东、项英为副主席。这一提议，名正言顺。向忠发是中共中央总书记，党的最高领导人，而中华苏维埃共和国这一红色政权是中国共产党领导开创的，向忠发担任苏维埃中央政府主席，顺理成章。

“我认为忠发同志做政府主席，没有这个必要。”张闻天提出不同意见，既没有说出具体理由，也没有提出另外人选。

“谁来担任苏维埃政府主席，确是一个大问题，需要有全国威信，因此我觉得除特生外没有别的人，但他又不在苏区，同时在秘密条件下又不妥当，这是要注意的。”发表这番意见的是王明，他所说的“特生”，是向忠发当时的化名。王明赞成向忠发当这个主席，但又认为他不在苏区工作，有点自相矛盾。

大家继续讨论，确定不论谁担任中央政府主席，必须具备两个基本条件：一是有全国威望，二是在苏区工作。

尽管如此，还是有人坚持认为，除向忠发外，没有谁更有威望来做这个

① 凌步机、舒龙：《血铸赤国》，江苏人民出版社1998年版，第123页。

主席，还是向忠发比较合适。

虽然大家各自发表了不同意见，可最后还是要由向忠发拍板。向忠发认为张闻天的意见值得重视，自己不在苏区，没有必要担任这个政府主席。至于谁来担任这个主席，“我觉得泽东可做主席”。①

在当时，能够想到毛泽东的，可能只有向忠发了。

国共合作武汉时期，向忠发是工人领袖，呼风唤雨；毛泽东是农民大王，翻江倒海。八七会议后，向忠发去了苏联，参与国际事务；毛泽东领导秋收起义，上了井冈山。中央苏区是毛泽东领导的秋收起义部队，朱德、陈毅率领的南昌起义军余部及湘南暴动武装，以武装割据的形式，经过艰苦奋战，逐步发展起来的一大根据地。向忠发就任总书记后，主持中央政治局，经常讨论研究军事工作，对毛泽东有了更全面、更深刻的认识。他认为毛泽东有丰富的斗争经验，在中央根据地有很高的影响和威望。

向忠发既有识人之明，也有用人之智。他的这一提议，自然很有分量，并对后来中共党内政治生态的走向，有着不可估量的影响。

主席人选就这样定下来了，至于副主席人选，有人提名项英，也有人提名张国焘。向忠发认为，主席人选必须报共产国际远东局审批，最后由谁来充任，政治局与远东局商后决定。

担任中华苏维埃共和国临时中央政府主席时的毛泽东

向忠发的意见，很快得到远东局的批准。

这次政治局会议，向忠发要求进入苏区的人员立即成行，并责成任弼时、王稼祥、顾作霖三人组成中央代表团，到达江西苏区与项英、毛泽东会合后，尽快筹备全国苏维埃代表大会的召开。

就在这时，赣西南苏区代表段弼良来到上海，在向中央解交一批金条之后，报告了

① 《任弼时传》，中央文献出版社1996年版，第125页。

赣西南发生的富田事变，要求中央处理。

1930 年 12 月 7 日，红一方面军总前委派肃反委员会主任李韶九，带着红十二军一个连，前往吉安县富田，捉拿红二十军和江西省行委中的所谓 AB 团骨干分子。李韶九在富田大搞逼供信，乱捕乱杀，造成恐慌。红二十军团政委刘敌带着一队武装抓了支持李韶九的红二十军军长刘铁超，并连夜包围了江西省苏维埃政府，扣押了李韶九，放出了被当作 AB 团分子关押的人员，拉着红二十军离开富田过了赣江，沿途还张贴“打倒毛泽东”的标语。[①]

这就是中共历史上著名的富田事变。

富田事变发生后不久，苏区中央局代理书记项英对此进行了严肃处理。而事变的另一方，也派出原少共赣西南特委书记段弼良，前来上海汇报。

中央政治局对此非常重视，组织了一个委员会进行研究。政治局在听取委员会汇报后认为：红一方面军反 AB 团的斗争是正确的，赣西南的 AB 团确系反革命组织，但从阶级成分来看，尚有动摇及红军中不坚定分子，在客观上也可为 AB 团所利用，至于肃 AB 团的方法是否妥当，还不能做任何结论。

向忠发授权中央代表团到达江西苏区后对此进行调查，全权处理。

不几天，沈泽民偕妻子张琴秋从上海出发，前往鄂豫皖根据地履职。可张国焘从天津回到上海后，毛遂自荐，主动要求去鄂豫皖苏区工作。

向忠发知道，鄂豫皖根据地开辟较早，地势较中央苏区为好，形成对京汉铁路的威胁，更易发展。根据地领导人曾中生、许继慎威信较高，让几个从莫斯科回来的没有实践经验的人去那里主政，其威信和经验不足以压服他们，贯彻不了中央决议精神，达不到控制鄂豫皖根据地的目的。对张国焘的要求，向忠发高度重视。

中央政治局会议再次讨论，通过了向忠发的建议：改派张国焘为鄂豫皖中央分局书记，沈泽民为鄂豫皖省委书记。

在共产国际代表的督导下，中央政策有了彻底的转变，并做出了一些影响党和红军命运的重大决定。为此，2 月 22 日，向忠发向共产国际发电，详细汇报了反“立三路线”斗争、召开六届四中全会和反对右派分裂党的经过，

---

① 凌步机、舒龙：《血铸赤国》，江苏人民出版社 1998 年版，第 73—74 页。

以及四中全会后的工作部署。电文中说：

> 中央对全国工作的指导，过去是偏重形式上的文件，现在则侧重在活的指导，派人去直接巡视与加强省委与地方的工作。现在正依照国际指示，要从中央政治局起以百分之六十的干部力量去加强与巩固苏区的领导，军事干部不论是在莫斯科的或在国内做过军事工作的，百分之九十以上派往苏区。①

全党的力量向基层倾斜，重要干部充实各根据地，全国苏区和红军迎来了又一个大发展的黄金时期。

四十三

向忠发以古玩商人身份抛头露面，结识风姿俏丽的杨秀贞。顾顺章在武汉被捕叛变，给中共中央带来极大威胁。向忠发狠狠地说："你出卖我的战友，我结果你的家人。"

设在上海的中共中央，是帝国主义、国民党政府及其追随者的眼中钉，肉中刺。他们互相勾结，狼狈为奸，撒开一张张无形的大网，共同对付革命

① 《共产国际、联共（布）与中国革命档案资料丛书》第 12 卷，中央文献出版社 2002 年版，第 543 页。

力量。在蒋介石的屠刀下，中共早期一大批领导骨干和优秀儿女英勇牺牲，中央机关随时可能遭到毁灭性打击和破坏。

中国共产党人面对的险恶环境，在世界革命史上绝无仅有。流血之多，代价之大，惊心动魄，触目惊心。

周恩来曾万分痛心地说道："敌人可以在几分钟内毁灭我们的领袖，我们却不能在几分钟内锻炼出我们的领袖。"为此，中共六大后，中央成立了特别行动委员会，简称"特委"，负责中央机关安全。特委由向忠发、周恩来、顾顺章三人组成，周恩来直接指导，顾顺章具体负责。中央特委直接领导特科，主要任务是收集情报，制裁叛徒，营救被捕同志。特科成立后，为中国革命建立了不朽功绩，连国民党军警宪特也对其畏惧三分。

1931 年，对处于秘密状态下的中共中央来说，是多灾多难的一年。在国民党特务、警察、宪兵、暗探和叛徒的严密监视之下，中共中央机关几次面临沉重打击，几乎难以在上海立身。

4 月 5 日，中共中央交通局长余昌生进入中华全国总工会所在地，被国民党布置的暗探盯梢，随即被捕。余昌生被捕后，国民党警察在楼道里待了一段时间，又逮捕了前来联系工作的七名同志。

4 月 7 日，向忠发与远东局新的负责人雷利斯基谈话，通报了这一情况。

向忠发说，余昌生长期在中央机关工作，并且深得信任。他曾是自己的私人秘书，早在 1927 年就与自己一道前往莫斯科。他知道三十一名同志的地址，即二十二名中央干部、三名省委成员、四名全国总工会成员和两名救济会同志的地址。

向忠发接着谈了中共中央采取的应变措施：立即改变余昌生知道的所有同志的住处，向省委事务部主任下达改变住址的指示。省委事务部在旅馆召开了同各地区联系的同志、同省委委员保持联系的同志、负责同上海联系的工作人员和省委领导人参加的会议。

雷利斯基认为中央联络人员过多，应精简机构，正确地使用人员，恰当地分配工作，建立更安全、更节省的中央机关。①

---

① 《共产国际、联共（布）与中国革命档案资料丛书》第 10 卷，中央文献出版社 2002 年版，第 224—226 页。

当时，中央交通局设有内交与外交两科，内交科负责上海市内的通信联络，外交科负责与各省市和根据地联系。出于快捷、安全、保密的考虑，每个联络员只负责两至三个联系点，且都是单线联络。

4月9日，向忠发主持中央政治局会议，落实远东局的指导意见。会议决定：中央各部门要精简人员，尽量减少文件，内部交通要用口头传达的方式，中央常委和政治局委员不在家中办公，家中不放文件，党的领导人要社会化、职业化。[①]

在此前后，向忠发的公开身份是古玩商人。

为掩护秘密工作开展，中央特科在上海设立了四处古玩店。黄浦江边的"松柏斋"古玩店，是为掩护周恩来开设的；法租界的古玩店，是为掩护向忠发开设的；西摩路斜桥会馆旁开设的古玩店，为中共中央秘密接头处；后来又在爱文路戈登路口设立了一家古玩店，由向忠发的情妇杨秀贞当老板。

关于杨秀贞其人，至今所见材料不多，说法也不一致。有人说，杨秀贞是上海厦门路夜总会的妓女，也有人说杨秀贞是一家纺织厂的女工。吕东宇的《弃明投暗》一书说到杨秀贞的身世，十分曲折，是否真实，无从考证。

向忠发当上总书记之后，组织上将其结发妻子刘秀英和养子从武汉接到上海。向忠发每天忙忙碌碌，经常外出不归，刘秀英不理解其风险和劳累，反而冷言冷语，令向忠发心烦意乱。

十里洋场的上海，花花绿绿的世界。为方便工作，向忠发以古玩商人名义在社会上抛头露面，结识了一家小古玩店的女老板杨秀贞。

杨秀贞年近三十，风姿俏丽，浑身散发着成熟女性的魅力和光彩。她皮肤白皙，身材匀称，一双动人的大眼睛衬托着一张能说会道的小嘴。向忠发被杨秀贞的美色所吸引，经常光顾这家小店，两人很快一拍即合，打得火热。

为了对总书记的安全负责，中央特科对杨秀贞做了一番调查。

杨秀贞本是江浙农家女子，因家境不好，十五岁时嫁给了比她大二十岁的古董商人，后来随丈夫来到上海，开了一家小店。因本小利薄，无力雇请店员，杨秀贞经常站柜台招揽顾客。一个年轻貌美的女人支应门面，自然招

---

① 《周恩来年谱》，中央文献出版社1998年版，第213页。

来不少生意，同时也惹来不少麻烦。

到上海不久，一个姓黄的宪兵队长看上了杨秀贞，借故让其送货上门，乘机将杨秀贞诱奸，随后便提出让其做三姨太。杨秀贞不忍心离开患病的丈夫，没有屈从。几天之后，杨秀贞的丈夫竟不明不白地死在了黄浦江里。

杨秀贞做了宪兵队长的三姨太不到半年，这个宪兵队长又莫名其妙地被人暗杀。宪兵队长的大太太认为杨秀贞是“克星”，将其赶出家门。杨秀贞无可奈何，迫于生计，只好开起了那家小古玩店。

小寡妇独撑门店，自然少不了是非。为寻找靠山，杨秀贞结识了一个姓林的青洪帮小头目。这个小头目虽然没有宪兵队长那么气派，却为人仗义。从此，杨秀贞的古玩店成了青洪帮兄弟花天酒地、聚众赌博的“俱乐部”。

又不到半年，这个姓林的小头目在一次斗殴中被人打死，杨秀贞再次失去了依靠。她想嫁人，没人敢娶。好在原来的一群小兄弟常来捧场，日子才勉强可以维持下去。

向忠发的出现，让杨秀贞体验到另一种感觉。他衣着并不华贵，可出手比较大方；他虽不耀武扬威，但身边总有随从；他说自己是生意人，但没有商人的奸诈和刻薄。杨秀贞对向忠发颇有好感。

中央特科通过调查，认为杨秀贞出身贫苦，为人善良。尤其是参与领导特科工作的顾顺章，认为这个古玩店还是打听青洪帮动向的窗口，于是在此建立了秘密联络点。

向忠发和杨秀贞的往来，得到了组织上的认可。然而就是这个顾顺章，很快给这位“古玩商人”带来杀身之祸。①

1931 年 4 月 24 日，顾顺章护送张国焘前往鄂豫皖根据地后，在武汉停留之际，被国民党特务逮捕，随即出卖组织，公开叛变。

1980 年 11 月，当事人蔡孟坚在《两个可能改写中国近代历史的故事》一文中说，顾顺章这次来汉口，主要有两项重要任务：一是护送张国焘去鄂豫皖边区任主席；二是筹备布置共产党主席经粤汉铁路转株（洲）萍（乡）去江西，转移主席住处，其重大使命具有高度绝密性。

---

① 吕东宇：《弃明投暗》，中共党史出版社 2005 年版，第 79—80 页。

这一突发事件，给设在上海的中共中央带来极大威胁。

顾顺章长期负责中央机关的安全保卫工作，掌握很多核心机密，了解只有极少数人才知道的中央机关和领导人的住址，熟悉党内秘密工作方法。顾顺章叛变后，要求面见蒋介石。可这天是星期六，南京国民党的政要都去度周末了。武汉电告南京的几封急电，刚好落在值班秘书、中共地下党员钱壮飞的手中。钱壮飞心急如焚，立即派人从南京赶往上海，向中央报告此事。①

周恩来接到消息，在新任江苏省委书记陈云等人的协助下，果断采取四条紧急措施：

> 1. 销毁大量机密文件，将党的主要负责人迅速转移；
> 2. 将一切可以成为顾顺章侦察目标的干部，迅速转移到安全地区；
> 3. 切断顾顺章在上海所能利用的所有重要关系；
> 4. 废止顾顺章所知道的一切秘密工作方法。②

当夜，陈云派人找了一家印刷厂，出四倍于平时的工钱，在两小时内将顾顺章的照片制版翻印一百多张，发给上海各级党的组织，通知他们转移住处，并做好应急防范准备。

与此同时，中央特科针对顾顺章个人采取了两条应对措施：

一是由陈赓组织力量，伺机严惩。中央特科估计顾顺章会引导国民党特务直扑上海，参与这次破坏行动，准备在火车站伏击。只要顾顺章一下火车，立即将其处置。可顾顺章做贼心虚，待在南京不敢来上海，这一计划没有实现。

二是由聂荣臻指挥，对威海路 802 号“顾公馆”进行监视，掌握顾顺章叛变的有关情况。顾顺章的亲属都在上海，其妻子、岳父、岳母、妻妹、堂兄、嫂嫂都在特科外围工作。特科人员既要回避与他们来往，又要监视他们的举动，发现叛变行径，有权立即处置。

4 月 28 日，星期二。国民党特务头子徐恩曾亲率训练总干事张冲、组织

---

① 《陈云传》，中央文献出版社 2005 年版，第 103—104 页。

② 《周恩来年谱》，中央文献出版社 1998 年版，第 214 页。

总干事顾建中两员大将，指挥上海军警宪特机关，会同英法巡捕房，在上海开展大搜捕。此次大搜捕，有两个重要目标：一是中共中央、江苏省委和共产国际远东局等机关，一是中共负责人向忠发、周恩来、瞿秋白等人。徐恩曾信誓旦旦，只要能实现其中的一个目标，就是盖世之功，不朽之荣！

租界巡捕检查行人

然而，抢在国民党搜捕之前，中央机关和各部门负责人已经安全转移。徐恩曾的黄粱美梦化为泡影。

顾顺章一无所获，大为失落。为显示自己的分量和价值，顾顺章邀功心切，向国民党特务机关泄露了恽代英和蔡和森的有关情报。

恽代英是中共早期著名的政治活动家，中国青年的杰出领袖。因不满“立三路线”受到排挤，调任上海沪中区委书记，后在工人联系点上被捕，但始终没有暴露身份。通过党组织积极营救，国民党监狱正准备将其立即释放。但由于顾顺章的出卖，很快被国民党当局杀害。

蔡和森 1931 年初从苏联回国后，被中共中央派往破坏严重的广东省委主持工作。因广东难以立足，省委暂时设在香港。蔡和森在香港参加海员集会时，被顾顺章认出，当场被捕，后英勇就义。

恽代英被顾顺章出卖的消息，通过各种渠道汇集到向忠发的面前。恽代英出生在湖北，是武汉地区马克思主义的早期传播者，大革命时期在武汉主持中央军事政治学校的日常工作，与向忠发十分熟悉。向忠发狠狠地说道："冤有头，债有主。你出卖我的战友，我结果你的家人。"

当时，中央明文规定：特科工作人员如不忠、叛变、倒戈、泄密者，若被侦知，严惩不贷。顾顺章躲在南京深居简出，中央指示特科对其亲属实施报复性打击，这就是当年轰动上海的"海棠村事件"。

顾顺章得到亲属遇害的消息，气急败坏。他心知肚明，中央特科采取如此严厉的措施，肯定是向忠发、周恩来的指示。自己已经离开了特科，只有他们两人可以指挥特科行动了。

如能抓到中共中央总书记向忠发，不仅可以向国民党当局邀功请赏，而且可解一己之恨。顾顺章发誓，就是上天入地，掘土三尺，也要设法找到向忠发。

曾经生死相依、血肉相连的战友，此时势不两立，不共戴天。历史，就是这样富于戏剧性。

第十二章
因色招祸

YINSE ZHAOH JO

顾顺章叛变后，成为国民党特务的帮凶、共产党人最凶残的敌人。 向忠发处境凶险，中央决定将其送往江西苏区。 临行前，向忠发儿女情长，私自外出，被结网而渔的国民党特务抓捕。

中央制订多种预案，设法实施营救，未能成功。 向忠发被国民党当局迅速处决，谜团重重，多种版本流传于世。

四十四

中共中央重建特科，全力保护向忠发的人身安全。顾顺章顺藤摸瓜，守株待兔，撒下天罗地网。向忠发暂且躲过一劫，仍然朝不保夕，周恩来让其与自己同住。

顾顺章叛变后，中共中央的活动近乎停顿。

5 月中旬，中央机关恢复办公。鉴于顾顺章穷凶极恶，对党的地下工作造成极大危害，中共中央发出第二百二十三号通知，指出：顾顺章是最可耻的叛徒，中央决定永远开除顾顺章的党籍，并号召全党同志，更加我们在群众中的工作，更严密我们的组织，更特别注意我们的秘密工作。①

此时，中央政治局成员大多派往各根据地，留在上海的只有向忠发、王明、周恩来、卢福坦四人，人数已不过半。由于环境险恶，中央政治局会议和常委会议难以进行，于是改变工作方式，实行分工负责，缩小工作范围。

向忠发知道，中央机关在上海运转一天，肩负特殊使命的中央特委和特科必须健全并继续生存，否则，包括他在内的中央领导核心，在上海难有立足之地。然而，顾顺章破坏中央机关的计划虽然受挫，但中央特科几年来在国民党内部逐渐建立起来的力量和关系基本上遭到破坏，许多打进国民党要害部门的地下党员无法坚持下去，被迫调往外地。

① 《陈云传》，中央文献出版社 2005 年版，第 105 页。

向忠发决定重建中央特科，形成新的领导集体。

6月10日，中央政治局召开常委会议，研究安全保卫工作，通过了《中央审查特委工作小结》。总结中说，特委工作虽有许多成绩，但终因顾顺章一个人叛变，遂使全部工作发生动摇，这不能不说是特委工作本身错误的结果，尤其是特委本身政治教育缺乏，成为特委基础不能巩固的历史病因。

周恩来在会上做了自我批评。①

会议对特科的组织、工作方针和工作纪律等规定了若干原则。鉴于原来特科的侦察、行动等都由顾顺章管理，一人知道很多机关和联系，会议决定特科成立三人集体领导，分工负责，由中央常委领导和监督。特科设正副主任各一人，必须政治坚定、党龄较长、熟悉上海情况。

周恩来提议赵容（康生）做特科主任，王明却建议陈云做特科主任。讨论的结果，向忠发和周恩来都同意王明的意见，因为陈云更熟悉上海情况。同时调潘汉年负责联络侦察工作，参加特科领导。

陈云，上海青浦人，早年参加工人运动，大革命失败后担任中共青浦县委书记，上海闸北、法南区委书记，江苏省委委员、常委、组织部长。在六届四中全会上，当选为中央委员，后任江苏省委书记。在协助周恩来处理顾顺章叛变事件的过程中，显示出过人胆识与卓越才能。

康生，早年进入中共控制的上海大学读书，先后担任上海沪东、闸北区委书记，1928年任中共江苏省委委员兼组织部长，1930年任中央组织部秘书长。在六届四中全会上，当选为中央委员、中央组织部部长。

潘汉年，江苏宜兴人，1925年入党，先后组建了中国自由运动大同盟、中国左翼作家联盟、中国社会科学家联盟等党的外围文化组织，并担任中国反帝大同盟党组书记。六届四中全会后，任江苏省委宣传部长。

陈云主持中央特科工作后，制定了一套严格的安全防范措施。要求工作人员的社会职业必须是真实的、有着落的。他还请一些同情革命的可靠人士出面，办了一二十个小铺子，散布在上海各个地方，以做买卖的形式，掩护特科人员的往来与接头。

---

① 《周恩来年谱》，中央文献出版社1998年版，第215页。

“开铺子做买卖”，使特科有了比较可靠的社会根基，更便于开展隐蔽斗争。共产国际代表对陈云的这种办法给予了充分肯定：“这个人花了几千元，搞了二三十个铺子，证明这个人不简单。”

陈云晚年会见中央特科人员

对于特科工作方式的变化，一个当年的国民党特务在回忆录中感慨：

> 实行新的隐蔽策略之后，把我们在共产党中所建立的线索，一下子割断了，于是我们的耳朵又失灵了，眼睛又失明了。我们只知道共产党的地下组织已经变了，但是怎样变？何人负责？机关设在哪里？一切具体情况我们便茫然无知。①

中央特科重建后，将向忠发和杨秀贞转移到善钟路一家粮店的二楼，党内没有几人知道。在搬移到这个新住址之前，向忠发辞退了原来的保姆，并给了她五十块大洋的封口费，一再叮嘱她不要乱讲。向忠发化名李科发，深居简出，对外中断一切往来，由中央特科人员全天候监护。

看似周密，但意外的事情还是发生了。

---

① 《陈云传》，中央文献出版社 2005 年版，第 108—109 页。

尽管顾顺章对向忠发的行踪一无所知，但多年的特工生涯，使他练成了从蛛丝马迹中寻找线索的本领。为找到向忠发，他煞费苦心，绞尽脑汁。顾顺章想到了自己给杨秀贞介绍的保姆，断定只要能找到这个保姆，就能找到杨秀贞，也就能找到向忠发。

顾顺章踌躇满志，向国民党特务详细介绍了向忠发的外貌特征：说一口地道的湖北话，九个手指头，右手食指残缺，酒糟鼻，镶有一颗金牙。为此，国民党特务机关发出通缉令，公开悬赏缉捕向忠发。

与此同时，国民党特务根据顾顺章提供的线索，不遗余力地寻找杨秀贞的保姆。他们从闸北工人住宅区追到嘉定罗店镇，又从罗店追到松江五里塘，在上海周边找了几个乡镇，终于找到了这个保姆。

起初，这个保姆还能信守承诺，可在国民党特务的威逼利诱下，还是挺不住了，提供了一条非常重要的信息：杨秀贞在苏广成缝纫店做了一套新衣，还没有完工，可能下月初交活。

特务们如获至宝，决定守株待兔。

“明天，你就去苏广成缝纫店附近暗处守候。一旦发现杨秀贞，不必和她打招呼，只要在远处跟随她身后，弄清她的住址，随后立即报告，我们给你一百块大洋。”特务们对保姆说。

几天过去了，苏广成缝纫店附近没有出现杨秀贞的身影，特务们要求保姆耐心守候。第四天，杨秀贞终于出现了，保姆一直跟踪到她居住的粮店楼下。

但这一幕引起中央特科人员的警惕。

周恩来得知这一情报，预感到向忠发的安全受到严重威胁，必须立即转移。情况紧急，非同小可，寻找新的住址已经来不及了。他一面命令中央特科将向忠发迅速转移到小沙渡路（今西康路）的秘密地点，和自己同住；一面指示中共中央秘书长余泽鸿，把杨秀贞接送到静安寺附近一家外商新开的德华旅社，与任弼时夫人陈琮英住在一起，相互照应。

此时陈琮英生下女儿才百天左右。

杨秀贞身边也带着一个女孩，小名鸽子，是李立三的女儿。李立三离开上海前往莫斯科接受审查时，妻子李崇善身边带着两个女儿，大的两岁，小的才一岁，腹中还怀着第三个孩子。李崇善将生下来的孩子送给了一个纺织女工，与刚从苏联回来的张闻天组成“家庭”，掩护他的地下工作。可是不久，这个“家庭”被敌人侦知，李崇善掩护张闻天脱险，自己却被捕入狱。①

向忠发收留了李立三的两个女儿，将其中一个交给杨秀贞抚养。

国民党特务得到保姆的报告，立即倾巢出动，前往善钟路搜查，可他们还是晚了一步，煮熟的鸭子飞了。

特务们望楼兴叹，并不甘心。经过一番仔细查问，粮店人员提供了另一条有价值的线索：租住楼上的李先生一家，是被人用小汽车接走的，好像是“泰勒”车行的出租汽车。

特务们似乎又看到了一线希望，一面留人继续监视这个粮店，一面前往“泰勒”车行寻找新的线索。

“泰勒”车行以英国老板名字命名，规模不大，却很气派。接待特务们的是一个名叫叶荣生的账房先生。

一名特务对叶荣生说，有一位五十岁的男子，镶一颗金牙，操湖北口音，是中共要犯，最近来车行借过车，希望车行提供帮助。

叶荣生见来人查询顾客的行踪，不仅未做正面回答，反而追问这位特务：为什么不通过租界巡捕房?

当时的上海有英法等国租界，租界拥有行政自治权和治外法权，有自己的武装部队、警察、法院、监狱，被称为“国中之国”。国民党的警察、宪兵和特务不能随便进入租界执行“公务”，如果发现了中共要犯，要通过租界巡捕房。巡捕房捉到共产党人，当局只能通过法律程序“引渡”。

国民党特务平时横行霸道，可在租界却不敢胡作非为。他们无精打采地走出车行，在人海茫茫的大街上，继续搜寻向忠发的踪迹。

这个叶荣生，原在市总工会工作，听过向忠发的报告，后来白色恐怖日益严重，脱离了革命队伍。听说国民党特务正在追踪中共要犯，叶荣生喜出望外。根据国民党特务提供的相貌特征，他到前台盘查。伙计们告诉他，确有这样一位客人：五十来岁，右手食指残缺，镶有一颗金牙，穿着不大讲究，

---

① 唐纯良：《李立三全传》，安徽人民出版社 2003 年版，第 176—177 页。

出手十分大方。

叶荣生交代：此人再来，立即报告。

叶荣生跑到淞沪警备司令部，向姐夫范梦菊报告了此事。

范梦菊，上海本地人，原为中央特科成员，曾在四川路老靶子西北角开了一家三民照相馆，专为特科购买、储藏武器。在营救杨殷、彭湃的行动中，因运送武器不及时，影响了特科的营救行动，受到严厉批评。范梦菊因此赌气离开了中央特科，成为淞沪警备司令部缉私队的一名成员。

范梦菊认为这是升官发财的好机会，伙同堂弟范忠带领叶荣生去找特务头子邹练和，共同策划捕捉向忠发的行动方案。

淞沪警备司令部结网而渔，等待向忠发自投罗网。

四十五

中央决定将向忠发送往苏区，可他牵肠挂肚，放不下情妇杨秀贞，被守候的国民党特务抓捕。“古玩商人”起初抵赖，但在确凿的证据面前，抗争的勇气荡然无存。

国民党特务把抓捕目标锁定在向忠发的身上，其生存环境更加恶化。为保证总书记绝对安全，周恩来和王明商量，决定把向忠发转往中央苏区。”

向忠发对此并无异议。

几天后，前往中央苏区的路线和向导安排妥当，周恩来要向忠发做好动身准备。可向忠发对杨秀贞情有独钟，放心不下，于是向周恩来提出，走前要和杨秀贞见上一面。

周恩来感觉此举并不妥当，但碍于情面，还是同意了他的要求。周恩来说："这是中央的决定，不是我个人的意见。外面风声紧，情况复杂，你和她见一面后，立即回来，明天就和护送你的人一同前往中央苏区。"

6 月 21 日晚，向忠发匆忙来到德华旅社。

向忠发见到杨秀贞，把周恩来的话抛到九霄云外。听说向忠发要离开上海，杨秀贞情意缠绵，依依不舍。几个小时悄然过去了，向忠发没有离去的意思。

陈琮英见时候不早了，提醒向忠发及时离开。陈琮英和杨秀贞住在一起时，组织上反复交代，不许向忠发在此久留，不许杨秀贞与人来往，这是中央交给她的一项重要任务。

向忠发听后，不以为然地对陈琮英说："别听他们说得这样可怕，大风大浪我见多了。我这人福大命大，从未出现过闪失。今天就不走了，看看国民党特务有多大能耐!"

向忠发在此度过了一夜。

第二天早晨，向忠发离开德华旅社。可能是违反规定外出不归，怕同志们担心焦虑，也可能是顾及护送交通员在等候，他快步走向附近的"泰勒"车行，准备租车后迅速返回小沙渡路周恩来的住所。

办好手续，打开车门，钻进车内，出租车刚要启动，两个大汉围了上来，将小车堵住。向忠发见势不妙，故作镇静："你们要干什么？这是我租的车。我有急事，请你们赶快走开。"

一个特务见向忠发一副阔老板打扮，担心抓错了人不好交差，于是抓起向忠发的右手，发现只有四个指头，这才确信无疑，将向忠发拉出车门。

向忠发虽年过半百，但仍有一身力气。他机警地意识到将要发生什么，本能地挥起拳头，朝对方狠狠砸去，将这个特务打翻在地，拔腿就跑。

另一个特务慌了神，拔出身上的武器，开枪示警。守候在附近的租界巡捕听到枪声，蜂拥而来，一齐把向忠发按倒在地，然后将其拽进一辆汽车，迅速押送到法租界巡捕房。

向忠发在法租界被捕，到底是谁告密，目前有三种说法。

法租界巡捕房

其一，原中央特科工作人员陈养山说：

向忠发搬到静安寺附近居住，常去英商“泰勒”汽车行租用汽车。该行会计叶荣生曾在总工会工作，听过向忠发的报告，有一面之识。当时，国民党报纸不惜篇幅，天天登载举报共产党要人有巨额悬赏的消息，叶荣生为利驱使，顿起歹心，便同他姐夫范梦菊和范梦菊的堂弟范忠，一同去找国民党淞沪警备司令部特务头子邹练和，说他们可以找到向忠发。邹练和答应事成之后，许以大笔赏金，并共同策划了捕捉向忠发的方案。

全国解放后，因出卖向忠发一案，叶荣生被人民政府捉拿逮捕。经审讯核实，公安机关将其处决。①

其二，原中央机关工作人员张纪恩认为：

1931 年 4 月，顾顺章在汉口被捕叛变，供出了党的许多秘密机关，机关所在的地区以及其他各方面的线索。顾顺章虽不知向忠发的确切住

① 《党史资料丛刊》，1982 年第 3 辑。

址，但他知道向忠发住在善钟路（现常熟路）一家苏广成衣铺楼上，又向敌人提供了向忠发右手的食指缺了半截等线索和情况。因此，向忠发的家很快被敌人侦察到，向从而被捕。[①]

其三，原在上海从事地下工作的黄慕兰回忆：

向忠发不喜欢原配的“土”老婆，在外面与不三不四的女人搞上了不正当的姘居关系。那女人本是一个妓女，她在巡捕房也交有朋友，于是被巡捕房的人盯上了，还偷拍了她和向忠发在一起的照片。顾顺章叛变后，南京方面派人来缉捕共产党人，一核对照片，就知道此人是向忠发。因为在第一次国共合作时期的武汉，他与周恩来、李立三等著名共产党人一起，在很多公开场合露过面，敌人是很容易得到他们的照片的。[②]

向忠发被捕后，当即被国民党特务和法租界巡捕押往嵩山路巡捕房，随

法租界旧貌

① 《党史资料丛刊》，1979 年第 1 辑。

② 《黄慕兰自传》，中国大百科全书出版社 2004 年版，第 136—137 页。

后又解往卢家湾捕房。卢家湾捕房是当时法租界七个巡捕房之一，也称中央捕房，法租界警务处就设在这里。

向忠发被带至二楼上的一间办公室，由一名法国人问话，翻译在旁译述，一名外籍巡捕在门口守候。

法国人按照惯例，开始程序性地审问："你叫什么名字？"

"俞达强。"向忠发按预先编好的口供回答，审问人员摇了摇头。

"多大年龄？"

向忠发回答："五十岁。"

这名法国人一边提问，一边记录，接着又问："从事什么职业？"

"珠宝商人。"

"加入了什么政治团体？"

向忠发回答："从来没有加入任何团体。"

法国人问到这里，有些不耐烦了，一脸的不高兴，于是直截了当地说："你就是共产党的总书记向忠发，不要再演戏了。我们逮捕你，是应中国方面的要求，请你配合我们，不要浪费时间。"

向忠发见过世面，多次参与研究营救党的重要干部，对租界巡捕房和国民党警察局的办案程序十分熟悉，也有一套应对办法。他以为对方没有抓住什么把柄，心存侥幸。当对方直呼自己的名字，并说出自己的党内职务时，向忠发大吃一惊，但仍矢口否认。

法国人当即叫来淞沪警备司令部的特务当面对质。在确凿的证据面前，向忠发哑口无言，一下子软了下来。

王明晚年在莫斯科回忆：

向忠发被捕后先被带到法租界巡捕房，因为他是在法租界被捕的，要经过这样的手续才能引渡到中国界去。向在法租界巡捕房里见到探长陆连奎时就跪下来说："请你帮忙。"

陆问："你不是向忠发吧？"

向说："我是向忠发。"

陆说："我看你不像共产党的头子。你们那些共产党人被捉来时，常把我们骂得狗血淋头，多么英雄气概，哪像你这样熊！”

陆又问捕向的人：“你们捕错了人吧？”

特务们说：“没有错，是他！”①

陆连奎是租界华捕侦探头目，在上海名气挺大。他横行上海滩多年，干了不少坏事，也曾为中共做过“义务保镖”，客观上掩护过共产党人。正因如此，向忠发才慌不择路，求救于他。

陈赓任特科情报科长时，在环龙路（今南昌路）租了一套房子，和妻子王根英住在一起，房东就是陆连奎。陈赓笑着对王根英说：“租这种人的房子可以减少敌人的怀疑，就让陆连奎做我们的‘保镖’吧！”

1929 年任弼时在上海被捕，同时被捕的还有郭亮烈士的妻子李灿英和儿子郭志成。根据组织安排，陈赓与人商量营救事宜，确定由杨洪生负责疏通时任汇山路巡捕房探长的陆连奎。杨洪生买了礼品，包了一百块银洋拜访陆连奎，与老房东“叙旧”。

谈兴正浓时，杨洪生话头一转：“陆探长，我有一远房亲戚带着一小孩在上海做保姆，被闵行路巡捕房抓走，现走投无路，只得请陆探长帮忙。”

杨洪生边说，边把银圆呈上。陆连奎把银圆塞进抽屉，哈哈一笑：“你我都是老熟人了，理应帮忙，理应帮忙！”

闵行路巡捕房碍于陆连奎的面子，很快释放了李灿英母子。

向忠发是国民党通缉的重犯，陆连奎本领再大，即使愿意帮忙，此时也无力回天。

然而，向忠发是在法租界被捕的，可陆连奎一直在公共租界内任职。向忠发在法租界被讯问，应该不可能与陆连奎碰面。当时，法租界的华人探长是赵子柏，与中共方面也有联系。王明的回忆是否有误，需进一步考证。

陈琮英二十世纪八十年代回忆：

---

① 孟庆树：《陈绍禹——王明传记与回忆》，莫斯科·2011 年，第 108—109 页。

向忠发被捕后，首先供出了自己的住址和身份。他告诉敌人：到旅馆后要注意那个矮个的（指陈琮英），那个高个的（指杨秀贞）什么也不知道。[①]

陈琮英和女儿在德华旅社住了几天，等候组织上接她们转移住处。但来者是三个穿长袢的人，一见到她们就说："向忠发接你们到他那儿去住，马上就走吧。"就这样，敌人将"我和远志、杨秀贞和鸽子一同逮捕"。

四人被带到卢家湾巡捕房。

向忠发见到陈琮英，用他的湖北话告诉敌人："她就是任弼时的老婆，中共中央的秘密交通。"

敌人见陈琮英完全是一个乡下妇女的模样，又怀抱才几个月的婴儿，将信将疑，并不在意。向忠发反过来对陈琮英说："我们是什么人，人家都知道了，你就都老实地讲了吧。"

敌人也过来威胁。陈琮英抱着孩子，装作十分委屈的样子："我是刚从乡下来的，什么也不知道。"

陈琮英曾两次参与营救丈夫任弼时，对付敌人有些经验。她一被捕就准备好了口供，并下定决心决不改口，所以沉着地对付敌人。

陈琮英见向忠发又和特务们在一起嘀嘀咕咕，唯恐敌人继续纠缠下去，于是偷偷地在女儿身上猛掐了一下，孩子立即大声哭叫起来，惹得敌人心烦意乱。

敌人对陈琮英这个像乡下来的妇女不那么重视，问了几句话也没有什么结果，对她的审讯就这样匆匆结束了。

6 月 22 日晚，向忠发一案人等被引渡到淞沪警备司令部。向忠发从此与杨秀贞、陈琮英隔离开来。陈琮英说：

我们在狱中保守党的秘密，始终不承认共产党员身份。在我们做工作后，杨秀贞表现很好。她不但没有讲出我的共产党员身份，就连当时

① 穆欣：《隐蔽战线统帅周恩来》，中国青年出版社 2002 年版，第 377 页。

关在狱中的关向应等同志，她看到后也未向敌人报告。此外，敌人没有搜到什么证据，向忠发被枪决后原揭发人也没有了。[①]

1932 年初，陈琮英被关押半年之久后，国民党方面宣布无罪，交保释放。杨秀贞被判处两年六个月徒刑，刑满后出狱，下落不明。

四十六

“老头生病住院，病情十分严重。”向忠发命悬一线，黄慕兰巧施美人计。阻止国民党引渡向忠发的计划落空后，中央指示“红队”做好武装劫持准备，即使鱼死网破，也在所不惜。

向忠发一夜未归，周恩来彻夜难眠。

到第二天（6 月 22 日）中午，向忠发还未回来，周恩来当即与中央秘书长余泽鸿联系，请他迅速派人到德华旅社查询。

余泽鸿报告周恩来：杨秀贞和陈琮英在德华旅社被租界巡捕带走，总书记向忠发下落不明。

周恩来感到情况不妙，心一下子悬了起来。丰富的社会阅历，险恶的政治环境，迫使他不得不从速做出决定，以防各种不测。

① 《党史资料丛刊》，1980 年第 2 辑。

他当即给中央特科下达两条指示：一、凡是和向忠发有过接触的中央领导及其家属，今晚一律转移；向忠发所知道的秘密机关，笨重物品暂不搬动，重要文件或销毁或带走，主要工作人员一律撤离；二、派出人员四处打听，务必掌握向忠发的可靠消息。

紧急安排之后，周恩来、邓颖超夫妇住进上海都城大饭店，与其一同住在都城大饭店的还有李富春、蔡畅夫妇。

都城大饭店是当时上海最高级的饭店之一，住一晚上要几十块大洋。饭店只顾赚钱，从不查问顾客来历。

从目前公布的资料来看，最先得到向忠发被捕消息，并向中央报告的是黄慕兰。

黄慕兰出身名门，大革命时期投身进步运动，经周恩来介绍加入共产党，后担任国民党汉口市党部妇女部长，与中共才子宛希俨结为伉俪，在当时的大革命中心武汉，传为美谈。宛希俨牺牲后，组织上安排她在中央机关工作，与中共另一位早期领导人贺昌结合在了一起。

二十世纪三十年代的黄慕兰

黄慕兰二十多岁，天生丽质，性情娴雅，擅长交际，谈吐不凡，是位颇具魅力的知识女性。

当时，中央政治局候补委员关向应被捕，关押在国民党监狱里，没有暴露真实身份。组织上为关向应物色了一位辩护律师，此人叫陈志皋。中央要求黄慕兰以宛希俨遗孀、中共脱党分子的身份，出面营救“表兄”关向应。

陈志皋在上海名气较大，有深厚的社会背景。他在法租界开了一家律师事务所，并与巡捕房往来密切。黄慕兰与陈志皋接触后，陈志皋满口应承，可让黄的“表兄”尽快出狱。

陈志皋给黄慕兰介绍了赵子柏。赵子柏行伍出身，在上海滩浪迹多年，并加入过上海帮会组织，公开身份是法租界巡捕房华人探长。

6 月 22 日下午 4 点左右，陈志皋又主动约请黄慕兰到东华咖啡馆见面，准备吃过晚饭后一起去大光明看电影。两人正在咖啡馆闲聊，正巧碰到了陈志皋的好友曹炳生。

曹炳生在法租界巡捕房当翻译，不仅与陈志皋是同学，而且在办案过程中经常打交道，关系十分密切。

曹炳生打量了一下黄慕兰，风趣地说："志皋兄，几天不见，交上这么一位漂亮小姐，真让人羡慕。"

"黄小姐是我承揽的一桩官司的当事人。"陈志皋连忙解释。

于是，两人天南地北地聊了起来。

"小曹，最近巡捕房里有什么新闻吗？"陈志皋问。

曹炳生小声地回答："今天早上，嵩山巡捕房办成一件大案，内外勤都当班，忙了一整天，刚刚松动。"

"什么大案子，能否给老弟透透风？"

曹炳生啜了一口咖啡，向四周望了望，然后低声说："抓了共产党的一个大头目，听说是湖北人，五十来岁，酒糟鼻子，嘴里镶着金牙。是悬赏十万大洋抓到的，这赏金可真高啊！"

陈又问："这人是谁呀？"

曹炳生收回话头："案子没审完，究竟是谁不太明白。"

言者无心，听者有意。他俩谈得投入，黄慕兰在一旁听着。

"共产党的大头目，湖北人，五十来岁。"黄慕兰一个个地排队分析，很快认定此人是向忠发。黄慕兰大革命时期在武汉工作，后来又在上海中央机关任过秘书，对向忠发的这些特征比较熟悉。

这可是件了不得的大事，得赶快向中央报告。黄慕兰尽管心急如焚，但仍要装出若无其事的样子，不露声色。

两个好朋友谈了一会儿，曹炳生起身要走。陈志皋说："不是刚下班吗？我们一起去吃顿饭，然后一起去看电影。"

曹炳生叹了一口气，说道："我可没你这位大少爷清闲，晚上还要值班。

端人家的饭碗，身不由己呀！”说着，匆忙告别了。①

黄慕兰佯装头痛，推掉一切应酬，匆匆回到自己住所，立即打电话给住在徐家汇一家烟纸店楼上的特科负责人潘汉年，说有紧急事件相告。此时，潘汉年正在派人全力寻找向忠发的下落，知道黄慕兰在租界交了一些朋友，各方消息灵通，于是很快赶了过来。

经过分析，两人一致认为，被捕者就是向忠发。

潘汉年在街上转了一圈，确认身后没有“尾巴”，立即去找康生。

6 月 22 日，是周恩来一生中十分难熬的日子。晚上 10 点，他还守在电话机旁，苦苦等候各方面的消息。电话铃声响了，里面传来康生的声音：“老头生病住院，病情十分严重。”

这是中央内部的联络密语，周恩来当然明白。“老头”代指向忠发，“住院”指被敌人逮捕关押。

“诊断可靠吗?”周恩来谨慎地问道。

“绝对可靠。”康生蛮有把握地回答。

得到康生不容置疑的答复，周恩来双眉紧锁。当天晚上，周恩来和王明等人一起商量组织营救、处置应变的紧急预案。

周恩来提出的方案是：用重金收买法租界巡捕房高级职员，极力阻止将向忠发引渡给国民党当局，然后聘请著名律师辩护，力争从轻判处。②

王明同意这一营救方案，并决定中央机关停止对外活动。

按常理，国民党特务机关破获设在租界的中共地下组织，或逮捕已为他们所掌握的中共领导人，必须通过租界巡捕房执行，然后再引渡给他们。中央决定不惜一切代价，阻止国民党引渡向忠发。

为什么这套方案没有成功？目前见到的相关材料有两种说法。

孟庆树根据王明生前的回忆，在一篇文章中说：

> 周恩来、王明和特科负责人商量如何营救“老头”，决定立即送五万元银行存折给杨度去找杜月笙帮忙。杜月笙是上海最大的青帮头子，法

① 《黄慕兰自传》，中国大百科全书出版社 2004 年版，第 130—132 页。

② 岳先、秦少智：《虎穴龙潭》，群众出版社 2003 年版，第 223 页。

租界最大的资本家之一，在帝国主义和蒋介石面前是个有面子的人。可两个小时后，杨度把五万元存折退回来了，并说：杜月笙没有办法，因为捕向的人是南京直接派来的，向被捕后经过法租界巡捕房引渡，不过是履行法律手续。①

杨度，中国近代史上知名度很高的传奇人物，一生经历奇特，先后投身于截然对立的政治派别，并扮演着重要的角色。早年中过秀才，参与公车上书，当过清朝四品官员。他结交广泛，朋友众多，和康有为、梁启超、黄兴是好友，跟汪精卫、蔡锷是同学。他是怂恿袁世凯称帝复辟的主要代表，后又坚定赞同孙中山共和。他曾经救过李大钊，北伐时说毛泽东能得天下。晚年迁居上海后，是杜月笙的师爷，却由潘汉年介绍，经周恩来批准，成为中共秘密党员。

《虎穴龙潭》一书有另外一种说法：

周恩来指示潘汉年马上找到黄慕兰，要她再次约见赵子柏，并以被捕者亲属身份出面，向法租界高层疏通关系，并及时了解向忠发被捕后的情况，事成之后，一定重谢。

6 月 23 日早晨，黄慕兰约赵子柏见面。赵子柏一进门，就说：“黄小姐，有什么事，怎么这样急呢?”

黄慕兰说：“我有一个远房亲戚，昨天被租界逮捕，家人十分着急，特意托我想想办法。你在租界巡捕房工作，神通广大，我想只能麻烦你了。我这个亲戚是个珠宝商人，为人十分大方。”

黄慕兰说着，从小提包里拿出五十块大洋，又在纸上写了一个电话号码，一齐推给赵子柏：“这是一点辛劳费，事成之后，当面重谢。”

听说被营救者是个珠宝商人，赵子柏立刻明白是怎么回事。面有难色地说道：“能为黄小姐帮忙，自然十分荣幸。只是此案非同小可，兄弟无能为力，还请黄小姐谅解。”

---

① 孟庆树：《陈绍禹——王明传记与回忆》，莫斯科·2011 年，第 108 页。

赵子柏实情相告："这位珠宝商人被捕之后，淞沪警备司令部来函要求立即引渡，并且态度强硬，说此人是中共要犯。租界当局为便于长期合作，已将此人引渡给了国民党当局。"

黄慕兰心里突然沉了一下。

"这次，我欠黄小姐一次人情。黄小姐为人爽快，执情仗义。今后有用得着我的地方，一定竭力效劳！"

事已如此，黄慕兰只好顺水推舟：此次时间紧促，案件重大，不能成功地阻止引渡，或许是天意吧！希望赵先生今后有意识地留意一下巡捕房的情况，有什么重要消息，请及时告诉我们，我将按月付给你月俸，有重大价值的情报，额外给予重谢。

尽管赵子柏此时还不能完全肯定眼前这位黄小姐一定是共产党人，但他判断此人起码和共产党有千丝万缕的联系。他知道自己一旦背上通共的罪名，后果十分严重。然而，他被这位魅力超群的黄小姐所吸引，不由自主地点了点头。①

就在这天，全国各大报纸刊登了向忠发被捕并引渡的新闻，验证了赵子柏提供消息的可靠性。

6 月 23 日，上海《申报》在第四版《本埠新闻》栏目，刊登了一则由远东社发出的消息：向忠发，共党首领，于昨日（二十二日）上午九时三刻，在法租界善钟路被捕，当送嵩山路巡捕房，旋解卢家湾政治部。闻警备司令部以该犯为共党首领，刻已派员引提。

同一天，天津《大公报》第三版的一则消息，大同小异：传共党首领向忠发，晨在法租界善钟路被捕，押法捕房，警备部已派员引提。

得知向忠发被引渡到淞沪警备司令部，中共中央感到事态已经恶化。周恩来和王明一起，紧急磋商下一步行动方案。

根据以往经验判断，淞沪警备司令部无权裁定此案，必须电告蒋介石，请示处理意见。而蒋介石一旦获悉抓捕了共产党要人，一定会命令解押南京，

---

① 根据岳先、奉少智《虎穴龙潭》第 223—225 页整理。

亲自审问。周恩来和王明商量，采取解押途中武装劫囚的办法营救向忠发，除此之外，别无选择。

为此，中共中央命令特科迅速侦听向忠发何时解往南京，从什么地方上车，派多少人员押送，行走什么路线。同时命令“红队”严阵以待，全力以赴，随时做好劫持准备，即使鱼死网破，也在所不惜。

“红队”又称“红色恐怖队”，是中央特科直接掌握的一支行动小分队，俗称“打狗队”。三十多个队员人人身强力壮，个个武艺高强，身怀绝技，神通广大。他们甚至与国民党的炮兵都建立了联系，随时可以调动枪支，包括重武器和机关枪。“红队”在上海滩威名在外，连国民党军警宪特也畏惧其三分。

中共中央除积极组织营救外，于6月24日发表了《为反抗帝国主义、国民党逮捕向忠发同志宣言》。《宣言》指出：本党的主要领袖之一的向忠发同志，于6月22日在上海法租界被捕了！党中央积极要求每一个党、团员积极行动起来，深入到广大群众中去，开展一个抗议运动，要求国民党当局释放向忠发。①

向忠发命悬一线，牵连着中共中央的中枢神经。然而，就在中共中央发表这一宣言时，向忠发已经被秘密处决了。

---

① 《党史资料丛刊》，1982年第2辑。

四十七

国民党方面严刑逼问，向忠发供出中央机要处秘密地址。既然向忠发已经自首，淞沪警备司令部为何将其迅速秘密处决？ 历史给后人留下了一串串待解之谜。

向忠发被引渡到淞沪警备司令部后，情况陡然起了变化。

淞沪警备司令部，是国民党在上海的最高军事机关，内设一座看守所，专门关押抓捕的“犯人”。看守所后面有一大片空地，是处决“犯人”的刑场。这里实际上是国民党当局关押和屠杀共产党人和革命志士的魔窟，一批著名的共产党人先后在这里惨遭杀害。

作家穆欣在《关向应传略》中说，1927 年至 1937 年间，这里囚禁过的共产党人和革命志士有九千多人，惨遭杀害者八百多人。

淞沪警备司令部司令熊式辉，江西安义人，国民党陆军中将，是 1928 年 5 月担任这个职务的，在这之前他是国民革命军第五师师长。1930 年 12 月，蒋介石又命令熊式辉担任设在江西的国民党军“剿共”总司令部参谋长，但淞沪警备司令部司令一职，仍由他兼任。

国民党特务头子徐恩曾认为，向忠发是他们和顾顺章跟踪查出来的，要求双方联手审理此案。但淞沪警备司令部不予合作，要独揽全功。

6 月 24 日，天津《大公报》同时刊发了两条消息：

淞沪警备司令部

（上海二十三日下午十时发专电）向忠发二十二日晨被捕，即日由警备部派员至法租界捕房提去，向自称非是，尚未承认。

（上海二十三日下午十一时发专电）向忠发二十三日押军法处，俟讯毕后解（南）京。

1931 年 6 月 24 日《上海民国日报》报道：

共党向忠发，前日在法租界善钟路被捕，闻系警备司令部侦缉队，侦知向行踪，跟踪在善钟路，截获解卢家湾捕房。据向忠发在法捕房供姓俞，否认系向忠发，但警备部眼线证明确系向本人，即于当晚移解司令部，于昨日由军法处审究。向供湖北人，现年 51 岁，发已斑白，右手第二指因犯案被截去，并闻讯实后将解押京总司令部法办云。①

现有材料表明，向忠发起初并不承认自己是中共中央总书记，淞沪警备司令部对其进行了严刑逼供。

---

① 《上海民国日报》，1931 年 6 月 24 日。

张纪恩说，他见过向忠发坐在椅子上受审的照片。

黄慕兰说，陈志皋无意中透露，向忠发不中用，一坐上电椅就吃不消，招供了。

坐电椅是一种毫无人性的惨烈酷刑。使用电刑时，逼供者把犯人捆绑在特制的椅子上，行刑者接通电源，让电流通过犯人的身体，使其内脏受损。电流由逼供者控制，可大可小。轻则让人心惊肉跳，重则让人生不如死。被电椅子处死的人，尸体焦黑，惨不忍睹。

可以断定，淞沪警备司令部对向忠发采用了严刑逼供，至于是否用过电刑，尚需进一步考证。向忠发在严刑拷打下，最终承认了自己的身份，供出了中央机要处密室机关。

上海公共租界戈登路（今江宁路）1141 号恒吉里，是一幢一楼一底的石库门房子，中央机要机关设在这里。机要主任张纪恩和张越霞夫妇住在楼下，楼上的厢房布置成一个单人间，是中央政治局开会和查阅文件的地方，住着两位女共产党员周秀清和苏彩。周秀清以张家“娘姨”身份住着，给张纪恩带出生不久的女儿。苏彩因怀孕住此，公开身份为房客。常来楼上开会的有向忠发、周恩来、王明、罗登贤、博古、张闻天、黄文容等人。

6 月 24 日凌晨 1 时，恒吉里那幢房子突然响起急促的敲门声。张纪恩知道情况不妙，忙把灶台上的淘米箩取下——这是预定的暗号，表示发生意外。周秀清下楼开门后，大批穿着藏青色制服的人一齐拥入。

来者是公共租界戈登路捕房的中西巡捕，有碧眼黄发的外国巡捕和中国巡捕，此外还有两三个中国的侦缉员，其中一人名叫王斌。巡警在楼上查出一份共产国际文件和一份王明用绿墨水写的手稿。巡警发现这两份文件后，立即逮捕了张纪恩夫妇。

张纪恩按事先编好的口供，谎说自己是王志隆，周秀清是佣人，苏彩是房客，与此事无关，巡警就放掉了周、苏二人。张越霞被带走时，用暗语对周秀清说，自己是被冤枉的，拜托她把女儿带好，并请她把被捕的消息转告有关“亲戚”。

张越霞所说的亲戚，是指要来此处的中共中央领导人。

庆幸的是，在向忠发被捕当天，中共中央采取了应急准备，派徐冰和浦化人把两大箱中央文件运走了。

机要处负责中央文件的刻印收发，管理非常严密。当时中央文件和会议记录一式三份，一份由机要处保存，一份送共产国际，一份由特科送乡下保管。徐冰和浦化人从张纪恩处搬走的两大箱文件，一直保存完好，新中国成立后全部进入中央档案馆，被后人称为“中央文库”，是研究中共早期历史的珍贵文献。

国民党特务破坏了中共中央机要处，立即引起新闻媒体的关注。天津《大公报》6 月 25 日第三版报道：

> （上海二十四日下午九时发专电）警备部据向忠发供，通知租界当局，继续捕获重要共产党王志隆夫妇，搜出证据。该犯二十四日已提解警备司令部审讯。

张纪恩和张越霞夫妇被捕后，被送往公共租界戈登路巡捕房，未经审问，便于翌日转往上海浙江路的“特区法院”，然后又转往设在上海白云观的国民党侦缉队的拘留所关押。

有人认为，向忠发还供出了周恩来、邓颖超夫妇的住址，并带着国民党特务抓捕周恩来、邓颖超夫妇。在国民党方面后来公布的向忠发供词中，有这样一段文字：

> 向忠发（化名俞达强，右手食指断一节），于一九三一年（民国二十年）六月廿二日上午九时在沪被捕，向初抵赖，几经说服，遂自供周恩来之住址，及一切重要机关。

二十世纪九十年代初，黄慕兰回忆：

> 午夜一时，我们布置在周恩来住宅周围装作馄饨担子的特科工作人员，看见巡捕带着向忠发来了。向忠发有周恩来住房的钥匙，他们看见向忠发戴着手铐，去开周恩来房子的门。幸亏周恩来夫妇已经转移，真

险哪!①

淞沪警备司令部抓到了中共中央总书记，忙了半天，只抓到几个一般工作人员，大失所望。他们认为向忠发在耍弄自己，十分不悦。但他们无权处置向忠发，只能强压怒火。

然而，6 月 23 日深夜，也就是 24 日凌晨，淞沪警备司令部引渡向忠发后仅仅只有一天的时间，还是将向忠发匆匆处决了。

既然向忠发已经屈服自首，淞沪警备司令部为何还是将其匆忙处决？长期以来权威的解释是，淞沪警备司令部执行了蒋介石的指令。

原中央特科工作人员陈养山回忆：

> 向忠发之所以被很快处决，是由于电报转发中误了时间造成的。
>
> 向忠发被捕后先关在法租界捕房，后解到淞沪警备司令部。警备司令部熊式辉立即电告南京：已擒获共党首犯向忠发，待指示。
>
> 当时蒋介石在江西部署“剿”共事宜，接到淞沪警备司令部的电报后，立即批复“就地枪决”。
>
> 向忠发自首后，淞沪警备司令部又向蒋介石发了第二封电报：向忠发已自首，是否解京，请指示。
>
> 收到淞沪警备司令部的第二份电报，蒋介石改变了原来的想法，在电文上指示：暂缓处决。
>
> 淞沪警备司令部发出第二份电报后两个小时，收到了蒋介石“就地枪决”的电文。于是，淞沪警备司令部将向忠发押向警备司令部荒芜的秘密刑场，执行处决。时间是 1931 年 6 月 24 日凌晨 3 时。
>
> 当熊式辉收到蒋介石发来的第二份电文时，向忠发已经命丧黄泉，成为刀下之鬼了。②

1962 年 3 月，潘汉年在《我在特科时期的反间情报活动》一文中说：

---

① 岳先、秦少智：《虎穴龙潭》，群众出版社 2003 年版，第 229 页。

② 陈养山：《关于中央特科》，《党史资料丛刊》1982 年第 3 辑。

警备司令熊式辉在向忠发被引渡过去之后，曾密电正在江西前线的蒋介石，请示如何处理，蒋的复电是“就地秘密枪决”。

据警备司令部总务处处长说：当熊式辉密电蒋介石请示如何处置向忠发时，还不知道向忠发已决心叛变。蒋接电后立即复电就地秘密枪决。军法处审问时，向忠发虽然作了自首叛变的供词，熊式辉却没有再报，按蒋的复电执行了。

很显然，上述两种说法并不一致。

不管蒋介石是一份电报还是两份电报，应该说向忠发之死都与蒋介石“就地秘密枪决”的电令有关。按常理分析，淞沪警备司令部逮捕向忠发后，蒋介石应该命令将向忠发押往南京，亲自审问，以利扩大战果，没有必要命令立即处决。为此，国民党特务头子徐恩曾几十年后还在其回忆录中惋惜地说道：“这样的处置，对我的工作开展，实在是种损失。”

可是，历史往往就是这样，充满了偶然性和不确定性。

蒋介石为何下达“就地秘密枪决”的命令，目前大致有三种说法：

陈琮英说：向忠发是中共中央总书记，蒋介石得知他被捕后，认为他不会叛变，即下令立即枪毙。上海方面本来对这个案子抱很大希望，可中共中央采取了措施，他们处处扑空，对向忠发就不那么感兴趣了。接到蒋介石电报，淞沪警备司令部就立即执行了。

有人认为，这种说法只是推测而已，不一定符合历史事实。因为向忠发被捕一个月后，中共另一名重要干部杨匏安因叛徒出卖也在上海被捕，在江西前线的蒋介石闻讯后两度亲笔写信，并从前线打来电话劝降。只是在遭到杨匏安严厉拒绝之后，蒋介石才命令淞沪警备司令部将其秘密处决。

另一种说法是：蒋介石收到向忠发被捕的电报，联想到第二次“围剿”损兵折将，联想到自己的爱将张辉瓒被擒，两股怒气交织在一起，立即写下了“就地枪决”的电文。蒋介石的这个决定，完全是由他的懊丧情绪引起的。

还有一种意见认为：向忠发被捕后，蒋介石预料共产党方面必然会全力营救，甚至可能通过国际组织向国民党方面施压。与其将来被动应付，杀之不得，放之不能，不如快刀斩乱麻，迅速处置，以绝后患。

在生与死的考验面前，向忠发经过了激烈的思想斗争。王明回忆：

> 当国民党的军法官把蒋介石的处决命令对向忠发宣读后，向忠发大怒，曾喊“打倒蒋介石”“打倒国民党”“打倒帝国主义”“中国共产党万岁”的口号。①

向忠发一案，受牵连者有四人，即陈琮英、杨秀贞、张纪恩、张越霞。不久，张纪恩和张越霞夫妇，也被移送到淞沪警备司令部。与张纪恩关押在一起的，是向忠发的秘书余昌生。

张纪恩作为“政治犯”，由淞沪警备司令部军法处审讯，首席法官叫姜素怀。姜素怀审问之前，把封面上写有“赤匪向忠发”的案卷拿到张纪恩面前。案卷的第一页贴着两张照片，一张是向忠发被捕后坐在椅子上受审的照片，另一张是向忠发被枪决后血肉模糊的尸体。案卷后面，是向忠发的供词，那是用毛笔写在十行毛边纸上的，有两三页。

姜素怀给张纪恩看了一眼案卷，用意不言而喻：你是向忠发的同犯，向忠发落得这个下场，你如不从实招供，也不会有好的下场。

经过审讯，张纪恩被以“窝藏赤匪，隐而不报”的罪名判处五年徒刑。后减刑三分之一，提前释放出狱。

张纪恩说，新中国成立后，他曾在公安部门保存下来的国民党警察局档案中，找到了他被捕时的照片，也找到了张越霞被捕时的照片，胸前都挂着牌子，牌子上写有名字，也找到了他们的“指印档案”。只可惜，他没有找到那份封面上写着“赤匪向忠发”的卷宗。他认为，很有可能是那份档案被南京方面调阅，后来带到台湾去了。

---

① 孟庆树：《陈绍禹——王明传记与回忆》，莫斯科 · 2001 年，第 109 页。

第十三章
余波荡漾

YUBO DANGYANG

向忠发被枪杀后，国共两党内部余波荡漾。 中共中央不了解内情，号召各级组织抗议当局的残酷暴行，激励民众的反抗精神。 国民党特务机关利用其审讯口供大做文章，企图瓦解共产党人的斗志。

提起中共创业史，向忠发是绕不开的重要人物。 过去的党史著作、纪实作品要么避而不谈，要么将其说得一无是处。 如今，成见与偏激逐渐被科学与理性所取代，向忠发的面目越来越清晰地展现在世人面前。

四十八

向忠发被迅速枪杀，中共中央不知内情，指示各级组织、各大苏区举行悼念活动。毛泽东发出捉拿顾顺章的通缉令，红四方面军在四川建立了忠发市苏维埃政府。

向忠发被秘密处决后，一些报纸还是刊登了这一消息。

6月25日，《申报》在《本埠新闻》栏目刊发了一则短讯：

共党首领向忠发，已于昨日（24日）处决。

6月26日，天津《大公报》刊登了类似的一则消息：

（上海二十五日下午十一时发专电）向忠发审讯后，警备部电京请示，奉复电不必解京，二十四日已枪决，惟未宣布。

向忠发被迅速处决，连国民党特务头子徐恩曾也不相信，他们想利用向忠发进行反共宣传，认为淞沪警备司令部掩人耳目，特地派顾顺章从南京到上海掘尸验证。顾顺章发现死者确实少了一截指头，符合向忠发的外形特征，这才不再表示怀疑。

徐恩曾未参与审讯向忠发一案，不清楚其中的是非曲直。几十年后，对向忠发之死，做了如下主观猜测：

> 共匪方面怕向被捕后泄密，就活动收买了一个有权无能的司法官，趁中央命令尚未下达的时候，就执行了死刑，把向枪决了。①

然而，徐恩曾的主观分析并不等于客观事实。

有文章说，上海淞沪警备司令部因不满徐恩曾在蒋介石左右跋扈弄权，三次审讯向忠发，竟不让特务组织参与。枪毙向忠发之后，淞沪警备司令部又将向忠发的审问记录隐藏起来。这就是向忠发自首后，特务机关未能及时利用这份口供进行反共宣传、搞所谓心理战的原因。

中央特科负责人之一的潘汉年曾在《我在特科时期的反间情报活动》一文中写道：

> 当时敌人为什么没有将向忠发叛变的口供公布，这里有它复杂的内幕。那时警备司令是熊式辉，他政治上与特务坚决反共，但反对特务包办一切，独揽大权。当向忠发被引渡后，他要军法处立即审讯，并电在江西前线的蒋介石邀功，问蒋如何处置，却未提向在叛变后的口供内容，蒋立即复电：就地秘密枪决。熊式辉没等徐恩曾及叛徒顾顺章过问就将向一杀了事。于是这段口供事后也只好秘而不宣，以免在蒋面前引起波澜，对他不利。

族谱上的向忠发肖像

向忠发被枪杀后，中共中央对其狱中表现不甚明了，于6月26日发出

① 岳先、秦少智：《虎穴龙潭》，群众出版社2003年版，第239页。

《为向忠发同志被枪杀给各级党部、团部及各级党团的指示》。指示中说：

> 向忠发已于6月23日晚上（即24日凌晨）被淞沪警备司令部秘密杀害，这确是我们莫大的损失。中央号召全体党员、团员，要立即在群众中广泛宣传敌人的这一残暴行径，并号召群众用罢工、罢课、罢操的方法来回答这一白色恐怖。①

同一天，中共中央还发表了《为反抗帝国主义国民党共同捕杀中国革命领袖向忠发同志告民众书》。

土地革命战争时期，中国共产党先后创建了十几块革命根据地，其中规模较大、影响深远的主要是中央根据地、湘鄂赣根据地、鄂豫皖根据地和湘鄂西根据地。各根据地党组织接到中共中央的指示后，分别以不同方式对向忠发进行了纪念和追悼。

1931年8月，向忠发被杀害两个月后，中央苏区将8月24日至8月30日这一星期，作为向忠发纪念周。

不久，中华苏维埃共和国于11月7日在瑞金成立，临时中央政府主席毛泽东，副主席张国焘和项英，联名签发了对顾顺章的通缉令，指出：

> 顾顺章依着他所知道的线索，派他的亲戚和家人，在上海侦查中共及各革命团体的机关与负责人。不幸中共总书记向忠发同志在他这一布置中被捕遇难，成为顾顺章叛变革命投降反革命之最大的贡献。从此，顾顺章成为蒋介石秘密杀人机关组织中的一个要员，与陈果夫、陈立夫、徐恩曾、杨虎等反革命凶犯，同为蒋介石的助手了。
>
> 苏维埃临时中央政府特通令各级苏维埃政府、红军及各地赤卫队员，并通告全国工农劳苦群众，要一体严拿顾顺章叛徒。在苏维埃区域，要遇到这一叛徒，应将他拿获交革命法庭审判；在白色恐怖区域，要遇到这一叛徒，每一革命战士、每一工农贫民分子有责任将他扑灭。缉拿和

---

① 《党史资料丛刊》，1982年第2辑。

扑灭顾顺章叛徒，是每一个革命战士和工农群众自觉的光荣的责任。[①]

位于长江中游、横跨幕阜山的湘鄂赣苏区，诞生了彭德怀领导的红三军团。这里既是全国六大根据地之一，也是中央苏区的侧翼。进入二十一世纪后，当地党史工作者为收集整理红色歌谣，特地到苏区中心县进行走访调查。在江西修水访问一位九十多岁的老人朱增平时，发现了一首当年根据地十分流行的革命歌曲——《追悼向忠发》：

工农们，来追悼；
姐妹们，来追悼。
追悼我们的领袖——向忠发同志，
去年六月牺牲了。
国民党，罪不小，
全国人民齐声讨……

朱增平的父亲原是湘鄂赣苏区的区委书记，在革命斗争中英勇牺牲。他当时只有十岁，在苏区的列宁小学读书。老师经常教学生们唱革命歌曲，这首歌曲是其中之一。

岁月之河静静地流淌了八十多年，生活在大山深处的朱增平老人并不了解这首歌曲背后的是是非非，也不清楚向忠发何许人也，后来很少有机会演唱这首歌曲。但记忆的闸门一旦打开，潜伏在大脑深处的历史碎片又复活了。

这首歌曲，从一个侧面反映了湘鄂赣苏区当年追悼向忠发的活动。

湘鄂西苏区，是红二方面军的摇篮，这里诞生了贺龙创建的红二军团。监利是湘鄂西苏区的中心区域，位于洪湖西岸的剅口小镇，是红二军团的重要后方，红军兵工厂、红军被服厂、后方医院曾设在这里。

---

① 《红旗周报》第 27 期，1931 年 12 月 17 日出版，第 93—95 页。

参加过湘鄂西苏区斗争的张声明[①] 1982 年回忆：

> 1932 年春，湘鄂西中央分局和湘鄂西省委、湘鄂西苏维埃政府，在监利到口举行了向忠发追悼会，由分局书记夏曦主持，我参加了这次会议。会议还举行了赠匾和留言签字仪式。许多同志听说向忠发被国民党杀害了，流出了眼泪。[②]

向忠发的故乡汉川，曾是湘鄂西苏区的组成部分。当地老同志回忆，1931 年底，当时的（汉）川（汉）阳县委举行了向忠发追悼会，同时追悼的还有恽代英、周逸群[③]、程棣华[④]等人。

鄂豫皖根据地位于长江以北，纵横大别山区，地跨中原腹地，以“红旗不倒，将军故里”闻名于世。向忠发被枪决后，鄂豫皖中央分局于 1931 年 8 月发出第十号通告，要求各县 9 月 7 日前输送三千工农加入红军，以此来追悼向忠发。[⑤]

在红四方面军成立并取得一系列重大战役胜利后，鄂豫皖苏区于 1932 年 3 月 15 日，又召开追悼向忠发大会。共青团鄂东道委代表在大会上发言，向劳动青年发出号召：

> 今天，我们满腔里，实在沉痛、悲愤，痛惜我们伟大的中国革命领袖向忠发同志，不幸在此阶段斗争急剧发展的时候，被帝国主义、国民党谋害而牺牲了。
>
> 愤恨残暴的帝国主义、国民党，竟这样的卑鄙凶恶。但反革命的凶

---

① 张声明早年参加武汉工人运动，大革命武汉时期被党组织选送到莫斯科学习，1931 年春从莫斯科回国，在上海筹备中华苏维埃全国代表大会之后，被中央派到湘鄂西苏区，担任红九师野战医院政委。

② 张声明：《我所经历的革命岁月》，打印稿。

③ 周逸群是贺龙的入党介绍人，黄埔军校二期毕业。1926 年参加北伐战争，从此与贺龙并肩战斗。南昌起义失败后，他于 1928 年初与贺龙一同赴湘鄂西地区开展武装斗争，是湘鄂西苏区党和红军的主要领导人、根据地的主要创建人。1931 年 5 月遭国民党军伏击，英勇牺牲。

④ 程棣华是汉川本地人，时任中共汉川中心县委书记。1931 年 6 月，在邻近的沔阳西流河主持召开群众大会，被反动分子杀害。

⑤ 《鄂豫皖革命根据地》第一册，河南人民出版社 1989 年版，第 375 页。

暴并不能减低我们的反抗精神，只有更激动我们的意气，为继续向同志精神，完成向同志的革命事业而奋斗。

劳动的青年兄弟：

悲痛只是徒然，我们参加今天的追悼会后，要更把斗争的精神紧张起来，实际来努力参加生产，努力春耕。

自动到红军中去，扩大红军！

进攻敌人，消灭敌人，击破四次围剿！

争取一省、几省的首先胜利！

争取我们劳动青年自身的彻底解放！

这才是尽于追悼会的意义，悲痛只是徒然，走上前去啊！

我们来高呼：

向忠发同志精神不死！

中华苏维埃共和国万岁！①

1932 年 12 月，红四方面军主力离开鄂豫皖西移，又创建了川陕苏区，主力红军发展到八万多人。1935 年 3 月下旬，为迎接长征途中的中央红军，红四方面军主力强渡嘉陵江，占领了嘉陵江以西大片土地。红九军攻克阆中县城，随即西进。为纪念向忠发，红军在阆中县城建立了中共忠发市委和忠发市苏维埃政府。

① 原件存湖北省博物馆，资料编号 C1099。

四十九

周恩来何时确定向忠发叛变？权威说法是依据中央特科弄出的向忠发受审记录。“文化大革命”中是非颠倒，周恩来向毛泽东喊冤，并说：向忠发的节操不如一个妓女。

既然中共中央向全党发出了追悼向忠发的通知，各地又开展了多种形式的纪念活动，那么，中央领导人是何时确认向忠发已经叛变了的呢？

目前主要有三种说法。

（一）中央领导人确认向忠发叛变的传统说法，长期以来主要依据黄慕兰的回忆。黄慕兰从法租界法语翻译曹炳生那里听说向忠发被捕的消息后，立刻向上报告。周恩来闻讯后，立即安排中央有关领导转移。中央特科还派人到周恩来和邓颖超寄宿的小沙渡路观察动静，发现向忠发领着租界巡捕闯入周恩来家里搜捕，证实向忠发已经叛变。

陈琮英回忆：

> 周恩来同志得知向忠发被捕的消息后，立即组织人营救。执行任务的同志刚刚出发，得知向忠发已叛变，就回来了。为了证实这个消息是否准确，周恩来同志亲自到小沙渡后头的高堤上，这个地方能看到他住

房的窗户，只见窗帘拉开（这是暗号），晓得出事了。向忠发确实叛变了。[①]

持这种观点的人认为，周恩来当时确认向忠发已经叛变。

然而，现有的历史资料表明，向忠发被处决后，中共中央迅速向各级党部发出指示，要求纪念并追悼向忠发。这说明在此之前，中共中央没有确认向忠发叛变，周恩来对此并未提出异议。因此，这种说法并不成立。

陈养山认为：

关于向忠发的叛变情况，应作两方面分析：第一，向忠发 1931 年 6 月 22 日上午被法租界巡捕房逮捕，当即叛变，党中央于当天晚上就得到一些消息。到向供出周恩来同志住址，法租界晚上去进行搜捕时，即证实了向已叛变。但对国民党当即枪决向忠发一事，中央事先不知道。第二，向忠发被枪决后，党中央很快就知道了，但为了找到向忠发被审讯的口供，在 1932 年到 1933 年之间，中央要特科设法取得向被审讯的全部记录。从取得的记录看，向所知道的中央机密都供了出来。向忠发的叛变是到 1932 至 1933 年才完全弄清楚，是指整个向忠发叛变事情而言的。所以，党中央得到向忠发叛变的消息和了解叛变的全面情况是两件事。向忠发被捕叛变，党中央当即就发觉，而了解清楚全面情况是 1932 至 1933 年之间。[②]

（二）《虎穴龙潭》一书反映中央特科在上海的峥嵘岁月，出版之前经过有关部门进行了认真审阅。书中对周恩来确认向忠发叛变一事也有表述，现整理如下：

向忠发被迅速枪决，有违常理，中央要求特科继续调查，最好弄出向忠发的受审记录。可顾顺章叛变投敌后，特科安插在淞沪警备司令部

① 《党史资料丛刊》，1980 年第 2 辑，第 124 页。
② 《党史研究》，1983 年第 1 期。

的内线不复存在，谁能去打探如此机密的情报呢？

“我认识一个叫吴汉祺的人，现在上海社会局工作，或许他能够帮上忙！”大汉向潘汉年建议。

大汉说：“我在武汉时认识他。那时，我在国民政府外交部长陈友仁的手下做事，因工作上的关系，与他有过一些交往。不过近几年没有接触了。我听人说，他在武汉呆不下去了，才跑到上海投奔吴醒亚的。”

吴醒亚是上海社会局局长，负责收集国民党内反蒋组织在上海的活动，公共租界、法租界的有关情况，兼而刺探中共情报，实际上是南京国民政府驻上海的情报机构。

吴汉祺政治上一贯右倾，此时投靠到吴醒亚门下效力，做了一名专职情报人员，其反共立场应该与吴醒亚是一致的。要想在短时期内争取这样的顽固分子，其难度可想而知。

潘汉年和大汉几经分析，决定利用他的弱点。

作为一名专职情报人员，搜集到有价值的情报是其谋生之道和政治上上爬的重要资本。俩人决定同他进行情报交易，同时适当辅以金钱诱惑。

当时，陈友仁在上海做寓公，经常与进步人士宋庆龄、邓演达聚会，并和有反蒋倾向的高级将领保持往来，外界也传言他正在筹划社会民主党的激进活动。大汉以陈友仁手下人员的身份，主动与吴汉祺接近。

为了让吴汉祺确信有社会民主党这么一回事，潘汉年派人在吴汉祺的圈子内，编造了一个国际劳工组织即将到上海，与中国社会民主党会商工作的小道消息——并将此事写成新闻稿件，发表在《字林西报》《民国日报》等中外报纸上。

当大汉与吴汉祺见面时，吴汉祺几乎不怀疑大汉的身份了。

“你们同劳工国际是什么关系？编写赤色工会和中共活动的情报有什么用途？”吴汉祺对此很感兴趣。

大汉说，自己代表中国社会民主党同国外社会民主党和劳工国际进行联络工作，即将来访的国际劳工代表团要他帮助收集中国赤色工会和中共方面的情报，并不惜支付巨额报酬，但目前感到材料明显不足。随后，大汉故作不经意地问吴汉祺：只要汉祺兄出力帮忙，报酬一定不会少的。

大汉早就知道，吴汉祺新娶了一位姨太太，是一个擅长跳舞、交际面广的妙龄女郎，吴和她另住一处，且一直瞒着他的老婆。单靠社会局一点薪水，不能满足其生活需求，必须捞取更多的外快。

大汉故意将吴汉祺带入与潘汉年早已商量好的圈套中。

听说是个赚钱的机会，吴汉祺忙说："我一个姓徐的朋友，他本人在法租界巡捕房做翻译，他的长兄在淞沪警备司令部任总务处长，我也认识。可请他们帮忙搜集中共方面的一些材料。"

见吴汉祺有意相助，大汉拿出一千元活动经费，不愠不火地说："这是外国人预给的报酬，希望能交出对人家有用的情报，如果失信，我们就不好做人了。"

大汉还进一步说明了搜集的情报范围：破获的中共组织、赤色工会的秘密文件和被捕人员的口供材料。

"放心，我一定尽力去办。"吴汉祺说。

在金钱的驱使下，徐翻译通过长兄买通了淞沪警备司令部保管档案的文书，抄录了一份向忠发的审讯材料。就这样，几经周折，向忠发的审讯材料落到了潘汉年的手上。

周恩来仔细审阅了这份记录，思忖是不是国民党方面故意伪造的口供，借以打击共产党人和革命者的士气，动摇革命处于低潮时共产党人的信心？但他反复研究之后，认定向忠发已经自首叛变。因为记录中所提供的中共核心机密，除当时在上海主持中央工作的几个人知道外，敌人是不可能掌握的。类似中央新改组的特委组成人员，也只有向忠发、王明等少数政治局成员知道，尤其是口供中周恩来在小沙渡的临时住处，更是只有向忠发知道！

据此，周恩来确认向忠发已经叛变。

如果这一说法成立，周恩来确认向忠发叛变的时间，应在 1931 年 9 月。因为不久，周恩来也离开上海，去中央苏区了。

（三）作家穆欣依据有关回忆资料分析，认为中央特科通过打进淞沪警备司令部的鲍文蔚和欧阳新，将向忠发的全部口供偷录出来，中央从而确认向忠发已经叛变。

中央文献出版社出版的《陈云传》对此有更加权威、详细的表述：

> 国民党当局正准备接待欧洲某国的一位王子，要找会讲法语的人当翻译。陈云和潘汉年利用这一机会，派遣鲍文蔚去当法文秘书，由此结识同警备司令部有联系的人士，进而又同警备司令部军法处一个录事建立联系，这一关系在了解向忠发被捕后确已叛变并被秘密处决的事情上起了重要作用。①

1932 年 3 月，三十岁的鲍文蔚从法国留学归来，进入特科的视线。鲍文蔚不但历史清白，而且有留洋经历和专业特长，容易通过国民党的严格“政审”。

《鲍文蔚参加地下对敌斗争简况》记载：“大约 5 月份，潘汉年通过关系将我安插到淞沪警备司令部做外文秘书。从 1932 年 5 月到 1934 年 9 月，我以这个身份为掩护，为党工作了两年半。”

特科派鲍文蔚打入淞沪警备司令部的一个重要任务，就是务必搞到被国民党枪杀的中共中央原总书记向忠发的审讯记录。

如以鲍文蔚 1932 年 5 月进入淞沪警备司令部算起，中央确认向忠发叛变的时间，至少在向忠发被捕枪决约一年之后。因此，《中共党史人物传》第 78 卷“向忠发”条明确认定：一年以后，中央通过警备司令部内线看到了全部审讯向忠发的记录档案，才断定向忠发叛变是确凿无疑的事实。

这里所说的“内线”，就是鲍文蔚。

1933 年 12 月，向忠发被处决两年多后，国民党特务机关编印了一本名曰《转变》的内部资料，书后附有《前伪共党中央总书记向忠发的报告》。说是报告，其实是根据向忠发的审讯记录整理而成。

---

① 《陈云传》，中央文献出版社 2005 年版，第 109—110 页。

此时，国民党方面对中共地下组织的政策有所改变，不再只实行单纯的逮捕、关押、屠杀的高压政策，而是辅之以一套比较系统的劝降、诱降、自首的感化政策。徐恩曾结合自己多年的反共心得，强调指出：我们对付共产党，必须以组织对付组织，以宣传对付宣传，以其人之道还治其人之身。

国民党反共策略的转变，的确给活动在白区的中共地下组织带来致命的打击。从 1932 年到 1935 年的四年时间里，中共临时中央连续多次遭到破坏，中共江苏省委和团中央机关也连续两次遭到破坏。中共中央在上海难以立足，不得不迁往中央苏区。

徐恩曾因此成为蒋介石最为倚重的处理中共问题的专家。

很显然，国民党特务机关编印此书，是徐恩曾“以宣传对付宣传”的重要内容，就是企图利用一小部分叛党分子的言行，达到瓦解共产党人的斗志，劝说中共党员“转变”的目的。

《转变》一书分“绪言”“伪中国共产党崩溃的实况”“履历与宣言”“结论”“特载”“附录”六部分，共四百三十余页。“履历与宣言”是本书的主体，收录了中共变节分子的自首宣言和个人履历。

附录《前伪共党中央总书记向忠发的报告》分三个部分，约四千字，是研究向忠发的重要参考资料，书中带有明显的编辑痕迹。

第一部分，向忠发简史，文字简短。

第二部分，履历自述，记录了向忠发一生的经历和活动，也简要提供了总书记任上党内政治生活的状态。文中说：

> 自米夫来华后，中共中央的组织变更了，采取分工制度，我的总书记，只不过虚位而已。四中全会选举的结果，名义上仍由我来继承六次大会的总书记，但在事实上已经实行了分工制，各管各事，我在共党内不甚管事了。

第三部分，向忠发自供，是全文的核心，包括十个部分：

1. 国际共党驻东方部负责人；
2. 中国共产党中央政治局委员；
3. 特务委员会；
4. 苏区负责人；
5. 李立三已去莫斯科；
6. 各地上层负责人；
7. 各地实际情形；
8. 红军七个军负责人名单；
9. 共党经济来源；
10. 附记。

此后几十年，向忠发被捕叛变事件逐渐淡出人们的视线。然而，历史进入二十世纪六十年代中期，在横扫一切“牛鬼蛇神”的岁月里，整个社会黑白不分、是非颠倒，刘少奇、瞿秋白等人也被打成叛徒。有人居心叵测，利用国民党制造的“伍豪等脱离共产党的启事”，向周恩来发难。周恩来向毛泽东喊冤，向忠发被捕叛变一事被重新提起。

“伍豪事件”是国民党特务一手炮制的政治阴谋。1932 年 2 月，他们用伍豪的名义在上海《时报》《新闻报》《时事新闻》和《申报》上分别刊登伍豪等人脱党启事，企图达到污蔑周恩来、瓦解共产党在白区革命力量的目的。国民党特务在炮制这个启事时，客观上存在明显的漏洞，因为在刊登这则启事的前两个月，周恩来已经离开上海，经过福建进入了中央苏区。

1942 年延安整风时，周恩来曾把自己当时的活动原原本本地讲过一遍。新中国成立后被捕的国民党特务骨干黄凯也交代过此事的来龙去脉，说“伍豪等脱离共党启事”是他们布置和伪造的。当时党内知道这件事的人比较少，只有一些在上海搞地下工作的负责人了解事情真相，陈云和康生为此还写过说明。

为此，毛泽东还在反映“伍豪事件”的信上批示：“此事早已弄清，是国民党的污蔑。”毛泽东说，周恩来在大革命和搞地下工作的时候从来没有被捕过，所以不存在叛变的问题。

为了让中央和党的高级干部了解当时的历史情况，周恩来给毛泽东写了一封信，并附上自己亲自整理的四中全会后与此相关的大事记，其中一条说道：1931 年 6 月，向忠发被捕后叛变，处死。有两处机关破坏。

1972 年 6 月 23 日，周恩来在人民大会堂东大厅举行的批林整风汇报会上提到这段历史时说：

> 向忠发这个总书记，在上海搞了一处房子，弄了一个妓女（指杨秀贞），吃喝玩乐。敌人发现后抓到妓女，她还不承认向忠发是党员，可是向忠发被抓到，立即承认自己是党员，叛变了。他的节操还不如一个妓女。向忠发晚节不忠，叛党而去，沦落为革命的罪人。[①]

五十

二十世纪七八十年代，随着人们思维观念趋于活跃，有人对向忠发叛变提出疑问，从而引发一场“朝野之争”。全国政协主席邓颖超亲笔著文，回首往事，一锤定音。

二十世纪七十年代末、八十年代初，随着党史资料征集工作全面展开，随着人们思维观念趋于活跃，关于向忠发是否叛变的问题，成为党史研究领

① 《文史精华》，2001 年第 5 期，第 54 页。

张纪恩老人追寻往事

域的一大焦点，从而引发了一场“朝野之争”。

1979年9月，上海历史研究所的李华明、沈亿琴，访问了当年中共中央机要处主任张纪恩，整理出《周恩来同志在上海革命活动片断及其它》一文。张纪恩在文中说：

有的同志认为向忠发是叛徒，我认为值得研究。有以下实际情况作为依据。

其一，当时，在我们机关被破获前一天，我们觉得机关可能出问题。6月21日（应为22日）开始，徐冰、浦化人先后搬出两大木箱文件，已有所准备。如果中央得知向忠发叛变，也一定会通知我们及时转移。

其二，向忠发明知我们四人是党员，知道四人的真实身份、机关的性质和真实情况，以及一套事先虚构的口供，但敌人没有说我的供词是假的，而且没有将苏彩、周秀清逮捕。敌人只能以我的口供为根据，以“窝藏赤匪、隐而不报”的罪名，判我五年有期徒刑。张越霞宣判无罪，交保释放。我们这一案的政治犯都没有因向忠发的关系而被牵连，也没有向忠发被捕以后，因牵连而被捕进来的人。

其三，向忠发被处决后，流传着一个几千字的向忠发传和供词，写上许许多多党组织和姓名等，这个东西我认为是敌人捏造的。向忠发自被捕到处决时间不过几天，不可能写出那么多具体的组织和人、事。这个东西，最有可能是顾顺章这类叛徒炮制出来的，冒用向忠发的姓名，以欺骗不明真相的人们，混乱我党视听。

当时，敌人用阴险毒辣的种种手法，离间挑拨。他们故意捏造事实说某一机关或某一人住家只有某人知道，跟踪追索到某一机关或某人地址，加以破获后，却放出消息说是某人投降自首供出来的，以迷惑我们组织的视听，误以为某些人已经叛变，造成互不信任、互相猜疑的局面。

其四，在警备司令部看守所还关有关向应、余昌生，已先我在那里，都于同年春被捕。在我被捕之前，向忠发、周恩来曾在我们的机关商议如何营救的办法，这证明向忠发是知道关向应、余昌生已经被捕，并知道关押的所在。向忠发被捕后没有暴露关向应和余昌生的事实，从事情的经过看是明确的，因为关向应和余昌生于1931年冬宣判无罪，交保释放。如果向忠发供出了他们，正可当重要的“见面礼”，作为功劳而保存自己。①

无独有偶，当时在中央机关工作的黄介然，也对向忠发叛变表示怀疑。

黄介然，又名黄文容，国共合作武汉时期担任中共中央总书记陈独秀的秘书。党中央迁往上海后，任中央秘书处处长，受向忠发直接领导。

黄介然在《党的六大前后若干历史情况》一文中说：

对向忠发被捕后的表现有两种说法：一种说他叛变了，一种说他没有叛变。后一种说法的根据是认为与向忠发同案的同志和向忠发早已知道已经被捕关在狱中的同志都没有发生问题。看来，这个问题现在尚待进一步查证。②

这两篇文章发表之后，在史学界和社会上备受关注：中共六大选出的总书记向忠发，到底是不是叛徒？有人带着这一疑问，走访了当年在上海中央机关工作的部分老同志，整理出《关于向忠发被捕叛变问题》一文，发表在1980年《党史研究》第5期上。在这篇文章中，有关当事人有如下回忆。

陈琮英义正词严地指出：

我亲眼见到向忠发向敌人卑躬屈膝出卖我们的人，逮捕我们的人，

---

① 《党史资料丛刊》，1979年第1辑，第24—26页。

② 《党史资料丛刊》，1979年第1辑，第14页。

我就是向忠发出卖而被捕的。张纪恩、张越霞等同志也是向忠发出卖而被捕的。他带着敌人破坏我们的机关，妄图逮捕中央领导同志。1932 年，我从狱中出来到中央苏区，曾把向忠发被捕叛变的情况向周恩来和任弼时同志汇报过。他的叛变还有什么怀疑的，我就是见证人嘛！

朱端绶说：

我们的机关是中央政治局开会的地方，几次同志被捕，我们都没有搬家。就是向忠发被捕后，中央通知我们说向忠发有问题，这个机关才不能用了。

李沐英说：

我是在监狱里知道向忠发被捕叛变的。向忠发一被捕我就听国民党特别监一个下级军官说，共产党的向忠发被捕了。第二天，他又告诉我说，向忠发反映不好，意思是叛变了。

李沐英还说，张越霞同志曾告诉她：向忠发被捕后叛变了，对敌人什么都说，说我们党分成几派等。

这些老同志认为，向忠发被捕叛变这个案子不能翻，如果翻了就不是实事求是。周总理多次谈到向忠发被捕叛变，是根据历史事实做出的结论。

与此相对应，武汉、上海高校的一些党史研究专家，向忠发家乡的一些史学爱好者，成立向忠发调查研究小组，对向忠发是否叛变展开调查，并就所能看到的一些资料，提出了自己的观点。

质疑一，关于周恩来的看法。

周恩来认定向忠发叛变，是根据间接证据和消息来源推断的，而真正告知全党时，是在“文化大革命”这一非常时期。当时的社会偏离了正常的轨道，“左”的思维横行，政治生活混乱，原在白区工作的同志，不论职务高低、贡献大小，基本上都被打成“反革命”“叛徒”，连周恩来本人也因莫须有的“伍豪事件”背上了沉重的包袱，死了的向忠发自然在所难免。

他们认为，周恩来同志对党的早期历史最有发言权，但不能因此作为检验历史是非的唯一标准。向忠发一案，错综复杂，扑朔迷离，当时环境恶劣，情况瞬息万变。任何人的认识都有历史的局限性。因此，周恩来的看法只是他本人的意见，并不代表中央的意见。

向忠发被处决前后，对党内叛变投敌的重要干部，中央都进行了组织处理，并向全党进行了公布。向忠发之前的顾顺章、王克全如此，之后的罗绮园、廖划平、潘问友也是如此。中央政治局委员徐锡根、黄平发表自首书投敌后，中共中央于1933年公布了他们的错误事实，开除了他们的党籍。如果中央领导人当时确认向忠发叛变无疑，应该会做出组织上的处理结论。可是在党的历史文件或历史决议中，从来没有出现向忠发叛变的组织结论。

质疑二，关于老同志的证言。

除陈琮英是直接见证人外，其他都是听人之说，不能成为直接证据。朱端绶、周惠年是接到上面通知转移的，李沐英在监狱里听到国民党下级军官暗示后才确定向忠发叛变的，张越霞被捕后并没有见到向忠发。黄慕兰说向忠发带着特务破坏中央机关，也非亲眼所见。

这些老同志当时职务不高，不可能了解全面真实的情况，且几十年后回忆，仅是印象而已，证词证言没有权威性。如果进行认真分析，仔细推敲，这些回忆存在明显漏洞，甚至相互矛盾，难以自圆其说。

有人回忆，向忠发在敌人面前，把大褂一脱：你们不用问了，我直说好了。这样的说法虽然符合向忠发豪爽的个性，但是显然不符合向忠发当时的身份。向忠发当时是商人打扮，已经不是早年工人的那副模样。

黄慕兰回忆，向忠发带着特务破获了中共中央机关报《红旗》，显然记忆有误，张冠李戴。现有资料表明，《红旗》报印刷厂被破坏，是时任中央宣传部负责人的罗绮园被捕叛变后，带领国民党特务所为，与向忠发没什么联系。

关于“向忠发带着特务搜捕中共负责人”的情节，他们也提出了疑问：

向忠发从22日上午9时3刻被抓，到24日凌晨3时被秘密处决，前后不到两整天。中间从法租界嵩山巡捕房押送到卢家湾政治部，后来引渡到淞沪警备司令部，在淞沪警备司令部只有一天时间，且被审问多次，没有时间带领特务去抓捕共产党人，也不可能直接带领特务破获党的地下机关。淞沪警备司令部抓捕到向忠发这样高额悬赏缉拿的重量级要犯，一定会严加看管、高度戒备，没有上面的指令不会轻易冒险带出活动。当时中央特科在上海十分活跃，随时可能实施报复劫持。顾顺章叛变后待在南京深居简出，不敢轻易来上海，就是明显例证。

质疑三，关于蒋介石的电报。

按照传统的解释，向忠发之死与淞沪警备司令部熊式辉和蒋介石往来的电报密切相关。可作为事主的熊式辉，当时并不在上海，而是和蒋介石一同在江西前线进行军事部署，准备对中央根据地发动新一轮“清剿”。

《熊式辉回忆录》载：

> （1931 年）6 月 18 日，余骨创甫痊，扶杖赴赣就任总司令部参谋长；19 日，抵南昌部署初定；20 日，默察内外情势；22 日，（蒋）总司令抵南昌，召集将领会议；25 日，总部令何应钦为剿匪前敌总司令。[①]

《熊式辉回忆录》，以 1907 年至 1949 年所写日记为基础编纂而成，不是通常那种凭记忆撰写的回忆录，史料价值颇不一般。

熊式辉当时的活动，还可通过其他途径得到验证。1931 年 6 月 24 日《申报》报道：

> 淞沪警备司令兼总司令部行营参谋长熊式辉，此次随同蒋总司令回赣赞助剿匪，办理善后。熊氏一行，于 17 日由京动身，18 日傍晚抵浔，九江各界在江岸欢迎。20 日晨 7 时许，熊等即乘南浔路所备花车来省，上午 11 时半抵牛行车站。

既然熊式辉不在上海，他怎会就向忠发被捕一事向蒋介石发密电呢？当时，熊式辉与蒋介石朝夕相处，真有什么事，用得着与蒋介石发电报吗？因

---

① 转引自《向忠发死亡之谜》，见《南方周末》2003 年 5 月 2 日。

此，熊、蒋之间的示复密电，应根本就不存在。

向忠发是否叛变，不仅仅是学术研究问题，更是严肃的政治问题。这场争论，引起中央领导人的高度关注。1980 年 4 月 28 日，全国政协副主席李维汉在湖南党史工作者座谈会上讲话时说：

> 有些事情很复杂，比如在我们党的历史上，向忠发曾是总书记，“六大”以后他被捕了，不是被枪毙了吗？我多年来脑子里就认为向忠发是叛徒。可是去年有人写材料，说他没有叛变。两者都说是事实，那就非搞清楚不可。历史上许多问题，因为我们党总是打仗，总是革命，失败了又干，人牺牲了不知多少，许多事情没有记下，或者记下了又失掉了。①

全国政协主席邓颖超看到黄介然的文章，认为他的说法与事实不符，约黄介然面谈，并将自己所知的确切情况告诉了黄介然。黄介然认为邓颖超的说法是可靠的。

几年后，邓颖超发现仍有人对向忠发叛变一事表示怀疑，写下了《关于向忠发叛变问题》一文，发表在 1988 年《中共党史研究》第 4 期上。

> 1931 年 4 月顾顺章叛变后，当时在中央的主要领导人及要害部门面临着安全的紧急问题，在最短的时间内都作了转移。向忠发的住处尚未找妥，决定他同恩来同志和我住到一个新的地方。考虑到他外出时必将遇到危险，因此，周恩来同志当面告他，千万不能出去。住了三、四天，当恩来同志和我不在时，他就溜出去到一家外国人的旅馆看他的小老婆。我们回家后，见他不在，而且当晚没见他回来，估计会发生问题。次日上午也不见他，这天中午，我们就得到内部确切的消息，说他在静安寺等汽车时被叛徒发现，当即被捕。我就迅速通知他所知道的几个地方的同志马上转移。下午又得到他叛变消息。当时，我们还有些怀疑，紧接着又得到内部消息他已带领叛徒、军警到他唯一知道的中央机关（看文

① 《党史资料通讯》第 4 期，第 178 页。

件的地方)，逮捕在该机关工作的三位同志：张越霞、张纪恩、苏彩。我上午曾到该处，约定晚上到那里去吃晚饭。在我没有去以前虽已得到向忠发叛变的确信，但还不知他去过这个机关。因此，在下午约四点多钟，我仍按约定去吃晚饭，到该屋的后门附近，看到在亭子间窗户放的花盆不见了（这是我们规定的警报信号)，我没有再前进，立刻转移到另一位同志家里。这时，秘书长余泽鸿也正在找我，十分焦急，他也尚未找到恩来同志，通知他这个消息。当天我和恩来同志先后冒险回到原来的住处，看到原定的警报信号还在。我们先后进屋。恩来同志此时已得知向忠发叛变的消息。我们匆匆分开并约定以后再见面的接头地方。在分开后又得到内部工作关系的确信，向忠发的确叛变。蒋介石在南昌得到中共中央总书记向忠发被捕的消息如获至宝，立即复电，马上处决。后来不久，证实向忠发仅仅知道我们住处，但说不出具体地方，他只有一把开门的钥匙，第二天上午果然来到住处进行搜捕，我们已离开，他们没有得手。在短暂的刹那间，军警机关按蒋介石的命令处决了向忠发。

邓颖超将此文送中央书记处之前，先送陈云审核。陈云是当年中央特科的主要负责人，参与了向忠发叛变一事的调查与处理，对此十分清楚，也十分关心此事。看了这篇文章后，陈云同志处注：

这件事，陈云同志说，向忠发确实叛变了，邓颖超同志的意见是对的。

《中共党史研究》在发表邓颖超的这篇文章时，加了编者按：

1988 年 8 月 30 日，邓颖超同志针对近年有的党史文章就向忠发叛变一事提出怀疑的问题，向中央书记处写了一个材料。这个材料经中央领导同志审阅，交本刊发表，以澄清这个历史事实。

根据邓颖超所说，向忠发是一个证据确凿的叛徒。

五十一

重要党史人物不仅为学者所研究，亦为大众所关注。过去的党史把向忠发说得一无是处，不符合客观事实。向忠发作为中共早期主要领导人，需要深化研究，期待新的发现。

从现有的资料看，向忠发供出了陈琮英和杨秀贞的住址，供出了中央机要处秘密机关。因向忠发一案受牵连的有四人：陈琮英被关押半年后，国民党方面宣布无罪，交保释放；杨秀贞被判处两年六个月徒刑，刑满后出狱；张纪恩被判处五年有期徒刑；张越霞宣判无罪。

有人认为，向忠发并没有暴露陈琮英的真实身份，如果国民党方面确认陈琮英是中共中央地下交通员，判刑会比杨秀贞重，更不会轻易将其释放。

作为中共中央总书记，向忠发知道的党内机密很多，尤其是知道一批重要干部还关在国民党监狱里，但敌人得到的仅仅如此。正因如此，淞沪警备司令部对审讯结果肯定不满，这也可能是他们将向忠发迅速处决的一条重要原因。

有人分析，向忠发被捕后心存侥幸，苟且活命，与另一位党史人物黄平十分相同。黄平是中共六大选出的中央委员，后任临时中央政治局委员。1932 年 12 月 14 日，他到天津视察工人运动时被捕，在触电自杀未遂后，终于叛变。

黄平在《往事回忆》中说：

被叛徒出卖后，我偷偷地想触电自杀。我想这样一来，就可保全党的机密了，可惜我失败了。这一失败给我打击很大，因为我没有别的办法了。我想如果打得半死，把中央和国际代表供出来，那就后果严重了。我就供出了北京三四个接头地址和刘少奇在上海的住处。至于中央机关，政治局开会的地点，国际代表的地址，地下电台的情况——我都只字没提。

过了三四天，来了两个便衣特务，把我押到南京。在过江轮渡上，我真想喊革命口号，但没有勇气。到了南京，押在南京宪兵司令部。在那里，我看见袁炳辉、王永成等人。他们告诉我，青年团中央全部被捕。袁炳辉是团的最高领导人，我问他为什么现在没有严刑拷打。他说，国民党的政策现在改了，只要你写篇自首书就行了，否则就要处刑。我听了之后，非常懊悔我供出了几个接头地址，如果我知道了国民党已经取消了严刑拷打，我还有什么可怕的呢？我用电自杀，已经证明我早已把生死置之度外。在这种激烈的情绪下，我又不由自主地用俄语大声唱起《国际歌》。①

长期以来，受“左”的思想影响，过去的中共党史，对“叛徒”有着太多概念化和丑陋化的痕迹。在人们心目中，向忠发一无是处，是绝对的坏印象。他的工人出身，被说成是“流氓无产者”；他的文化程度，被说成“大字不识几个”，连文件也看不了，讲话和文章皆出自秘书之手。他头脑简单，四肢发达，六大当上党的总书记，纯粹是共产国际所为，依靠的是“金字招牌”，碰到的是历史机遇。他主持中央工作期间，一时听李立三的，一时听瞿秋白的，一时听王明的，胸无主见，有名无实。他的个人品质更为恶劣低下，贪污腐化，目无纪律，吃喝嫖赌，无所不为。总之，向忠发是个极不光彩的角色，谁也不愿提起他。即使谈起那段历史，总是转弯抹角，刻意回避。

---

① 黄平：《往事回忆》，人民出版社 1981 年版，第 85—86 页。

这些说法夸大其词，大多是人云亦云，主观推测。如果静下心来思考一下中国共产党的发展史，仔细研究当时的历史文献，我们就会发现这些说法并不符合历史逻辑，也不符合历史真相。

中国共产党从无到有，从小到大，从弱到强，最后夺取全国胜利，是一代又一代、一批又一批共产党人前仆后继、流血奋斗的结果。历史是一条曲折的河流，有些人在历史进程中掉了队、落了伍，甚至走向反面，最后远离政治舞台，甚至被历史所抛弃，但他们毕竟曾在历史上流光溢彩或昙花一现，承担了一定的历史使命，做出了一定的历史贡献。没有前人的铺垫和探索，没有前人的奋斗和牺牲，没有前人的沉浮和借鉴，就没有后来的成功、胜利和辉煌。

中国共产党人才济济，汇聚了众多的英才俊杰和仁人志士。在历史长河中，能够成为中共领导人的，都曾在历史上至少是某个时期、某一阶段产生过重要影响，发挥了重要作用，创造过骄人的业绩，或者推动了党的事业发展，否则不会拔地而起、脱颖而出。向忠发从一名普通工人最后走上总书记的岗位，既有历史提供的契机，其本人的影响和功绩也是不可或缺的重要因素。

中共党史人物多姿多彩，是一座丰富的资源宝库。人们希望看到的，绝不是被“左”的观念扭曲了的形象，一好都好，一坏全坏，而是符合历史真实的有血有肉的党史人物。正因如此，这些年来，一些当事人的回忆和研究文章，对向忠发的说法有了一些改变。

国共第一次合作时期，袁溥之与向忠发同在武汉工作，并一同参加了国民党二大。她晚年回忆：

> 向忠发在二七大罢工中起过较大作用，后来成为武汉地区的工人领袖。向忠发身材高大，圆脸，性格开朗，声音很大，有话就讲，谁也不怕。他精力充沛，反应很快，并不像现在有些人说的那样，是个“草包”，“爱出风头的人”。他在当时的工人领导中还是有一定水平的，懂得一些基本的革命道理。他的讲话很有鼓动性，思想比较激进，很不满意“国民党坐轿子，共产党抬轿子”那种局面。对汪精卫等人压迫工人运动

> 和陈独秀的退让政策不满。在大革命失败后，他个人的这些条件，很适合共产国际和我党“左”倾领导人的需要，他们渴望一个早就对国民党右派不满的人来担任。因此，向忠发担任党的总书记，不是偶然，而是有其历史背景的。不是如某些文章所述，要他当总书记是李立三的阴谋，以便于自己易于操纵。①

在向忠发的鼓励与帮助下走上革命道路的张金保，在回忆录中说：

> 向忠发还是有一定工作能力的，他识字不多，但口才很好。六届三中全会上做政治报告（当时通常称总报告），他看着字写得很大的报告提纲，滔滔不绝地讲了几个钟头。

向忠发主持中央工作后，张纪恩经常为中央政治局会议做记录。他说，向忠发五十来岁，在中央领导之中算是年纪偏大的。他个子高，讲一口湖北话，常穿一件棕色中式大衣。向忠发因工伤，断了右手的一截食指。他文化水平不高，但是讲话简明扼要。每次会议将要结束之时，总是由他把大家的发言加以概括，很善于抓住别人发言的要点。

著名学者杨奎松说，向忠发脾气暴躁、思想方法也较执拗，根本就不大能够听得进他人意见，远不是那种可以轻易做别人傀儡、当挂名总书记的人。不仅如此，他也确有一定的政治观察力，有相当程度的语言表达能力和组织协调能力，做事果断，很想做出点成绩来。因此，政治局多数领导成员虽然是知识分子出身，但对他也还是比较尊重的。即使是工人出身、同样不大藏得住火的项英，事实上也得让他三分。

向忠发是一个复杂的历史人物，对于他在党的历史上的表现，应该分阶段进行评说。

向忠发是凭着朴素的阶级感情投入革命浪潮的。在早期工人运动中，发挥了重要的组织和带领作用。在二七大罢工后革命处于低潮时，他执着奔走，

---

① 《路漫漫——袁溥之自传》，广东高等教育出版社 1995 年版，第 49—50 页。

难能可贵。在北伐军攻克武昌期间，他积极响应党的号召，对推动工农运动的兴起起了至关重要的作用。正因如此，瞿秋白评价向忠发：他虽然没读多少书，却是一位胆略出色的工人运动领袖。[①]

向忠发担任中共中央总书记后，正是中国革命从挫败走向复兴，从白区群众运动走向农村武装割据的转折时期。他雄心勃勃，力图大业，希望有所建树。他发扬民主，大力整顿和健全党的组织，领导党和人民群众顽强斗争，工作比较勤奋。其间虽说有重大失误，但中国革命总体是发展的、向上的。

六届三中全会尤其是四中全会后，党内出现严重的混乱局面，尤其是王明等一批留学生走向中央领导岗位，以国际路线和布尔什维克自居，向忠发负罪在身，面临严重挑战。尽管他的总书记一职并非完全虚置，但也不再争强好胜了，即使王明等人当面顶撞，他也尽量不动肝火。向忠发的理想信念发生动摇，开始走向消沉，最终晚节不保。

中国的政治文明如今发展到一个新阶段、新高度，对重要党史人物的评价更加唯物和辩证。誉人不增其美，毁人不益其恶，这既是中华民族的优良传统，也是我们应该坚持的科学态度和遵循的基本原则。

---

① 《忆秋白》，人民文学出版社 1981 年版，第 89 页。

主要参考资料

（一）传记年谱

《毛泽东传》（1893—1949），中央文献出版社 1996 年版。
《刘少奇传》，中央文献出版社 1998 年版。
《周恩来传》，中央文献出版社 1989 年版。
《任弼时传》，中央文献出版社 1996 年版。
《陈云传》，中央文献出版社 2005 年版。
朱洪：《陈独秀传》，安徽人民出版社 2003 年版。
《李富春传》，中央文献出版社 2001 年版。
王辅一：《项英传》，中共党史出版社 2008 年修订版。
唐纯良：《李立三全传》，安徽人民出版社 2003 年版。
姚金果、苏杭：《张国焘传》，陕西人民出版社 2000 年版。
卢权、禤倩红：《苏兆征传》，广东人民出版社 1993 年版。
胡传章：《董必武传》，湖北人民出版社 2006 年版。
《湖北英烈传》第 3 集，湖北人民出版社 1989 年版。
《朱德年谱》，中央文献出版社 2006 年版。
《周恩来年谱》，中央文献出版社 1998 年版。
李永春编著：《蔡和森年谱》，湘潭大学出版社 2008 年版。
曹仲彬、戴茂林著：《王明传》，吉林文史出版社 1991 年版。
周国全、郭德宏、李明三编著：《王明评传》，安徽人民出版社 1989 年版。
郭德宏编著：《王明年谱》，社会科学文献出版社 2014 年版。

（二）回忆录

张国焘：《我的回忆》，东方出版社 1998 年版。

孟庆树编著：《陈绍禹——王明传记与回忆》，莫斯科·2011 年。

李维汉：《回忆与研究》，中共党史资料出版社 1986 年版。

《忆秋白》，人民文学出版社 1981 年版。

郭沫若：《革命春秋》，人民文学出版社 1979 年版。

《张金保回忆录》，湖南人民出版社 1985 年版。

黄平：《往事回忆》，人民出版社 1981 年版。

《路漫漫——袁溥之自传》，广东高等教育出版社 1995 年版。

《黄慕兰自传》，中国大百科全书出版社 2004 年版。

马员生：《旅苏纪事》，群众出版社 1987 年版。

《星火燎原》，解放军出版社 2009 年版。

〔苏〕阿基莫娃：《中国大革命见闻》，中国社会科学出版社 1985 年版。

《海桑集：熊式辉回忆录》（1907—1949），明镜出版社 2008 年版。

《张发奎口述自传》，当代中国出版社 2012 年版。

张声明：《我所经历的革命岁月》，打印稿。

《万岳东自传》，未刊稿。

（三）文献资料

《共产国际、联共（布）与中国革命档案资料丛书》（7—12），中央文献出版社 2002 年版。

《中共中央文件选集》，中央党校出版社 1983 年版。

《中国共产党第五次全国代表大会》，中共党史出版社 2007 年版。

《汉冶萍公司档案史料选编》，中国社会科学出版社 1994 年版。

《中华民国史档案资料汇编》，江苏古籍出版社 1991 年版。

《中国国民党第一、二次全国代表大会会议史料》，江苏古籍出版社 1986 年版。

《五卅运动在武汉》，武汉出版社 1988 年版。

《鄂豫皖革命根据地》，河南人民出版社 1989 年版。
《湖北革命历史文件汇集》，1984 年内部出版。
《周恩来选集》，人民出版社 1984 年版。
《蔡和森的十二篇文章》，人民出版社 1980 年版。
《中国共产党湖北省组织史资料》第一卷，湖北人民出版社 1991 年版。
《中国共产党组织史资料》第二卷（上），中共党史出版社 2000 年版。
《转变》，1933 年内部出版。
《向氏宗谱》，木刻本。

（四）研究著述

《湖北工人运动史》，湖北人民出版社 1996 年版。
《湖北工运大事记》，湖北人民出版社 1996 年版。
《武汉工人运动史》，辽宁人民出版社 1987 年版。
《中国共产党武汉史》，湖北人民出版社 2001 年版。
《湖北省志·工业卷》，湖北人民出版社 1995 年版。
《武汉市志·政党志》，武汉大学出版社 1998 年版。
《武汉市志·人物志》，武汉大学出版社 1997 年版。
《中国共产党历史》第一卷，中共党史出版社 2011 年版。
杨奎松：《国民党的联共与反共》，社会科学文献出版社 2008 年版。
杨奎松：《毛泽东与莫斯科的恩恩怨怨》，江西人民出版社 1999 年版。
李蓉：《中共六大轶事》，人民出版社 2010 年版。
袁南生：《斯大林毛泽东与蒋介石》，湖南人民出版社 1999 年版。
李思慎：《李立三红色传奇》，中国工人出版社 2004 年版。
郑刚：《红色纪要》，西苑出版社 2000 年版。
凌步机、舒龙：《血铸赤国》，江苏人民出版社 1998 年版。
岳先、秦少智：《虎穴龙潭》，群众出版社 2003 版。
吕东宇：《弃明投暗》，中共党史出版社 2005 年版。
穆欣：《隐蔽战线统帅周恩来》，中国青年出版社 2002 年版。
《潘汉年在上海》，上海人民出版社 1996 年版。

汪云生:《二十九个人的历史》，昆仑出版社 1999 版。
张秋实:《解密档案中的瞿秋白》，东方出版社 2011 年版。
熊廷华:《王明的这一生》，湖北人民出版社 2009 年版。
曹仲彬、戴茂林:《莫斯科中山大学与王明》,黑龙江人民出版社 1988 年版。

（五）报刊资料

《中共党史研究》
《党史资料丛刊》
《党史研究资料》
《党史资料通讯》
《武汉党史通讯》
《武汉文史资料》
《汉川文史资料》
《党史天地》
《党史纵横》
《炎黄春秋》
《纵横》
《文史精华》
《湖北文献》
《南方周末》
《中国工人》
《工人之路》
《上海民国日报》
《汉口民国日报》
《汉口新闻报》
《大公报》
《红旗》
《实话》
《向导》

后　记

对于今天的许多人来说，向忠发这个名字已经比较陌生了，但在中共早期创业史上，他却是一位重要人物。他的名字与全国的早期工人运动联系在一起，与国共合作的大革命高潮联系在一起，与中共初创农村根据地的历程联系在一起。

笔者早就想写一部关于向忠发的作品，二十年来一直萦绕在心头。然而，这是一项填补空白的课题，充满挑战，其中艰难，可想而知。

一是资料收集难。掌握翔实可信的第一手资料是写好传记作品的前提，可主人公生活的年代已经远去了将近一个世纪，知情人大都已经作古，且存世的文献、档案和回忆资料十分有限，资料奇缺。

二是人物评说难。虽然传记作品以史实为依据，但或多或少带有作者的感情色彩和基本观点。向忠发一生浮沉，反差较大。长期以来受惯性思维的影响，一些材料牵强附会，真假难辨，还人物的本来面貌和性格特征，论据取舍，难度较大。

三是作品发表难。向忠发是个备受争议的党史人物，其人其事题材敏感，难以驾驭。许多人只知其一不知其二，只知其然不知其所以然。公开出版此类作品，要有一定的学识和胆识，稍有不慎，前功尽弃。

然而，既然做出了选择，就要义无反顾，脚踏实地。工作之余，笔者开始定向积累资料，到相关地方实地调研。虽然艰辛备尝，但探寻的脚步一直没有停歇。其间，湖北汉川、湖南湘潭、江西九江、上海静安等地的史志工作者，以及安源路矿工人运动纪念馆、武汉市革命博物馆、上海档案馆、湖北档案馆、武汉图书馆、江西图书馆、国家图书馆，都为本书写作提供了珍贵的资料。

随着资料的丰富和研究的深入，向忠发的人生轨迹和性格特征越来越清晰地展现在笔者的面前。然而成稿不易，笔者先后几易其稿。其间，很多同事和朋友关心、支持和帮助本书的写作与出版，如华中师范大学李良明教授、湖北大学田子渝教授、中共武汉市委党史研究室李鉴同志、中共中央党史研究室的专家都提出了十分宝贵的修改意见，陕西人民出版社的刘景巍、管中洑也为本书的出版付出了艰辛的劳动。

笔者深知，呈现在读者面前的这部作品，肯定还存在人物不够丰满、史实不够准确、表述不够充分、观点不够恰当等诸多问题。为此，诚恳地期待广大读者批评指正，也真诚欢迎对向忠发研究感兴趣的朋友与笔者交流，更希望有人能提供新的线索和资料。笔者的联系信箱：xth0128005@sina.com，QQ：893905578。

熊廷华

2016 年 1 月于武昌

本社相关重点图书

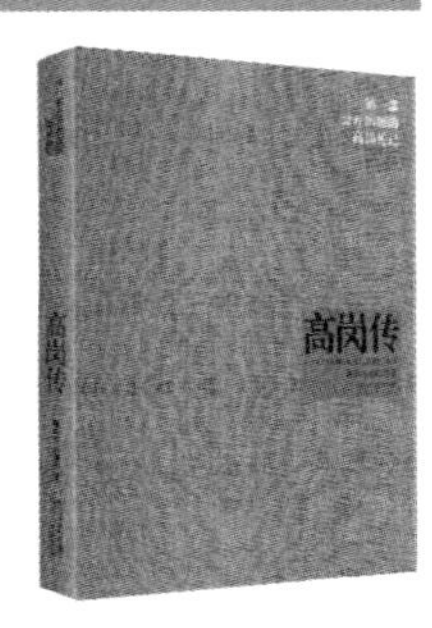

《高岗传》

书号：978-7-224-09634-7　定价：65.00元

陕西人民出版社2016年3月第6次印刷

《高岗传》一书以客观事实为依据，以扎实丰富的资料为基础，利用最新的史料，运用现代史学研究的方法，客观地记述了高岗的一生。本书力图拂去岁月的尘埃，还原一个真实的、有血有肉的高岗。

西路军三部曲（最新勘定）

一部用鲜血与生命记录下来的真实档案

揭开了西路军西征起因之谜、失败的历史原因

《河西浴血》

书号：978-7-224-08878-6　定价：45.00元

陕西人民出版社2015年9月第4次印刷

西路军西征的起因是什么？本书通过有血有肉的真人真事，通过有根有据的原始资料，展现了西路军由虎豹口渡河到祁连山失败的全过程。

《生死档案》

书号：978-7-224-08879-3　定价：45.00元

陕西人民出版社2015年9月第4次印刷

红军西路军经历了空前绝后的艰苦鏖战而最终惨烈失败。两万一千余名将士，在敌人的大肆暴虐下，仅有少部分生还。本书以丰富的第一手资料，记录了那段不忍卒读的历史。

《天山风云》

书号：978-7-224-08877-9　定价：45.00元

陕西人民出版社2015年9月第4次印刷

本书描绘了西路军余部进入新疆活动的全过程，记录了共产党人在新疆培养后备人才的历史情况，并揭示了表面上平静祥和的盛世才政权下暗藏的重重杀机。

《解放大西北》

书号：978-7-224-10990-0　定价：59.00元

陕西人民出版社2013年12月第1次印刷

《解放大西北》一书以严谨的军事历史为依据，运用纪实文学的写作方法，详述了进军大西北的全过程。既有宏大叙事，也有平凡的细节，内容真实可靠，行文生动感人。该书作者张民是军事科学院原战役战术部部长，曾亲身参加过解放东北、华北，进军大西北作战和抗美援朝战争。